U0126574

在出世與入世之間：
梁漱溟先生對佛學的理解與定位

李慶餘 著

臺灣學生書局印行

許序

　　慶餘博士繼去年出版《徘徊在港大與城大之間》一書後，又有新著《在出世與入世之間：梁漱溟先生對佛學的理解與定位》問世了。承他厚愛，再向我索序，我在先睹為快的同時，自得應命。

　　慶餘博士在香港大學完成三年學士課程後，又再花上十載光陰在母校跟隨佛學專家廖明活教授研究新儒學大師牟宗三與梁漱溟的佛學思想，並先後取得哲學碩士與哲學博士學位。本書正是他在哲學博士學位論文的基礎上增刪定奪後的精心傑作。

　　梁漱溟親歷晚清以來風起雲湧的中國政壇。他參加革命、抗戰、鄉村建設、講學、辦學等經歷，無疑都為他建構個人獨到的思想提供了不少養分。慶餘博士闡釋梁漱溟對佛學的理解與定位時，肯定絕不會忽略此等重要的素材。因此，本書已為讀者提供檢視時代與知識分子互動關係的另一視角了。

　　但獨木不成林，梁漱溟的個案相信不會令關心時代與知識分子互動關係的讀者輕易滿足。現謹期待慶餘博士能再接再厲，為相關的研究再添新綠。

許振興謹識於香港大學中文學院

二〇一四年十二月

陳序

　　慶餘君研治梁漱溟的佛學，積勤有年，論文快要出版了，請我寫個序，還提起廿年來的因緣。

　　慶餘於九十年代負笈港大，選修過我教的「舊詩」。他後來唸上研究院，專攻佛學。詩佛異途，到頭來卻原來還是「殊途同歸」。前年，我們竟然在明愛學院相遇。我，已垂垂花髮；而他，依然開爽英發。

　　要不是他提起，我幾乎忘記了，他當初攻治佛學，研究大綱卻陰差陽錯，交我過目。到了他畢業口試答辯，又居然是我謬充考委主席。而我倒是清楚記得，中文系當年還在陸佑堂側翼，每晚七時過後，只有講習室還亮起燈火，倜然兩個人影，正就是廖明活教授與慶餘君兩師徒，疑義相與析，殷勤細論文，其樂何如如！我手上這部大書，就是在這棟百年老樓的蔭護下，經歷過如此這般的多少個晚上，師徒共力，才熬製得出來的。

　　我不治儒也不治佛，對於梁漱溟先生的思想生平，談不上有什麼深識。慶餘這部書，啓予者多矣。他說到梁先生是「儒佛交融」的人物，別人把他歸入新儒家，他心靈上卻始終是佛家。我猜想：大概只有抱持着亦儒亦佛的心境，不落二邊，既淑世而出世，才能有這麼樣的本領，頂天立地，瀟灑自如，昂昂然走過二

十世紀崎嶇兇險的中國百年吧。

我偏愛梁先生的書法。他是書藝奇才，不屑為臨池功夫，卻自然臻於第一流。民國 37 年元旦，他把杜詩〈漫成〉一連寫了兩次，一次是四句全璧，一次是「集杜」頭尾兩句：

> 江月去人只數尺，
> 船尾跳魚撥剌鳴。

兩個條幅，清健雅逸，都是當代名品。老杜是一時「興到漫成詩」，江月風鐙，宿鷺跳魚，物物自在，大有禪悅之趣。而梁先生當天想必是興會於心，才一寫再寫吧。我後來讀到梁培寬文，驚悟到他父親當年為了挽救勉仁學校於債務之中，破天荒下海賣字。兩個條幅都沒有上款，看來就是為了募捐而作的。別人說他入世也好，出世也好，在他說來，心住安般，仁義行世，豈再計較孰出孰入？

既儒亦佛，兩宋以來，本來就沒有什麼希奇的。人生百年，要緊的是活得有出息。梁先生另有一行書條幅：

> 我生有涯願無盡，
> 心期填海力移山。

時維 1979 年，他已經年登八旬了。兩句是梁公自撰聯語，如今亦已膾炙人口。其人生品格，字在意在，精光照人。我就拿這副聯語，與慶餘君共勉吧。

是爲序。

陳萬成

二〇一四年十二月十一日夜

楊序

　　梁漱溟出生於多難的晚清季世，成長於混亂的民國時代，此後又折騰於新中國的更革和運動之中，一生遭逢多變，卻終保存着傳統知識份子的骨髓和英拔；然而在他的著述裡，讀者不獨絲毫無覺奪帥的傲氣，卻只觸及隱然動靜於文化綿匯間不息的流轉，並感受他在融薈中西思想進程中的溫文爾雅，於腦海中重塑一代學者的不朽風範。

　　自周室衰微，諸侯請士，十家九流，各擅其說。旋踵六合歸一，祖龍燔籍焚典，重法吏而輕儒者，至孝武強化治術，獨尊儒學，再至魏晉名士絕讜老莊而棄經談玄，隋唐文人出於時代背景而崇道重釋，儒學至此已經歷多變。宋代思想家有懲於中世失道，五代無君，於是援佛入儒，儒學有中興之勢。迤至宋祚寖歿，伯顏移鼎。俗傳蒙元賤士，雖非史實，然亦不可謂尊崇聖教。朱明雖重理學，惟八股空疏，學風僵化，或因狂士論心，左道逃禪，儒學再呈衰象。清初或出於士大夫的覺醒，或出於帝主方便管治，儒學再有復興趨勢，雖自中葉以還，朝士於國弱民貧的時刻仍持守儒學，免於失墮；但轉瞬四夷交侵，內外沸騰，國人思變，遂有揚棄舊學，全盤西化之說。而五四新文化運動的筆伐聲討，更直搗孔廟，鞭韃儒學，破舊立新，成為民國過渡共和國時期，文化質疑和批判，以至領導人

重履改革指導思想的足跡，由是文革兵鋒旋飆而起，儒家地位進一步備受挑戰與打壓。梁漱溟處身政治局勢和學術思潮躁動不安的時刻，除堅持儒家價值本位，強調孔學有利中國文化發展外，並力挽國人惑志傳統的信心危機。

慶餘兄於教學百忙之中，整理舊篋，摭拾史哲，撰著有關梁漱溟一生行宜和思想演化的專著，其中如闡釋梁先生從西方哲學的視角出發來彰顯佛教的特色；發明唯識學的內涵真義；勘察他對佛教的判釋和對儒佛的論述與比較；錐探佛教和東方學術豐厚的文化承傳等，足見慶餘兄貫理幽明，博通二家，用力甚勤，為梁漱溟的世道觀、宗教觀作出透徹的剖視和辨惑釋疑，誠為研究梁漱溟不可或缺的參考材料。

有謂傳統知識份子幼習經籍，出入孔氏之門，名署儒士之冊，隨着科場失意，仕途不顯，或有感人生無常，多遁跡名山，託言訪道，或神遊《沖虛》，或靜觀《黃庭》，晚年則悟覺神仙之無有，正照服食的虛惘，而卒歸心於釋氏。梁漱溟早年已浸淫於佛學，除投身革命外，還積極參與基層鄉縣工作，他對傳統文化信念的堅持，雖遭冷嘲熱諷甚至蜚言交攻，卻絕不龜縮蛹藏，萌生退念，與過去知識份子的心路歷程頗為不同，雖晚年直認是禪師再世，但揉合文化，維護傳統，認肯儒家學說的重生，高唱中國文明的再造，印證於慶餘兄的專著，誠孔廟之伽藍，儒學的悍將。

楊永安

香港大學中文學院副教授

二〇一五年一月一日

自序

　　梁漱溟先生乃當代新儒家的開山祖，他在五四一片反傳統、全盤西化的呼聲中，堅決維護文化傳統，高揚儒學的重要性。在他的努力下，斷滅了的儒家思想才得以賡續，儒學第三期的發展才有可能。

　　九十年代，我入讀港大中文系，認識了方穎嫻老師，在她的啓蒙下，開始研習牟宗三先生的學問。後來才知悉方老師乃牟先生的高足，對牟先生的學問甚有契合，我也因此與當代新儒家思想結緣。

　　後來有幸認識了廖明活教授，在他的循循善誘下，我才對佛學有系統性的瞭解，並以牟宗三先生對佛學的詮釋爲題，撰寫碩士論文。廖教授從不嫌我駑鈍，每次見面，總會向我細心解釋論文的粗疏之處。當我想繼續以當代新儒家爲題，撰寫博士論文之際，廖教授也快要退休，可是他還是願意成爲我的導師，讓我對梁漱溟先生的思想展開研究。歲月匆匆，完成博士論文之際，才發現已跟隨廖教授十年。在這寒窗十年裡，他不單在學問上薰陶我，讓我成爲一個對學問認眞，乃至執着的人；也在做人處世上提點我，讓我學懂寬容與放下，不愧屋漏、衾影無慚。然而，做學問的路並不平坦，十年裡，我嚐過至親離去的沉痛，山重水複的無奈，也經歷過斷梗飄蓬的落泊，倥傯的日子滿載艱澀的回憶，尤幸廖教授總是對我包

容，論文縱有許多不足，他最終還是舉薦我通過考試委會員，我才有機會踏上學問之路。

不得不提的是，廖教授在我修讀博士學位期間退休，但他仍願意繼續指導我寫作。期間一切行政、文件的處理，得勞煩許振興教授代勞。我也因此多了一位良師。許教授從不嫌我嘮叨，每次請益，他都會盡心解答我的問題，他在學問上的真知灼見也啓發了我，讓我對同一問題作不同角度的思考，也使我立下「學海無涯苦作舟」的悲願。

在兩位教授的指導下，我完成了博士論文，本書正是以該論文為藍本，加以修訂而成。

本書以「在出世與入世之間」為題，因這寥寥數字正好概括梁漱溟先生一生思想特色：梁先生早年歸心佛法，以出世為鵠的，中年以後，推崇儒家，並以儒家入世精神從事鄉建和政治工作。可是，他在晚年又再次回歸佛家懷抱，從佛教中找到安慰。本書貢獻之一，就是指出梁先生最終還是以佛家為歸宿，他推動儒學，只是時勢所需而已。

研究當代新儒家人物對佛學的理解與詮釋，多少也讓自己沾染了儒生的執着與佛家的悲憐，帶着這種與現實社會風馬牛不相及的性格走入教室，面對紅塵蒼生，才驚覺有情世間徒剩風雨飄搖，中國文化依舊花果飄零，而渾濁的教育制度又令情況雪上加霜。尤幸在蹇滯的教學生涯中，有不少好友與師長常常給予鼓勵與支持，本書也是在各位長輩的敦促下，才有出版的可能。要特別多謝楊永安教授，他從不吝嗇鼓勵我的說話，對我過分的要求，也從不拒絕。楊教授是港大中文學院的名師，可是我倆的相識，卻不在港大的教

室，而是在港大的健身室。我在健身室內胡言亂語，口沫橫飛，但楊教授卻當我是朋友，對我關愛有加，也在學問上和做人處事上給我許多寶貴的意見，是一位不可多得的良師。我也要多謝陳萬成教授對我的教導，我在港大攻讀學士學位時，有幸修讀陳教授的課，他運用結構主義與解構主義來解讀唐詩，令我眼界大開。陳教授也是我碩士論文建議書的審核人及答辯試的主席。我在修讀博士學位期間，也常向他請教。記得某天，他請我到港大教職員餐廳用膳，我第一次到那兒，點了自己最愛吃的菜後便狼吞虎嚥，他卻什麼也沒吃，只用關愛的眼神看我吃飽了沒有，每次回想，總有莫明的感動。後來，我到了明愛專上學院教書，竟與陳教授相遇，而他也在我感到困惑與窘迫時，給我無私的鼓勵與勸慰，是我生命旅程中的一盞明燈。

梁端明校長、莫詒謀教授和何美嬋小姐對我的提點與支持，也是我在學問路上得以成長的關鍵。梁校長在我什麼也不懂時，竟放膽讓我在志蓮夜書院任教，我許多不成熟的地方，他都再三包容，為的就只是培育一個青年人踏上學問之路。莫教授的大作《柏格森的理智與直覺》已絕版多時，但為了幫助我，竟特別從台灣把該書帶來給我，讓我可以對柏格森思想有進一步的理解。幾位長輩對我的栽培，我一直都銘感於心。

賴品超教授對我的接納與指引，就更是曠野中的筵席，溫煦我心。我第一次拜會他時，正值人生低潮，他卻接納我，還細心指示我前路，並在宗教比較的課題上，給我許多寶貴的意見。在他身上，我感受到牧者的憐恤與愛顧，也呼吸到基督的馨香。鄧紹光教授是另一位在我低潮時，給我關顧和誘掖的牧者，他對我的恩情，我一

直都沒有忘記。在我行經死蔭幽谷的那段日子，他為我四出張羅，助我廣結善緣，又激勵我，讓我能自信地跑那當跑的路；忍耐地守那當守的道。從他身上，我體會到道成肉身的宥密與恩慈。

　　至於令我鼓起勇氣，花一年多時間，把論文修改成書的鄭樹棠教授，就更加不能不作出最真誠的道謝。我與鄭教授的相交，不在學術，而在音樂。他知道我對小提琴情有獨鍾，但卻囿於浪漫主義時期的作品，於是便借我伊莎蓓爾・佛斯特（Isabelle Faust）演繹的巴托爾克（Bela Bartok）小提琴協奏曲唱片，讓我心靈走進天蒼地茫的混沌中，感受流亡與眷戀的矛盾。我也禮尚往來，借他許可以二胡演繹的梁祝協奏曲，讓他感受情逝、怨生、恨晚的緋惻纏綿。之後，卡拉揚（Herbert von Karajan）的沉穩內斂、江闊雲低；伯恩斯坦（Leonard Bernstein）的閎肆激昂、雨橫風狂；霍洛維茲（Vladimir Horowitz）的靈動剔透、寒鴉萬點；海飛茲（Jascha Heifetz）的豪邁細膩、恨如芳草，都是我倆閒談的話題。他愛鋼琴的柔情委婉，我卻酷愛小提琴的欲斷難斷，如泣如訴，然而，談及馬勒（Mahler）那死亡的陰影時，我倆俱「聞」而生畏，老盡少年心。有一回，我向他請教，塔替尼（Giuseppe Tartini）「魔鬼的顫音」（The Devil's Trill）應聽哪個版本，他向我推介安・蘇菲・慕特（Anne Sophie-Mutter）的版本，但我卻偏偏找來大衛・歐伊斯特拉夫（David Oistrakh）和陳銳（Ray Chen）的版本，愛他倆在弓弦交纏時，令風又飄飄，雨又蕭蕭。鄭教授對我這個我行我素的人也沒有反感，反而耐心細聽我找來的版本，並稱揚我的鑑賞能力和對音樂的執着。也在這時，他有感我只把課餘時間花在音樂上，竟敦促我儘快把論文發表，不單發表，更要吸引學者們引用。在鄭教授震聾發聵

的提醒與督責下，我才如夢初醒，狠下決心，寫成本書。

此外，明愛專上學院校長關清平教授與梁詩明副院長對我的支持與肯定，也是我必須要再三道謝的。縱使我在教學上有不少失誤，但他們都從不責怪，更給予我許多工作上的自由，讓我可以無後顧之憂地對本書作出修訂和校對。沒有他們的體諒，本書恐怕出版無期。我在明愛專上學院工作期間，常得蔡依雯小姐的指正與幫助，每當我的思緒被剪不斷，理還亂的哀愁淹沒時，蔡小姐總會在百忙中抽空，替我分憂，鼓勵我前行，在此必須向她致以萬二分的謝意。

當然，我也要感謝太太的支持。我每晚在孤燈下獨對書本，過着「焚膏油以繼晷，恆兀兀以窮年」的日子，她卻從沒說過一句埋怨的話。雖然這種日子恐怕還要繼續下去，但她還是默默地守在我身邊，也默默地守着我們的家。

最後，要多謝學生書局給予機會，讓拙作可以出版。上一次與學生書局合作，已是十年前的事了。當時，我只是個不知天高地厚的黃毛小子；十年後，我也不是什麼知名的學者，可是，學生書局還是給予我機會，讓拙著可以出版。得到學生書局這樣一間權威出版社的垂青與肯定，是我的幸運，也是我的榮幸。可是，人生又有多少個十年？梁漱溟先生的宏願是「我生有涯願無盡，心期填海力移山」，我也期望能在有限的生命裡，以移山填海的決心，把所思所學所悟所感，化成一部又一部的作品，在娑婆世留下存在的證據。

李慶餘

二〇一五年一月一日

在出世與入世之間：梁漱溟先生對佛學的理解與定位

目　次

導　論

　　晚清期間，西方列強憑着船堅炮利的優勢，強行入侵中國，國人飽受戰爭之苦。清政府當時雖推行種種器物層面上的改革，但都未能令中國強大起來。在多年積弱下，中國甚至得面對被瓜分的危機。這時，某些有識之士認爲要救中國，得從最根本的文化入手進行改革。五四運動的擁護者更提倡全盤西化，高舉民主和科學的重要性，並以消極、保守、落後來形容傳統儒家思想。當時在北大教書的梁漱溟（1893-1988）力排眾議，發表《東西文化及其哲學》一書，倡言孔子的精神才最適合中國，揚言中國文化將繼西方文化復興，成爲世界文化的主流，因此被視爲當代新儒家的開山祖。

　　根據學者研究，新儒家所以爲「新」，因它具備了以下特點：一、以儒家文化作爲中國文化的正統和代表，並特別推崇宋明儒學。二、具有強烈的使命感和道德意識，自覺地繼承儒學的發展。三、主張援西學入儒，讓西學成爲儒學的新養料，進而令老化了的儒學復活過來。四、肯定見聞之知，即科學知識的地位。一些新儒家學者視科學知識爲「外王」事功，認爲這些事功可從儒

學「內聖」之學發展出來。[1]

縱觀梁先生的思想，可見他確實具備當代新儒家的主要特徵。就第一個特徵而言，梁先生在《東西文化及其哲學》中，把世界文化劃分爲三個主要路向，又以中國走的爲第二路向，其代表爲儒家文化。梁先生在是書中肯定儒家文化的價值，並高度讚揚儒家的人生態度，認爲祇有它才適合當時社會需要，而在儒家文化中，他特別鍾情王艮（1483-1541）父子的泰州學派，對其《樂學歌》甚爲推崇，認爲此歌表達了一種「深造自得」的快樂境界。[2]

---

1   以上當代新儒家的定義，乃綜合以下三種資料而來：一、方克立〈關於現代新儒家研究的幾個問題〉，收入方克立，李錦全編：《現代新儒學研究論集（一）》（北京：中國社會科學出版社，1989）。二、鄭大華〈梁漱溟與現代新儒學〉，《求索》2003 年 2 月號。三、顏炳罡：《當代新儒學引論》（北京：北京圖書館出版社，1998）。

2   梁先生認爲祇有生命流暢的人，才可擁有這種快樂：「苦樂真際視乎生命之流暢與否。一言以盡之：生命流暢自如則樂，反之，頓滯一處則苦。說苦樂之視乎其所欲遂不遂也，蓋就一般人恆繫乎外來刺激之變換以助其生命流暢者言之耳。外在條件長時不變，其樂即轉爲苦矣；此不難取驗於日常生活事實者。……有道之士——得乎生命自然流暢之道者——更不須待外來刺激，固可以無時而不樂。後世如宋儒，每言『尋孔顏樂處』。明儒王心齋更作有《樂學歌》云：樂是樂此學，學是學此樂；不樂不是學，不學不是樂。……王氏又云『人心本無事，有事心不樂；有事行無事；多事亦不錯』。其云『有事』者，指此心有所罣礙，即失其流暢也。其云『無事』者，指此心隨感而應，過而不留也。此樂是深造自得之樂。」（見氏著：〈自述早年思想之再轉再變〉，收入《梁漱溟全集》（卷七）〔濟南：山東人民出版社，2005〕，頁 184。）

　　梁先生也具備強烈的使命感和道德意識，他在《東西文化及其哲學》的〈自序〉中說：

　　　　無論西洋人從來生活的猥瑣狹劣，東方人的荒謬糊塗，都一言以蔽之，可以說他們都未曾嘗過人生的真味，我不應當把我看到的孔子人生貢獻給他們嗎！然而西洋人無從尋得孔子，是不必論的；乃至今天的中國，西學有人提倡，佛學有人提倡，只有談到孔子羞澀不能出口，也是一樣無從為人曉得。孔子之真若非我出頭倡導，可有那個出頭？這是迫得我自己來做孔家生活的緣故。[3]

梁先生認為西洋人「猥瑣狹劣」，東方人「荒謬糊塗」，皆未能體會人生的真正意義。要領略人生真義，就得認識孔子的人生境界，祇是當時沒有人提倡，所以他毅然站出來，倡導孔子的學問。此外，梁先生在一九四二由香港回桂林途中，受到日軍追擊，險象環生，當他成功脫險後，寫了一封信給兒子以明志：

　　　　孔孟之學，現在晦塞不明。或許有人能明白其旨趣，卻無人能深見其係基於人類生命的認識而來，並為之先建立他的心理學而後乃闡明其倫理思想。此事唯我能做。又必於人類生命有認識，乃有眼光可以判明中國文化在人類文化史上

3　梁漱溟：〈東西文化及其哲學・自序〉，收入《梁漱溟全集》（卷一），頁544。

的位置，而指證其得失。此除我外，當世亦無人能做。前人
云：「為往聖繼絕學，為來世開太平」，此正是我一生的使
命。《人心與人生》等三本書要寫成，我乃可以死得；現在
則不能死。又今後的中國大局以至建國工作，亦正需要我；
我不能死。我若死，天地將為之變色，歷史將為之改轍，那
是不可想像的，萬不會有的事！[4]

梁先生自詡當時能明白儒學乃建基於對人類生命之認識，進而為它
建立一套心理學，再根據這套心理學來講明儒學倫理思想的，就祇
有他一人。舉世也唯有他一人，能判定中國文化在世界文化中的位
置，並指出其得失所在。因此，梁先生決意繼承先賢之學，立志完
成《人心與人生》、《中國文化要義》及《孔學繹旨》三本闡揚儒
家義理的鉅著，並積極參與建國的工作，這些工作未完成，自己不
能死，否則，天地會變色，歷史會改寫。信中洋溢著弘揚儒學的使
命感，也是梁先生首次把自己生命與儒家慧命的賡續連結起來。

　　梁先生也援引西學入儒，他常常引用羅素（Bertrand Arthur
William Russell, 1872-1970）、柏格森（Henri Bergson, 1859-1941）
等西方哲學家的理論來詮釋儒學與佛學，如在《東西文化及其哲
學》中，便用柏氏直覺的觀念，來說明儒家「仁」的概念：

　　　　此敏銳的直覺，就是孔子所謂仁……像所謂惻隱、羞惡

4　梁漱溟：〈香港脫險寄寬恕兩兒〉，收入《梁漱溟全集》（卷六），頁
　　343。

之心，其為直覺是很明的；為什麼對於一樁事情，有人就惻隱，有人就不惻隱，有人就羞惡，有人就不羞惡？不過都是一個安然不覺，一個就覺得不安的分別罷了。這個安不安，不又是直覺銳鈍的分別嗎？儒家完全要聽憑直覺，所以唯一重要的就在直覺敏銳明利；而唯一怕的就在直覺遲鈍麻疲。所有的惡，都由於直覺麻疲，更無別的原故，所以孔子教人就是「求仁」。人類所有的一切諸德，本無不出自此直覺……5

梁先生明言直覺即仁，又認為孟子的惻隱之心、羞惡之心，皆是人直覺敏銳的表現。相反，若直覺麻痺遲鈍，就會產生種種惡行。

　　新儒學的另一個特點是重視見聞之知，肯定科學知識的重要性。自從國人在鴉片戰爭中見識過西方先進的科技後，便熱烈追求科學知識，梁先生對此並不排斥，更明說對西方文化要「全盤承受」。可是他又表示，西方文化已經出現了許多弊病，祇有中國文化可對它作出補救。6換言之，中國儒家的內聖之學要比科學知識的外王事功優越。在梁先生之後出現的新儒家代表人物，如牟宗

5　梁漱溟：《東西文化及其哲學》，收入《梁漱溟全集》（卷一），頁 453-454。
6　梁先生既肯定西方文化，又認為中國文化要比它優勝。他說：「新派所倡導的總不外乎陳仲甫先生所謂『塞恩斯』與『德謨克拉西』和胡適之先生所謂『批評的精神』……這我們都贊成。但我覺得若這樣都沒給人以根本人生態度；無根的水不能成河，枝節的作法，未免不切。……因為那西洋人從來的人生態度到現在已經見出好多弊病，受了嚴重的批評……而於從來的中國人則適可以救其偏，卻是必要修正過才好。」見同上，頁 531。

三（1909-1995）等，更明言可從內聖開出新外王。

　　梁先生不但通過一系列著述來稱許儒家精神，更身體力行，把儒家入世精神實踐出來。自二十世紀三十年代開始，他便投身鄉村建設，其目的為解決中國社會問題，挽救民族生命危機。[7]鄉建工作後來因日寇侵華而停止，梁先生隨即四處奔走，鼓勵國人參與抗戰，並推動國共合作。一九四九年，中華人民共和國成立，梁先生投身政壇，常與毛澤東（1893-1976）等政治領袖商談國事。可是，在一九五三年，梁先生在全國政協第十九次常委擴大會上發言，指出工人與農民生活有極大的差距，意謂共產黨對農民照顧不足，結果引來了毛澤東及黨內其他人士的批判。[8]梁先

7　梁漱溟對鄉建目的有如下說明：「今日的問題正為數十年來都在『鄉村破壞』一大方向之下；此問題之解決唯有扭轉這方向而從事於『鄉村建設』；──挽回民族生命的危機，要在於此。只有鄉村安定，乃可以安輯流亡；只有鄉村農業興起，可以廣收過剩的勞力；只有農產增加，可以增進國富；只有鄉村自治當真樹立，中國政治才算有基礎；只有鄉村一般的文化能提高，才算中國社會有進步。總之，只有鄉村有辦法，中國才算有辦法，無論在政治上、經濟上、教育上都是如此。」（見氏著：〈山東鄉村建設研究院設立旨趣及辦法概要〉，收入《梁漱溟全集》〔卷五〕，頁225。）

8　1953 年 9 月 11 日，梁先生在全國政協第十九次常委擴大會中表示，共產黨入城以來，工作重點轉移至城市，農村因此變得空虛，城裡人生活質素提升得快，但農民生活卻依舊艱苦。又說：「如今工人的生活在九天，農民的生活在九地，有九天九地之差」。一天之後，毛澤東公開批評梁先生，說他祇顧農民的小仁政，看不見發展重工業及打美帝的大仁政，又嘲笑梁先生的話是班民弄斧，以筆殺人，是個偽君子。梁先生聽到這些批評後，

生最後祇得停止所有政治相關活動，閉門思過。在文革期間，梁先生在被批鬥，手稿被抄的惡劣環境中，完成了《儒佛異同論》。在一九七三年的「批林批孔」事件中，梁先生堅持「祇批林，不批孔」，惹來黨內人士的激烈批評。在經過大大小小，共一百多次的批判會後，梁先生仍可坦然地說「三軍可奪帥也，匹夫不可奪志」。凡此都可見梁先生不單在著作中表現了當代新儒家的特徵，他一生行事為人也體現了面對強權而不屈的儒者風骨，學者們因此視他為當代儒家的靈魂人物。

　　基於尊崇梁先生的儒者風範，學者們討論梁先生的思想時，大多偏重其弘揚儒學的貢獻。其中最受重視和最具代表性的，莫如美國芝加哥大學歷史系教授艾愷（Guy S. Alitto, 1942--）所著的 *The Last Confucian: Liang Shu-ming and the Chinese Dilemma of Modernity*（王宗昱、冀建中譯：《最後的儒家——梁漱溟與中國現代化的兩難》）[9]。是書以作者的博士論文為藍本，是第一本討論梁先生思想與生平的英文專著。書中稱梁先生為「最後的儒家」，因為「在近代中國，只有他一個人保持了儒者的傳統和骨氣。他一生的為人處事，大有孔孟之風；他四處尋求理解和支持，以實現

要求發言澄清自己的意思與立場，但毛澤東祇給他十分鐘，二人在台上爭拗，結果全體會眾表決，要梁先生下台。

[9]　艾愷為美國哈佛大學哲學博士，師從費正清（John King Fairbank, 1907-1991）、史華慈（Benjamin I. Schwartz, 1916-1999），是當代最活躍、最有影響力的漢學家之一，也是西方學術界第一個研究梁漱溟的人。他的作品還有《南京十年的鄉村建設》、《世界範圍內的反現代思潮：論文化守成主義》等。

他心目中的為人之道和改進社會之道。」[10]作者在交待梁先生推動鄉建工作的緣由時，突顯了他對儒家濟世精神的發揚及大同世界的嚮往；述及梁先生在政途上的挫折時，則力言其堅守真理的儒者風骨；在闡析梁先生的思想時，強調他對中國文化優越性與不可替代性的堅持。凡此種種，都突出了先生儒者的形象。然而，是書早於一九七九年完成，今天看來，許多論點已變成老生常談。而且作者用西方人的角度來評價梁先生，其中有不少地方值得商榷，如認為梁先生患上精神病就是明顯的例子。[11]

至於其他講述梁先生儒家身份與思想特色的重要著作，首推鄭大華的《梁漱溟與現代新儒學》（1993 年出版）。是書通過詳盡分析，顯示梁先生是當代新儒學的代表，如他重視直覺情感，排斥科學理智，主張研究中國歷史時必須懷有「同情」與「敬意」，以致提倡陸王心學，弘揚儒家內省的態度等，都是有力的證據。經觀榮的《梁漱溟的人生思想與鄉村建設運動》（2006 年出版）

---

10 艾愷：《最後的儒家——梁漱溟與中國現代化的兩難》（南京：江蘇人民出版社，2003），中文版序言，頁 3。

11 艾愷於書中說：「用冷靜的精神病學的眼光看，梁漱溟可能是患了精神病。他青春後期的企圖自殺，他的退隱避世，他的易受傷害的情感，他的自棄和罪惡感，以至於最後的不能工作——所有這些都暗示着一種精神變態。」（同上，頁 34。）後來林鎮國替艾愷翻譯一篇有關梁漱溟的文章，與他當面討論有關問題，指出：「依譯者與作者的當面討論，作者表示，不必把 Psychosis 一詞看得太嚴重，該詞於此意指遭遇精神危機的人。」（見艾愷著，林鎮國譯：〈梁漱溟——以聖賢自許的儒學殿軍〉，收入傅樂詩等著《保守主義》〔台北：時報文化出版事業，1985〕，頁 289。）

則透過闡釋梁先生的行動及著述，力言他對人群的苦難、國家的凋敝有深刻的體會，而這種體會又促使他憑藉儒家奮發有爲的精神，從事鄉村建設，造福人群。是書在總結時特別指出梁先生在黑暗時代敢於承擔社會責任，體現了中國傳統「士」的精神。

其他研究梁先生的專著，如姚賽清的《仁者心懷，悲愴獨白：梁漱溟的文化思想研究》（2008 年出版），便對梁先生的人格是否符合儒家聖賢標準作出探討。王宗昱的《梁漱溟》（1992 年出版）根據《東西文化及其哲學》、《中國文化要義》、《人心與人生》三書，解說梁先生對東西文化、中國社會、人類心理、理性、直覺等課題的看法，並特別褒揚《東西文化及其哲學》的成就，指出是書爲梁先生成爲新儒學開山祖的原因。

除了專論外，不少學者都把梁先生視爲當代新儒家的一員，把他和其他幾位新儒家學者，如熊十力（1885-1968）、唐君毅（1909-1978）、牟宗三等一起並列講論。類似的書不勝枚舉，現以兩本近年出版著作爲例：李翔海的《現代新儒學論要》（2010 年出版）在講述當代新儒家的發展時，就分別論及康有爲（1858-1927）、梁漱溟、牟宗三、劉述先（1934-）、成中英（1935-）的思想。是書在評鑑梁先生學思成就時，重點審視他在《東西文化及其哲學》中對文化的剖析，並批評他的文化觀與他反對的西化派一樣，都屬文化一元論。[12]吳汝鈞的《當代新儒學的深層反思與對

---

12 李翔海在書中指出：「……但是在文化理念上，他卻一如全盤西化派，也抱持了一元文化觀。在他看來，構成統一的人類文化之三個階段的三種路向各自只有獨一種『樣法』或曰存在形態。因而西方文化、中國文化與印

話詮釋》（2009 年出版）分為通論篇及專論篇，通論篇論述熊十力、牟宗三及唐君毅等新儒家代表的學術觀點，專論篇記錄了作者在國立中央大學中文系所及哲學研究所與研究生的對答。當論及梁先生思想時，對答內容大都圍繞《東西文化及其哲學》，以致剖析欠全面和深入。作者指出梁先生對自己的信念從不懷疑，具有貫徹理想的道德勇氣，是典型的儒家人物；可是，他對中國古籍認識不深，對外語的掌握尤其不足，故欠缺作學術研究的配備。此外，梁先生身為一位大學教師，卻要走到農村去進行建設，在沒有群眾基礎的情況下，任務註定失敗。作者因此評定梁先生的努力為「書生救國」，是行不通的。

梁先生於五四期間維護儒家，高揚孔子思想的價值，不少學者因此視他為文化保守主義者，並就這個題目發表了許多相關論文，其中最具代表性者莫如艾愷的〈梁漱溟——以聖賢自許的儒學殿軍〉（中譯版於 1985 年刊出）。根據該文分析，梁先生認同中國道德倫理，批評資本主義、反都市文明、支持以農立國論，都顯示了他文化保守主義的思想特質，所以梁先生「根本上是文化至上論者（Culturalist），一心衛道……他說唯有復興中國的傳統，這

度文化的同時並存是一個歷史性的錯誤，三者作為人類文化的三個發展階段在歸根結底的意義上理當是歷時性而非共時性的。也正是立足於這樣的認識，梁氏鮮明地強調，人類文化的發展只能是在不同路向之間的全盤轉移，而不存在任何在不同路向之間融通調和的餘地。……如果說全盤西化派的一元文化觀是立足於西方文化的，梁漱溟的一元文化觀則是立足於東方文化的。」（見氏著：《現代新儒學論要》〔天津：南開大學出版社，2010〕，頁 136。）

個民族才能繁榮發達」[13]。此外，鄭大華的〈中國文化保守主義思潮的歷史考察〉（2005 年發表）把國粹派、東方文化派及學衡派一同歸入文化保守主義的陣營，[14]又指出《東西文化及其哲學》中的言論，不單把梁先生文化保守主義的思想表露出來，也影響到後來其他新儒家人物的思想，從而促進了新儒學在三、四十年代的成長與發展，令文化保守主義的聲勢更爲浩大。

　　無疑，梁漱溟的學思和行事，以至他對當代中國文化界的影響，都是以儒學爲主體，學者們在討論梁先生生平和思想時，自然以其儒家思想及相關題目爲焦點，但不能忽視的，是佛教對梁先生也有重要影響。梁先生早年曾歸心佛法，一度決意出家，其早年著述《究元決疑論》、《印度哲學概論》和《唯識述義》，皆旨在闡揚和解說佛家義理。後來他雖然改宗儒家，但從《東西文化及其哲學》以至他其餘的代表作，如《人心與人生》、《儒佛異同論》等所見，他仍然重視佛家義理，對之多有稱許。更值得注意的是，梁先生在九十二歲時，曾於訪問中說：「其實我內心仍然是持

13　艾愷著，林鎮國譯：〈梁漱溟──以聖賢自許的儒學殿軍〉，頁 307。

14　國粹派認爲國粹就是民族精神或國家精神，只要保存國粹就能保全國家、拯救民族。代表人物有章太炎（1869-1936）和劉師培（1884-1919）。東方文化派指反對五四新文化運動向西方學習，並提倡以東方文化救國的群體，《東方雜誌》的主編杜亞泉（1873-1933）、《歐遊心影錄》的作者梁啟超（1873-1929），《甲寅雜誌》主編章士釗（1881-1973）等人都被劃分爲此派的代表。學衡派指擁護《學衡》雜誌的一班學者，如吳宓（1894-1978）、梅光迪（1890-1945）等，他們奉哈佛大學教授白璧德（Irving Babbitt，1865-1933）爲導師，相信他的人文主義理論。

佛家精神，並沒有變。變的是我的生活，我於這一年年底結了婚，不再堅持終生不娶了。」[15]表明轉入儒家，祇是不再堅持獨身而已。一九八七年，他九十五歲高齡時，又於中國佛教文化研究所成立大會中公開說：「我要正式宣佈我是一個虔誠的佛教徒。我以前從來沒有向人說過，怕人家笑話。」[16]這兩句話否定了學者們過往對梁先生為儒學宗師的認識，令人大感意外。對於梁漱溟跟佛教的關係，近年亦吸引到一些學者注意，在學術期刊上不時可以讀到相關論文。例如邱敏捷的〈梁漱溟對佛學的理解與批判〉（1993 年發表）簡要地交待了梁先生學佛的原因，對佛學的理解及批判。程恭讓的〈梁漱溟的佛教思想述評〉（1998 年發表）羅列了梁先生講述佛學時的四大重點：一、重視出世間，二、認為祇有通過現量才能認識宇宙本體，三、以佛家路向為人類文化的最後歸宿，四、儒佛二家都要求破除分別我執。熊呂茂的〈梁漱溟的佛學文化思想探略〉（2000 年發表）分析了梁先生在《究元決疑論》、《印度哲學概論》及《東西文化及其哲學》中對佛教的論述，這些論述包括：以出世間為解決人生痛苦之道，區分佛教哲學和西方哲學之不同，借助唯識宗的三量說法來闡明知識的來源等。張文儒的〈梁漱溟與佛學〉（2001 年發表）透過檢視梁先生各種佛學著作，簡略地論述了他對苦樂、本體論、認識論及唯識

15　王宗昱：〈是儒家，還是佛家？──訪梁漱溟先生〉，收入《中國文化與中國哲學》（北京：東方出版社，1986），頁 562。

16　淨慧法師：《何處青山不道場》（石家莊：盧雲印經功德藏，2005），頁35。

學的理解，指出梁先生一生都沒有放棄佛教普救眾生的精神。曾議漢的〈梁漱溟思想辨析——從唯識學的角度看梁漱溟的學術性格〉（2002 年發表）根據《唯識述義》，以梁先生對唯識學的理解為主題，分述了梁先生以西學來詮釋唯識學的方法，以及從唯識觀點來解釋生活和各種人生路向等論題。楊孝容的〈梁漱溟人生哲學的佛教特色〉（2004 年發表）集中審視《究元決疑論》的見解。作者認為梁先生認同佛教的出世間義，而大乘菩薩的濟世精神又令他不能放棄對現世的關懷，再加上他具備強烈的救世使命，所以總是懷着出世者的悲憫之情入世，是個行動的佛家。韓煥忠的〈此翁長懷出世心——佛家思想對梁漱溟先生的影響〉（2005 年發表）按時序綜述梁先生在不同人生階段中，如何藉佛教解決生命的苦悶與生活的困局，最後歸結梁先生為一個佛教徒。

又梁先生晚年表示自己一直信佛，這出人意表的自白，吸引到不少學者注意，並撰寫專文評論，如王宗昱的〈是儒家，還是佛家？——訪梁漱溟先生〉（1986 年發表），黃克劍、周勤的〈佛格中的儒者：梁漱溟文化思想論略〉（1992 年發表），馬東玉的〈論梁漱溟的佛學文化觀〉（1995 年發表），熊呂茂、丁小紅的〈是佛家還是儒家——梁漱溟的思想歸宿辯析〉（1999 年發表），鄭大華的〈梁漱溟與現代新儒學〉（2003 年發表）等。這些文章評鑑和檢討梁先生一生對儒佛二家的理解，務求找出梁先生真正歸心之處。

此外，一些探討新儒家跟佛教的交結，以及近代中國佛教的書籍、論文，亦有論及梁先生佛教觀的章節。前者有盧升法的《佛學與現代新儒家》（1994 年出版）、徐嘉的《現代新儒家與佛學》

（2007 年出版）、華東師範大學祝薇的博士論文《論早期現代新儒家的宗教觀》（2006 年完成）、湘潭大學陳芷燁的博士論文《現代新儒家對傳統佛學的詮釋與借鑒》（2008 年完成）等；後者有黃志強、王光榮等合著的《近現代居士佛學》（2005 年出版）、高振農的《佛教文化與近代中國》（1992 年出版）等。

　　《佛學與現代新儒家》簡單地交待了梁先生早期作品中對佛教的闡釋，以及他晚年會通儒佛的方法。《現代新儒家與佛學》把梁先生與熊十力、唐君毅、牟宗三三位新儒家代表並列，逐一分述他們對佛教的看法。是書扼要地交待了梁先生在不同作品中對佛教的理解，最後歸結梁先生在學術上具有亦儒亦佛的二重性。《論早期現代新儒家的宗教觀》以個案研究方式入手，論述了梁漱溟、馮友蘭（1895-1990）、熊十力、賀麟（1902-1992）幾位新儒家代表對宗教的理解。在論及梁先生的宗教觀時，指出他對佛教持肯定態度，原因是它能對生、老、病、死等無常人生現象提供安慰勸勉，又能調整人的內在精神秩序。可是，梁先生又認為佛教的不爭理念並不適合當時中國社會，要解決當下社會問題就得提倡儒家入世哲學。《現代新儒家對傳統佛學的詮釋與借鑒》以專題形式開展，就當代新儒家對唯識學的研究，對真常唯心思想的整理，傳統佛學對當代新儒家的影響等議題，闡析梁漱溟、熊十力、方東美（1899-1977）、馬一浮（1883-1967）、牟宗三等人的觀點。該文討論的範圍極廣，在申釋梁先生對相關題目的理解時，祇作了蜻蜓點水式的介紹。此外，作者又簡單地指出了梁先生重視唯識學的原因，以佛教文化為人類文化終極方向的見解等，唯內容頗為瑣碎。

《近現代居士佛學》把梁先生看成近代居士代表之一，跟楊仁山（1837-1911）、歐陽竟無（1871-1943）、湯用彤（1892-1965）、熊十力、呂澂（1896-1989）等一起論述。是書交待了梁先生對佛教的一些基本見解，如以唯識宗的三量作爲研究知識的方法，以佛學爲洞徹宇宙生命本體的哲學，以出世間爲佛教的特點，以佛教文化爲人類最後歸宿等。《佛教文化與近代中國》由楊仁山創辦金陵刻經處開始，詳述佛教在近代中國興起的原因及情況。書中用了一章來介紹《印度哲學概論》、《東西文化及其哲學》及《人心與人生》內對佛學的詮釋，至於梁先生其他作品對佛法的申述則付之闕如。

以上列舉或爲單篇期刊論文，或爲書籍內的章節，篇幅有限，以概論性質居多，論說欠周密詳盡。較具規模地講論梁先生佛教觀的專論，至近年才出現。二零零六年，李璐、段淑雲合寫的《梁漱溟說佛》出版，該書分爲「人生智慧篇」及「佛學思想篇」二部份，前者分析梁先生如何用佛家思想來處理飲食、死亡、苦樂、自我等問題，後者論述梁先生如何透過佛教來看宗教、痛苦、唯識、意欲、出世間等觀念。祇是有關論述流於表面，相同論點前後屢出，引文又沒有提供註釋，學術價值不高。安徽大學鮑秀峰的碩士論文《梁漱溟佛學思想探析》（2010 年完成）根據時序，檢視梁先生主要作品對佛教的講論，以探求梁先生一生不同時期對佛學的不同見解。可是，論文寫得差強人意，祇對《究元決疑論》有較詳盡的闡釋，而論述梁先生最重要的作品《東西文化及其哲學》時，卻用了極少篇幅，並且未能切中要害。至於梁先生在他另一本重要作品《人心與人生》中對佛教的綜述，更是隻字不

提。此外，論文不少地方都是參考《梁漱溟說佛》一書，予人論點無新意，結構欠嚴謹的感覺。

根據以上闡述，不難發現，學者們探討梁先生的思想時，注意力主要集中在他對儒家思想的論釋與反思，以及由此衍生的問題；至於梁先生對佛學的闡述與疏理，到目前為止，仍欠周全和深入的專論。中文論著既有欠完備，那麼，英文論著又怎樣？在芸芸討論梁先生思想的英文著作中，最受注目的莫過於 Thierry Meynard 的 *The Religious Philosophy of Liang Shuming: The Hidden Buddhist*。是書廣泛而宏觀地就不同課題，分析梁先生對宗教及哲學的看法，其中不少觀點，是中國學者較少談論的，如作者指出，唯識宗認為人對世界的認識，乃建立在感官經驗上，故梁先生對唯識宗的疏解，就是一套認識論。梁先生推崇唯識宗，卻受中國佛教重視形上學的思想影響，以致以真如為形上實體，結果與唯識宗以識為最終真實的立場出現分歧，都是明顯的例子。正如書名所言，該書除了講述梁先生對佛家思想的理解外，也談及他對儒家、人間佛教，以致基督教的看法。在疏解梁先生對佛教的看法時，着力指出他認為佛教才是真宗教，因世間法（世間不同哲學與宗教）都不能解決痛苦，唯佛教的出世間法，才是解決痛苦之道。而且出世間法源自人的真情實感，是佛教之特色所在。此外，作者又強調梁先生一直沒有放棄佛家思想，梁先生讚揚儒家，只因儒家的入世思想乃是一種方便，可助人達至佛教所說的覺悟。

是書分析全面，但只按不同章節，如「佛教本體論」（Buddhist Ontology）「佛教修行與唯識的認識論」（Buddhist Practice and

Yogācāra Epistemology）、「反對人間佛教」（Opposition to Humanistic Buddhism）等，蜻蜓點水式地提及梁先生在不同作品中的觀點，而未有就梁先生對佛學的理解作深入的分析，亦難以展示梁先生思想發展的脈絡，內容雖廣博，卻欠深入。

有見及此，本書會按時序檢視梁先生一生重要著作，詳論其中對佛教的評述，並對之作全面整理和比較，以顯示梁先生早、中、晚期佛學思想的異同，進而探討梁先生一生究竟歸宗儒家還是佛家。本書又會詳細交待梁先生早年信佛的背景，不同人生階段所流露的佛教思想，晚年自言信佛之原因等，其中不少細節都是先前學者未曾仔細探究，而又是正確瞭解梁先生一生思想不可或缺的。

本書會以梁先生生平及著作為依據，按時序全面地探討他對佛教的看法與闡析。第一章會先說明梁先生早年信佛的原因。內容包括他幼年所受的教育，以及父親、朋輩，以至時代如何影響他，令他閱讀佛經，一心歸佛。

第二章評述梁先生第一本佛學專著《究元決疑論》的思想。顧名思議，全書分為「究元」及「決疑」二部份，「究元」部分又分為「性宗」及「相宗」兩方面，前者旨在說明佛教對本體的看法，後者旨在說明佛教對現象的理解。梁先生在說明佛教對本體的看法時，對佛教的如來藏真心和西方哲學的以太作出比較；而在說明佛教對現象的理解時，梁先生先就西方哲學對宇宙、道德法則等觀念作出分析，繼而再以佛教義理作回應，從而顯示佛教比西方哲學高明處；其立論甚具創意。在「決疑」部分，梁先生強調人的疑惑為不明人生是苦，進而對苦樂的成因作出探究，引導人認

同佛教的「出世間義」。是書顯示了梁先生早期對佛教義理及西方哲學的認識，甚具參考價值。

第三章討論梁先生第二本著作《印度哲學概論》。書中遍述印度各哲學派別及佛教的思想。本章將重點剖析書中評述佛教的地方，如佛教與其他宗教孰優孰劣，佛教是否一種哲學等。此外，梁先生以西方哲學觀念，如「本體」、「唯心」等為綱領，對大小乘教理進行分析，藉此比較佛教義理和西方哲學，進而標舉佛教教學的特色，皆為本章所要申論之要點。

第四章根據《唯識述義》一書，檢視梁先生對唯識學的看法。論述分為二部分，第一部分討論梁先生對唯識學的理解與定位，以及用唯識學來衡量西方哲學的方法。第二部分主要疏通梁先生對三量、四分、以至唯心等唯識學觀念的詮釋，以揭示他對唯識學別樹一幟的見解。

繼《唯識述義》後出版的《東西文化及其哲學》，是公認梁先生一生最重要的作品，也是他思想由佛轉儒的標誌。書中對儒家學說與人生態度高度讚揚，認為以儒家為代表的中國文化會繼西方文化復興，成為世界文化的主流。祇是書中又認為以佛教為代表的印度文化，會繼中國文化復興，可見他對佛教仍然重視。事實上，梁先生在是書中不單用佛家思想來裁量文化，也一再指出佛教比其他宗教高明，反映他基本上仍對佛教持肯定的態度。透過梁先生這本儒家立場的著作，來探討他對佛教的見解，絕對是件饒有意義的事，第五章正是以此工作為重心。

梁先生發表《東西文化及其哲學》後不久，便積極投身鄉建工作，本書的第六章，便對梁先生投身鄉建的原因、經過作出交

待。又因梁先生從事鄉建期間，寫下了不少分析中國社會的著作，本章亦會提要鉤玄地闡述其重點，並指出鄉建與佛家情懷的關係。

梁先生早在從事鄉建工作前，便已開始構思《人心與人生》。梁先生生認為是書甚為重要，是他絞盡腦汁，耗盡精力的成果，甚至可奠定自己學術上的位置。本書第七章會集中說明《人心與人生》對佛教的析論，包括佛教出世間義的殊勝處，佛教是最高級宗教之因，以及佛教將會復興的理由等。梁先生中年以後，對佛教看法是否有所改變？有關論述可提供重要線索。

梁先生在晚年完成了《儒佛異同論》，第八章會根據是書，就儒佛二家對生命的關注、立說方向、修養功夫等範圍，說明梁先生對它們的看法，從而突顯佛教在梁先生心目中的地位。

梁先生晚年另一部提及佛教的作品為《東方學術概觀》，他於書中以儒、佛、道三家為東方學術的代表，並先總體地說明它們的共同特徵，之後再逐一說明三家的學說精要。第九章會重點闡述書中對佛教的看法，當中涉及梁先生對大小乘區別的理解，以及對性相二宗的評價等。此外，梁先生在是書中，對佛道二家作出了比較與分析，本章會着力作出說明，以一窺梁先生對佛道二家的評價。

梁先生在《東西文化及其哲學》中，高揚儒家的人生態度，並明言該書是他歸宗儒家後的作品，後世亦因此視梁先生為當代新儒家的代表人物。然而，梁先生早年篤信佛教，晚年似乎又有重投佛家的傾向，究竟他一生歸宗儒家還是佛家？本書第十章會根

據梁先生一生經歷，審視其學思歷程，進而指出他最終投向儒家，還是佛家。

總結一章，會重點擷示梁先生在不同著作內對佛教的分析，並藉此在義理上澄清他一生歸宗所在。梁先生某些對佛教的詮釋與看法，多年來都沒有改變，本章亦會重點指出，以綜括梁先生一生對佛學的理解及定位。

最後一提的是，本書引述梁先生的著作，絕大部分以山東人民出版社印行的八卷本《梁漱溟全集》（第二版）（以下簡稱《全集》）所收錄者為本。梁先生一生著述甚多，但因戰爭、動亂等關係，部分作品已散佚不存。為了妥善保存梁先生一生的思想、行事與心跡，其家人、學生、好友、以及學者們在一九八八年開始籌備出版全集，經過五年搜集和編輯，終在一九九三年完成和出版。二零零五年，全集的編委增入二篇文章，並對第一版作出校訂，印行第二版。《全集》的可信性高，亦方便查考，故本書引用梁先生的書籍、文章、演講辭、書信及日記等資料時，皆以《全集》為依據。艾愷於一九八零年來華訪問梁先生，其對話的完整記錄在二零零六年出版，共長十多萬字，取名《這個世界會好嗎：梁漱溟晚年口述》。[17]這記錄對理解梁先生一生思想的發展和演變，有重要價值。本書考察梁先生生平及事跡時，主要參考二零零九年出版的《梁漱溟年譜》及一九九八年出版的《梁漱溟問答錄》。

17　艾愷來華訪問梁先生的內容，最初收入在《全集》第八冊內，有關記錄屬摘錄形式，比較簡短，祇有四萬多字。因此，本論文引用有關言論時，改用把全部內容轉成文字的《這個世界會好嗎：梁漱溟晚年口述》。

前者由梁先生親自撰寫和修改，並由追隨他多年的學生李淵庭（1906-1994）和閻秉華（1917-）補充而成，資料詳盡。[18]後者由跟梁先過從甚密的汪東林（生卒年不詳）撰寫，汪東林在政協擔任小組學習秘書多年，對梁先生在政協中的講話都作了詳細記錄，寫作是書時更親訪梁先生，以補內容之不足。是書記載梁先生的政治和社會活動甚詳，極具參考價值。此外，不同的梁先生傳記，如梁培恕的《梁漱溟傳——我生有涯願無盡》、馬勇的《思想奇人梁漱溟》、馬東玉的《梁漱溟傳》、佟自光的《飛揚與落寞——梁漱溟的孤獨思考》等，都是本書描述梁先生生平時，不可或缺的參考資料。

18 　李淵庭和閻秉華在早年已編寫過《梁漱溟先生年譜》，並已於 2003 年由廣西師範大學出版社出版。2009 年又出版《梁漱溟年譜》，新作不單由梁先生親自修訂和審閱，更多加了近十萬字的原始資料。

第一章　梁漱溟的學思背景及早年習佛經過

梁漱溟原名煥鼎，字壽銘，漱溟是他當記者時的筆名。梁先生的先祖也先帖木兒（生卒年不詳）為元世祖忽必烈（1215-1294）之孫，至元十七年（1280 年）襲封為雲南王，不單家勢顯赫，且為朝中重臣。元亡後，也先帖木兒一系歸順明朝，定居河南汝陽，因汝陽地屬大梁，故改姓梁。十九世紀初，梁家遷到廣西桂林，故梁先生講述家世時，常以廣西為祖籍。道光年間，梁先生的曾祖父梁寶書（生卒年不詳）進京參加會試中榜後，梁家便在北京定居下來。梁先生的祖父梁承光（生卒年不詳）是有名的學者和將領，可惜在三十六歲時因病身故，而梁寶書借下的債項仍未及償還。這時，梁先生父親梁濟（1858-1918）祇有八歲，未能在經濟上為家庭作出承擔，全家祇靠梁先生的祖母開館教幾個小學生來支撐，生活極為拮据。梁濟十九歲時，曾在義學教書，稍長後兩度赴考，可惜皆未能高中，四十歲時雖能入仕，但做的祇是品位極低的內閣中書和無俸祿的候補員外郎。

梁先生有一個哥哥，兩個妹妹，他們的教育費都是靠母親變賣妝奩而來，這令梁先生明白到受教育的機會得來不易。梁濟教

導子女，從不打罵，而是着重言傳身教、暗示和啓發。如梁濟常把京劇故事講給兒子聽，藉此教導他們做人處世之道；又常帶同兒子們到街上購物，或辦些零碎事，目的是讓他們懂得社會人情，明白處事之道。梁先生九歲時遺失了一串銅錢，因而向家人大吵大鬧。梁濟後來發現了銅錢，卻沒有責備梁先生，也沒有把銅錢拿回給他，而是寫一張便條，告訴他行為不當，以及銅錢的位置，讓梁先生自行尋找。後來，梁先生找到銅錢，明白是自己不小心掉失，因而慚愧非常。這種暗示或啓發的教育方式，令梁先生沒有生長在官宦之家的小孩的驕奢態度，也有利於他培養自省和自學的能力。

梁濟對梁先生教育的安排，在當時也是別樹一幟的。他打破了社會繩規，沒有要求幼年的梁先生讀四書五經。梁先生憶述道：

> 我於六歲開始讀書，是經一位孟老師在家裡教的……入手多是《三字經》、《百家姓》，取其容易上口成誦。接着就要讀四書五經了。我在《三字經》之後，即讀《地球韻言》，而沒有讀四書。……不讀四書，而讀地球韻言，當然是出於我父親的意思。他是距今四十五年前，不主張兒童讀經的人。這在當時自是一破例的事。為何能如此呢？大約由父親平素關心國家大局，而中國當那些年間恰是外侮日逼。……在他的日記中有這樣一段話：卻有一種為清流所鄙，正人所斥，洋務西學新出各書，斷不可以不看。蓋天下無久而不變之局，我祇力求實事，不能避人之譏訕也。……到光緒二十

四年，就是我開蒙讀書這一年，正趕上光緒帝變法維新。停
科舉、廢八股，皆他所極端贊成；不必讀四書，似基於此。[1]

　　梁先生六歲時開始讀書，最初接觸的是《三字經》、《百家姓》。
剛巧這年光緒（1871-1908）推行戊戌變法，廢除了傳統考試制度，
梁濟對此十分贊成，更而認為兒子不必讀四書。此外，梁濟目睹外
國勢力步步進逼，認為要拯救國家，就得多學習西洋知識，於是安
排梁先生讀一本用韻文講世界地理的兒童教科書──《地球韻言》。
　　梁先生七歲時入讀中西小學堂。這是北京第一所「洋學堂」，
教導學生中文和英文。可是一年後，義和團佔領北京，學堂被迫
關門，梁先生改為在家中自學。之後數年，因社會的不安，以及
學制的變更，梁先生讀過四個小學堂和兩個家塾，直至完成小學
課程。梁先生在小學期間培養了閱報的習慣，他當時最愛看的是
《啟蒙畫報》。這畫報是一份以小學生為對象，用白話文介紹科學
常識，歷史掌故，名人軼事等的報紙。除此以外，梁先生亦愛看
《京話日報》，這小型報章報導北京和世界新聞，其評論不單痛陳
社會時弊，亦鼓吹社會運動。這報章也是以白話寫作，老百姓與
小孩都能輕易讀懂。閱讀報章讓梁先生養成了自學的習慣，也促
使他接觸中國經書：

　　　　我的自學，最得力於雜誌報紙。許多專門書或重要典籍

1　梁漱溟：〈我的自學小史〉，收入《全集》（卷二）（濟南：山東人民出
　　版社，2005），頁 667-668。

之閱讀，常是從雜誌報紙先引起興趣和注意，然後方覓它來
讀底。即如中國的經書以至佛典，亦都是如此。他如社會科
學各門的書，更不待言。因為我所受學校教育，以上面說的
小學及後面說的中學而止；而這些書典都是課程裡沒有
的。[2]

梁先生在學校裡沒有接觸過中國經書和佛典，他其後之所以閱讀儒
家和佛家經典，全因報紙雜誌的內容引起他這方面的興趣。此外，
父親梁濟亦促使他思考佛家義理：

> 約十四歲光景，我胸中已有了一價值標準，時時用以評
> 判一切人和一切事。這就是凡事看它於人有沒有好處，和其
> 好處的大小。假使於群於己都沒有好處，就是一件要不得的
> 事了。掉換來，若於群於己都有頂大好處，便是天下第一等
> 事。……此時於西洋之「樂利主義」、「最大多數幸福主義」、
> 「實用主義」、「工具主義」等等，尚無所聞。卻是不期而
> 然，恰與西洋這些功利派思想相近。這思想，顯然是受先父
> 的啟發。……所以就由這裏追究上去，究竟何謂「有好處」？
> 那便是追究「利」和「害」到底何所指？必欲分析它，確定
> 它。於是就引到苦樂問題上來。又追究到底何謂苦，何謂樂？
> 對於苦樂的研究，是使我深入中國儒家印度佛家的鑰匙，頗

2　同上，頁669。

為重要。³

梁先生早在十四歲時，便因父親影響，以有沒有好處來衡量一切人與事的價值。這看法近似西洋的功利派思想，也令梁先生追問什麼才是「有好處」，什麼是「利」，什麼是「害」。⁴追問下去，必然會引出什麼是苦，什麼是樂的問題，而苦、樂問題正是佛教關心的課題。換言之，功利派思想正是梁先生日後鑽研佛學的契機。

十四歲那年，梁先生也正好入讀順天中學堂。他在學堂中認識了郭人麟（生卒年不詳），並在他的誘導下，開始對哲學發生興趣：

蓋受先父影響，抱一種狹隘功利見解，重事功而輕學問。其有實用價值底學問，還知注意；若文學、若哲學，則直認為誤人騙人的東西而排斥它。……恰遇郭君，天資絕高，思想超脫，雖年不過十八九而學問幾如老宿。他於老、莊、易經、佛典皆有心得……其思想高於我，其精神亦足以

3　同上，頁 679-680。

4　梁先生也曾稱其父為一實用主義者，他說：「先父之思想，實與西洋思想相近。他實在是一個功利主義者。他時時持有一個標準，而依此標準評論一切。他所持有之標準，即是『有用處』三字。他批評世間一切事，有用處即是好，無用處乃是不好……所謂實用主義。……吾人幼小時，心胸中空空洞洞，勢不免於先入為主。況加我之性情脾氣既同先父。於是先父的思想，乃成為我的思想。先父為一實用主義者，我亦隨之而成為一實用主義者。」（見氏著：〈自述〉，收入《全集》〔卷二〕，頁 5-6。）

> 籠罩我，他的談話，有時嗤笑我，使我惘然如失；有時順應
> 我要作大事業的心理而誘進我，使我心悅誠服。我崇拜之
> 極，尊為郭師，課暇就去請教，紀錄他的談話訂成一巨冊，
> 題曰「郭師語錄」。……自與郭君接近後，我一向狹隘底功
> 利見解為之打破，對哲學始知尊重；在我的思想上，實為一
> 絕大轉進。[5]

梁先生受父親影響，以功利標準來衡量事物，以至重事功而輕學
問，甚至排斥文學與哲學。遇上郭人麟後，他的思想才有所改變。
郭人麟年紀雖輕，但對傳統儒、釋、道皆有心得，其思想及精神境
界比梁先生要高。他不時順應梁先生要作大事的心理，[6]給予誘導，
令梁先生佩服不已，以致把他的話抄錄下來，編成「郭師語錄」。
認識郭人麟後，梁先生學懂尊重哲學。郭人麟對老莊、易經、佛典
尤有心得，可以推想梁先生在他影響下，開始接觸相關典籍。

認識郭人麟後，梁先生眼界大開，也同時開始被人生問題所
困擾，他說：

> 我十四五歲時開始為人生問題所困惑。我看到家裏的女
> 工天天做飯，洗衣，辛苦得很，我問她是否辛苦，她說習慣

5　梁漱溟：〈我的自學小史〉，頁 683-684。
6　梁先生要作的大事，應是指拯救國家的行動。他說：「我那時自負要救國
　　救世，建功立業，論胸襟氣概似極其不凡；實則在人生思想上，是很淺陋
　　的。」同上，頁 683。

了。看上去她並不感到苦，臉上常有笑容。但我自己呢，家
產富足，又是家中的小兒子，備受父母疼愛，看上去好像不
存在甚麼不滿意的地方，但內心卻常常很苦悶。為甚麼？我
反復思索，人生的苦樂不在外界（環境），而在自身，即在
主觀。其根源在自己的慾望，滿足則樂，不滿足則苦，這種
慾望是無窮盡的。第一個慾望滿足了，第二個慾望又來了，
而慾望是很難全部滿足的。我還觀察社會上的人，當時有的
人坐轎子，坐馬車，稱得上榮華富貴；坐不起轎子和馬車的
人則步行。千萬不要以為坐轎子的樂，走路的苦，那可不一
定。坐轎子的正為某個難題（慾望）發愁，步行的卻悠然自
得，並未感到苦。[7]

梁先生看見家中女工勞碌地工作，以為她很苦，誰知原來她並不這
樣想；他又觀察當時坐轎子和馬車的人，發現他們並不比走路的人
快樂；因此明白苦樂的根源不在外在環境，而在內在慾望的滿足與
否。若慾望滿足，人便會感到快樂，否則便感到苦。可是，慾望是
很難滿足的，因此人生常常為苦所困。梁先生對苦樂問題不斷思
考，最後得出「人生是苦」的結論：

　　研究思辨至此，又得一結論曰：人生基本是苦的。試看，
　　人生從一墮地便帶來了種種缺乏（缺食、缺衣、缺……），

7　汪東林：《梁漱溟問答錄》（香港：三聯書店，1988），頁31。

> 或說帶來了一連串待解決的問題；此即欲望之本，而苦亦即
> 在是焉。……很明白，苦是與生俱來的。……一切問題原都
> 出自人類生命本身而不在外面，但人們卻總向外面去求解
> 決。這實在是最普泛最根本的錯誤！放眼來看，有誰明見到
> 此呢？恐怕只有佛家了。其餘的諸子百家，古今中外一切聖
> 哲，盡你們存心解救生民苦難，而所走的路子卻全沒有脫出
> 這根本錯誤之外，都是不足取的。於是我此時一轉而趨向古
> 印度人根本否定人生的出世思想。我當時初非受了佛家影響
> 而傾慕出世的，乃是自家思想上追尋到此一步，然後覓取佛
> 典來參考學習，漸漸深入其中的。**8**

梁先生覺察到人一旦出生，便有種種缺乏，有缺乏便有需求，欲望
由是形成，而苦亦隨欲望而來。簡單來說，苦的根源乃在人的自身。
依梁先生所見，這個道理祇有佛家明白，其餘的諸子百家以至古今
中外的聖哲，都把人類問題的根源歸咎外在環境，梁先生認為它們
皆不足取，並因此認同佛家。梁先生又特別指出，他是自行尋索到
「人生是苦」的結論，然後才找佛書來看的。

　　梁先生開始留意佛教，也與當時社會環境有關。梁先生成長
於列強侵凌中國的晚清年間，國家面對外憂內患**9**，梁先生不得不
對社會和人生作出思考，他說：

8　梁漱溟：《自述早年思想之再轉再變》，收入《全集》（卷七），頁 180-181。

9　1894 年，梁先生一歲時，發生了甲午戰爭；1898 年，梁先生六歲，發生
　　了百日維新；1900 年，梁先生八歲，發生了義和團事件。

　　　　我自十四歲進入中學之後，便有一股向上之心驅使我在
兩個問題上追求不已：一是人生問題，即人活着為了什麼；
二是社會問題亦即是中國問題，中國向何處去。……對人生
問題之追求，使我出入於西洋哲學、印度哲學、中國周秦宋
明諸學派間，而至後來被人看作是哲學家。對社會問題之追
求，使我投身於中國社會改造運動，乃至加入過革命組織。**10**

　　自入讀中學後，梁先生後有一顆向上心，這令他不斷思考人生問題
和社會問題。人生問題即人活着的意義，這方面的思考令梁先生接
觸中西哲學和印度哲學。社會問題即中國往何處去的問題，這方面
的思考令梁先生後來投身社會改造運動，並參加革命活動。

　　對人生的深入思考，令梁先生不得不閱讀佛經。梁先生當時
閱讀的佛書，為金陵刻經處的木刻佛經及通俗易明的《佛學叢
報》：

　　　　當年的北京琉璃廠是一條文化街，我經常去文明書局和
有正書局，翻閱、購買南京金陵刻經處出版的木刻佛經，以
及上海狄葆賢（號為「平等閣主」）主編的《佛學叢報》（刊
物）。我開始並不懂得甚麼大乘、小乘，甚麼密宗、禪宗等，
但由於自己對人生苦樂的探求與佛學合拍，便從較通俗的
《佛學叢報》着手，邊學邊鑽，久而久之，漸漸入門。我研

10　汪東林：《梁漱溟問答錄》，頁 17-18。

> 讀佛學的結果：一是十八歲那年拒絕父母為我訂婚，並從十
> 九歲開始吃素，一度想出家為僧；一是通過自學佛家書籍，
> 大大增進了自學能力。我原只有中學畢業的學歷，以後教
> 書，做學問，辦教育，靠的都是自學。[11]

梁先生最初接觸佛教時，對佛教宗派分立情況並不清楚，甚至不懂
什麼是大、小乘。祇是因佛經能回應苦樂問題，所以才研讀。漸漸
地，梁先生對佛教義理有所認識，並有出家的意願，以至拒絕父母
為他訂婚，並開始吃素。此外，研讀佛經的日子亦增強了先生自學
的能力，奠定了他日後成為學者的基礎。

梁先生在中學時，除了郭人麟，也認識了甄元熙（生卒年不
詳）。甄元熙是革命黨人，在他介紹下，梁先生於一九一一年十九
歲中學畢業時，加入了京津同盟會。一年後，在清帝退位，南北
議和的情況下，京津同盟會毋需再從事革命活動，轉而投身政治
活動。甄元熙這時創辦了《民國報》，並以報導國內外大事，經
濟、文化、教育等新聞，以及宣傳同盟會政治主張為目的。熱心
政治的梁先生於該報任職記者，「漱溟」二字就是他的筆名。梁先
生任記者期間，目睹了許多政治上的醜態，令他非常失望。他
說：

> 作新聞記者生活約一年餘……而以與社會接觸頻繁之

11　同上，頁32。

故，漸曉得事實不盡如理想。對於「革命」、「政治」、「偉
大人物」……皆有「不過如此」之感。有些下流行徑、鄙俗
心理、以及尖刻、狠毒、凶暴之事，以前在家庭在學校所遇
不到底，此時卻看見了；頗引起我對於人生，感到厭倦和憎
惡。12

梁先生成為新聞記者後，持有長期旁聽證，可以經常出入臨時參議
院，因而有機會接觸不同政治人物，看見他們的言行「不過如此」，
有些政客更是下流、鄙俗。政客們的表現令梁先生對人生感到厭倦
和憎惡。在梁先生筆下，政客們醜態百出：

不少國民黨議員經不起金錢、美女的拉攏，到北京不幾
天就投入袁世凱和進步黨的懷抱。當時北京有一家由袁世凱
資助、議員康世鐸主持的《民視報》，每天在一版報眼的顯
著地位刊登國民黨議員脫黨的報導，方法頗為特別：今天報
道三人脫黨的姓名，明天又有三個，累加成六人後，再登一
次，羅列起來，逐漸增多。袁世凱以此打擊國民黨的聲勢。
「八百羅漢」還由議院規定13，每位月薪五百大洋，這使一
部分議員成天在八大胡同（當時北京妓院的集中地）花天酒

12　梁漱溟：〈我的自學小史〉，頁687。
13　「八百羅漢」是指1913年4月，中華民國第一屆正式國會開始時，參眾
　　兩院加起來的八百位議員。

地，名聲極壞。*14*

袁世凱（1959-1916）給予議員們極高薪酬，令他們終日沉迷酒色。他又為了打擊國民黨，每天在報紙的顯眼位置，報導三位脫離國民黨人的姓名，當這些姓名累積至六位後，又報導一次，以突顯國民黨內部的不穩定。梁先生認為這些手法非常卑鄙，以致對政治失望。

在對政治失望和對人生厭惡的情況下，梁先生一度傾向社會主義。這時他又觀察到貧富懸殊所造成的悲劇，以致對社會主義更為嚮往。梁先生回憶說：

> 我們走過小街僻巷，常常可以聽到窮家女孩子學戲的歌聲。有一次我家看墳的人，也來同我們說，他想把他的女孩子，送去學戲；我對他直是沒有什麼話可說。他的女孩子在家裏，吃苦飯，未必吃的飽；衣無衣，用無用；而同時他鄰家的女孩子去學戲，就可以應酬闊人；就可以坐汽車馬車，就可以吃好飯，穿綢緞，使下人；他看見怎麼不眼熱？前面有這樣的誘惑，後面有那樣的逼迫，你怎麼能叫他不奔那條路呢？……好好女子，受人家的糟蹋侮弄，不論什麼人進來，都要笑顏接待，委曲承歡；不是為現在的經濟制度叫他如此是為什麼？……又要曉得在貧者弱者甘受欺侮，固是趨勢如此；即在富者一面，花錢造孽，也是一種自然趨勢，必

14　汪東林：《梁漱溟問答錄》，頁 28。

至如此！……又有一件事，是我在北京街上閒走，看見一個
拉人力車的，是一個白頭髮的老頭，勉強往前拉，跑也跑不
動；而坐車的人，卻催他快走，他一忙就跌倒了；白的鬍子
上面，摔出血來！而我的眼裏，也掉出淚來了！然而這在現
在經濟制度下，這是當然的！……有一回事使我至今想起
來，有如在目前的，是我在北京東四牌樓馬路上往南走，看
見對面兩個警察用白繩子縛着一位瘦弱無力的、面目黎黑的
中年男子，兩邊夾着他走來──看那樣子大約是一個無能的
小偷──我瞪着兩眼，望着警察，幾乎要發瘋；幾乎要跑上
前去，把他從警察手裡奪過來！……這明明是社會逼他成這
個樣子，他不敢作別的大犯法的事，只偷偷摸摸救救肚餓，
而你們卻如狼似虎逮捕他，威嚇他，治他的罪；這社會好殘
忍呀！我因為心裏這樣激昂，精神狀態很不穩定，所以有那
一年在南京自殺未成的事。……現在經濟制度，限我們於這不
合理的地步，真是沒法啊！這樣不合理社會，還不改造嗎？¹⁵

一九一三年，廿一歲的梁先生離開了報館，但仍然留意社會各種問
題。¹⁶他目睹生於貧困家庭的女孩為了生活，得去學戲，忍受糟蹋
侮辱；拉人力車的老人為了生活，得忍受欺侮；瘦弱無力的中年男

15　梁漱溟：〈槐檀講演之一段〉，收入《全集》（卷四），頁 736-737。

16　同盟會改組為國民黨後，《民國報》變成了國民黨的機關報。國民黨又委
　　派議員湯漪為報社負責人，而湯漪又換了一批報社員工，這都促使梁先生
　　離開報社。

子，因餓的不能忍受，得當小偷，被警察逮捕。梁先生看到這些情
況，心中激動，認為這個社會的經濟制度極不合理：

> 人間還有許多罪惡，似為當事雙方所同意，亦且為法律
> 所不禁的，如許多為了金錢不復計及人格的事。其極端之
> 例，便是娼優。……此外還有法律之所許可，道德不及糾正，
> 而社會無形予以鼓勵的事；那便是經濟上一切競爭行為。競
> 爭之結果，總有許多落伍失敗的人，陷於悲慘境遇。其極端
> 之例，便是乞丐。有的不出來行乞，而境遇悲慘須人救恤者，
> 同屬這一類型。大抵老弱殘廢孤寡病底人，競爭不了，最容
> 易落到這地步。我認為這亦是人間的一種罪惡。不過這種罪
> 惡，更沒有哪一個負其責，顯明是社會制度的罪惡了。[17]

又說：

> 拔本塞源，只有廢除財產私有制度，以生產手段歸公，
> 生活問題基本上由社會共同解決，而免去人與人間之生存競
> 爭。——這就是社會主義。[18]

社會上許多罪惡，為當時人默許，法律也沒有禁止，最極端的就是
女子為了金錢而當娼妓。此外，經濟上的競爭雖是法律所容許，但

---

[17]　梁漱溟：〈我的自學小史〉，頁690。
[18]　同上，頁691。

其實並不道德，因它把落伍失敗的老弱殘廢、孤寡患病者淘汰，這些人不是變成乞丐，就得靠人救濟。梁先生認為這些慘劇皆源自財產私有制，要解決它，就得把生產方法收歸政府，由社會共同解決生活問題，亦即實行社會主義。

梁先生在這時看到幸得秋水的《社會主義之神髓》，對其中反對財產私有的立場十分認同，在廿一歲時，更撰寫了《社會主義粹言》一書，油印數十份送給人。不過梁先生很快便放棄了社會主義，再次歸向佛家。[19]他於一九二二年在山西作演講時，提到有關經歷：

> 此後又有變動，變到佛家思想去了。當時想考留學生，須回廣西應試，路過南京下關。當初的下關非常繁華，我跟着同伴寓在江邊第一樓，房錢每人每天一元五角，飯還在外。這種奢華的生活，我很不願意，並且舉目都是些難堪的境象，但是沒有法子，我就去睡，而笙歌盈耳，鬧得天翻地覆，又實在睡不着。這時候心裡煩惱得說不出來，又幾乎要自殺，幸虧又有一個朋友把我救了。因此忽然覺得社會主義

---

19 梁先生自言他早年習佛有兩個時期，中間的分隔應是他有一段短時期認同了社會主義：「我讀佛家的書大致有兩個時期，一是十四五歲，辛亥革命之前；一是民國以後我不當記者，進北京大學之前，在家閒居時(二年多)。」（江東林：《梁漱溟問答錄》，頁32。）梁先生在辛亥革命時18歲，放棄當記者時為21歲，進北大教書時為25歲。可知他讀佛經的第一期為14至18歲；第二期為21至25歲。換言之，他在19至20歲時，思想傾向社會主義。

還是不中用。一轉而入佛家思想。這也真能支配我的一切行為，種種戒律都守得很嚴。從此就專研佛學，以至現在。**20**

梁先生晚年接受訪問時，對當時自殺的經歷有更具體的說明：

> 那是 20 歲時，我們是廣西人。廣西要送人出洋留學，剛好旅京的廣西老鄉，一位姓張，一位姓王，回廣西任法官。我父親托他們照料我回廣西考試送出洋留學。由京浦路南下，到浦口，過天津時，這兩位要做法官的先生，晚上出去逛窯子，我就很膩味。在天津如此，到下關住在大飯店，有許多娼妓出出入入，見客人住處就進來了，你推她出去，她總是與客人糾纏，我很膩味，心裡情緒很不好，同行者給我的印象不好，產生自殺念頭。這是頭一次，留了個字，自己走了。走到哪裡？我有同學楊權，號通輔，我到無錫找他，想囑托他照料身後事，寫信往北京家裡。這位楊同學發現我不是常態，他就很關心我，陪送我離開無錫回北京。回廣西考留學就作罷了。**21**

梁先生在二十歲時，由兩位老鄉陪同，到南京應考留學生。到天津時，那兩位老鄉在晚上到娼妓家去花天酒地，這令梁先生很不愉

20　梁漱溟：《在晉講演筆記》，收入《全集》（卷四），頁 674。

21　白吉庵：《物來順應——梁漱溟傳及訪談錄》（太原：山西人民出版社，1997），頁 130。

快。[22]到南京後，梁先生不得已地入住了一家昂貴的客店，過奢華的生活，他因未能與百姓休戚與共，心裡十分內咎。爲了不想眼前境況困擾自己，梁先生祇得去睡，但吵耳的笙歌令他不能入眠，而最令他心煩的，就是妓女們在飯店內拉着客人不放，與客人糾纏，這情況令梁先生非常煩惱，甚至難堪得想要自殺。他走到同學楊權（生卒年不詳）無錫的家，囑咐他身後事，準備投河自盡，幸得楊權關心，才不致死去。[23]經過這次後，梁先生認定社會主義不能解決人內心的困擾，於是轉向佛學，並嚴守戒律。

梁先生之所以再次歸心佛家，其實是經過一番深思熟慮的，他在一九一五年，即廿三歲時，發表〈談佛〉一文，當中寫道：

> 惟一切世間法，執食色爲天性，以生存爲前提，最便業識眾生五欲之圖，故孔耶諸家社會諸主義，藉名經世，盛詡大同，遂以風靡天下，……人群演進，由圖騰而宗法，而軍國，後此並軍國亦且不存。而諸家者泰半爲軍國以前說法。事屬過去，其方興未艾者，獨社會主義耳？而人群之進，亦至斯而極，是經世派之救世法，亦至斯而窮，則所謂圓滿暢

---

22 梁先生在訪談中，曾如此說明當時情況：「我們從北京到天津，旅館停留，這兩人就去娼妓家（花天酒地），我很不愉快。」（同上，頁170。）

23 梁先生晚年接受艾愷訪問時，指出自殺之因是自己的理想和標準太高，結果跟不上，以致自我厭棄。另一原因是他誤以爲自殺後一切都會完結。艾愷又運用心理分析的方法，認爲梁先生的自殺是身份認同危機（Identity Crisis）所使然，梁先生對此也沒有反對，更表示當日自殺的方法爲投河。

行者，亦獨在社會主義而已！……蓋經世諸家，悲憫為懷，
睹夫人之受苦為惡，而思所以救濟之，志原可敬，特誤在「人
人飽暖，天下太平，斯即苦惡盡袪，極樂現前。」而不悟苦
惡即藉人性，（即妄心耳）而有一方謀人類生存發達，一方
謀袪苦惡，實南轅北轍，絕對的不可能也。是故社會主義既
行，大同不難立致，而人之受苦為惡，則絕無以異於疇昔。
所謂一切有為之為有漏法者此也。然後諸家乃憬然悟，翻然
悔，而別求所謂無漏者，思之思之，……則其入於佛也，駟
馬迫而弗及，千牛挽而莫回矣。故觀於今日社會主義潮流之
盛，而知佛理之彰不遠矣。[24]

梁先生認為儒教、基督教，以及不同主義皆屬世間法，它們肯定人
天然的欲望，以入世的方法救世，展現大同社會的理想，故皆曾流
行一時。這些世間法嘗試以悲憫之心來解決人生的痛苦，堅信若每
個人都得到溫飽，天下太平，就能去苦就樂。梁先生指出，它們不
明白苦惡皆人性本有，是妄心之表現，因此袪除苦惡即去除人性，
是不可能的事。隨着人類思想的演進，民國初年最盛行的要為社會
主義，梁先生視之為世間法的極至，祇是它的流行，也未能改變人
類受苦作惡的情況。究其原因，無非社會主義也是世間法的一種，
其性質仍屬「有漏」。種種世間法皆未能解決人生痛苦，其信眾若
有所省悟，必然會向出世間的佛法尋求幫助。梁先生因此相信，社

會主義的流行，正表示佛教將會復興。

　　梁先生於上述引文後作註云：

> 「大同之世人之受苦為惡絕無異於疇昔」，此實吾人棄
> 經世取出世之唯一理由，由此而入於佛。[25]

根據梁先生的意思，縱然社會主義眞的能帶來大同社會，人類也會
像以往一樣，繼續受苦作惡。因此，社會主義雖是世間法的極致，
梁先生也決意不再認同，轉而歸心出世間的佛教，並開始研習佛經：

> 但此時期（即熱心社會主義之時期）頗短促無多日，由
> 此時期乃一變而入佛家思想、出世思想。此種變化，乃在熱
> 心社會主義思想之後，換言之，即是否認了社會主義理想之
> 後，乃確定了我出世思想，轉入佛家一途。……我二十歲至
> 二十四歲期間，即不欲升學，謝絕一切，閉門不出，一心歸
> 向佛學，終日看佛書。[26]

梁先生自言熱心社會主義的時間極短，其後便轉入佛家一途。他提
到自己當時「謝絕一切，閉門不出」，專心研讀佛經，這指的當是
他在二十二歲時遷入北京西北面積水潭（又名淨業湖）小銅井一號

25　同上，頁 495。

26　梁漱溟：〈自述〉，頁 17。

書齋苦讀之事。[27]梁先生於書齋內鑽研佛書兩年，結果在二十四歲時，發表了他的第一部佛學專論《究元決疑論》。當時的北大校長蔡元培看過此書後，對梁先生非常賞識，請他到北大任教，而梁先生亦因此踏上學者之路。

　　一九一七年，廿五歲的梁先生正式進入北大任教，最初教的是印度哲學，其後又教唯識宗哲學，他早年的《印度哲學概論》及《唯識述義》，都是講課的筆記。梁先生又在晚年的一次訪問中，表示自己在北大期間，曾到內學院求學：

> 　　既被拉進北大講課，又去南京內學院求教，則前後所聞多有……例如楊仁山先生為近百年佛學界開山祖師，指教義讀《大乘起信論》、讀《楞嚴經正脈疏》，我皆從讀而大有啟迪。[28]

又說：

> 　　近 100 多年，提倡佛法（教）的是楊仁山先生……他創辦金陵刻經處，接他的手的（四大弟子）是江西的歐陽漸，一般稱歐陽竟無先生。他在金陵刻經處基礎上，成立了一個

27　1913 年夏天，21 歲的梁先生陪伴父親梁濟到北京城北的積水潭遊玩，梁　濟被該處的寧靜和優美風景所吸引，於是決定在湖邊購置兩間小屋作書齋　之用。1918 年 11 月 10 日，梁濟在 60 歲生日前三日，在這裡投湖自盡。

28　白吉庵：《物來順應——梁漱溟傳及訪談錄》，頁 123。

有名的、講學的「內學院」，講佛學，主要講唯識法相。我
的佛學知識都是從他那兒來的。[29]

一九一八年，歐陽竟無在金陵刻經處的基礎上，創立了內學院，專
講法相唯識學，[30]梁先生曾到那裡求教，又表明自己的佛學知識都
是從內學院來。可以想像，梁先生早年購買佛經自行研讀，未有正
式跟隨老師學習佛學，因此對佛學的理解欠全面，爲了提高自己的
佛學知識，以便教書，遂到內學院學習。他又曾閱讀楊仁山注釋的
《大乘起信論》及《楞嚴經正脈疏》，[31]並從中得到許多啓發，可
見他對唯識學應有相當的理解。

29　同上，頁191-192。

30　歐陽竟無認爲法相、唯識屬兩個不同教學系統，據他的理解，《瑜伽師地
　　論》（Yogacāryabhūmi-śāstra）《本地分》講述法相義理，《抉擇分》則
　　詳述唯識教理，又說：「是法平等曰法相，萬法統一曰唯識，二者相攝而
　　不可相淆，亦復不可相亂。」（轉引自張玉法、麻天祥、胡平生、鄭大華：
　　《中國歷代思想家（二十一）：章炳麟、歐陽竟無、梁啓超、馬一浮》〔台
　　北：台灣商務印書館，1999〕，頁120。）

31　楊仁山卒於一九一一年，當時梁先生祇有十九歲，剛中學畢業，所以他不
　　可能聽過楊氏的課，因此推論他祇讀過楊氏的注本。

第二章　從《究元決疑論》看梁漱溟早年佛學思想

一、《究元決疑論》的寫作原因

　　梁先生在二十二歲時，閉門苦讀佛經，二年後，他發表了人生的第一部佛學專著——《究元決疑論》，當時北京大學的校長蔡元培看過是書，對梁先生非常賞識，邀請他到北大任教印度哲學，可見此書對梁先生的一生有莫大影響。其實梁先生最初想寫的，乃是一部名《新發心論》的書：

> 我常發願造論曰《新發心論》，閱稔不曾得成……因雜取諸家之說，乃及舊篇，先集此論。而其結構略同《新發心論》之所擬度。[1]

梁先生發願欲著《新發心論》，但一年過去，都沒有寫成，祇好把

1　梁漱溟：《究元決疑論》，收入《全集》（卷一）（濟南：山東人民出版社，2005），頁3。

不同學派的理論，再加上自己的舊稿[2]，按《新發心論》的結構整理成書，是書就是《究元決疑論》。

　　促使梁先生放棄《新發心論》而改寫《究元決疑論》，乃因他的一位記者朋友被殺：

> 　　我寫這篇文章是有感而寫的。那時有一位名記者叫黃遠生，他出走美國在舊金山被刺，這完全是一個誤會，我是有感於他的被刺而寫的。[3]

黃遠生（1885～1915）原名黃遠庸，江西九江人，十九歲中進士，之後到日本學習法律。回國後成為著名的記者、律師。梁先生當記者時，曾向他請教法律問題，對他極為佩服。[4]一九一五年，袁世

2　梁先生自言《究元決疑論》部份文字出自中學時期的舊稿：「對於苦樂的研究，是使我深入中國儒家印度佛家的鑰匙，頗為重要。後來所作《究元決疑論》中，有論苦樂一段尚可見一斑。而這一段話，卻完全是十六七歲在中學時撰寫的舊稿。在中學裡，時時沉溺在思想中，亦時時紀錄其思想所得。」（見氏著：〈我的自學小史〉，收入《全集》〔卷二〕，頁680。）

3　梁漱溟：〈我和商務印書館〉，收入《全集》（卷七），頁623。

4　梁先生於1912年第一次見黃遠生，根據梁漱溟兒子梁培恕的回憶，二人見面的原因及經過如下：「（梁先生）在西安時曾遊臥龍寺，和尚告訴他，康有為來寺裡向他們借閱珍本藏經，竟是有借無還。康的名聲大，和尚感到無奈。回到北京，他去拜訪著名律師也是著名新聞記者黃遠生，請教可以採取什麼法律程序幫臥龍寺追回原物。黃衣著、居處考究，面對來訪的布衣年輕人洽談得甚為懇切，兩人雖是初次見面彼此卻產生信任感。」見梁培恕：《梁漱溟傳——我生有涯願無盡》（香港：明報出版社，2001），頁47。

凱欲恢復帝制，迫遠生在報章上撰文，討論國體問題。梁先生看到該文章，發現黃遠生並沒有反對帝制，與其一貫立場不符，再加上當時盛傳黃遠生會為袁氏主持《亞細亞報》，梁先生認為黃氏的操守應不致為袁氏效力，於是投稿往《甲寅》雜誌，表示對黃氏的做法不理解。後來梁先生讀到黃氏在同一份報章上的投稿，發現他一直被袁世凱威迫，每天都過着痛苦的生活，才明白他的苦衷。黃氏最後離京赴美，在抵達舊金山數日後被殺。梁先生極其痛心，說：

> 故我於遠生之死於無妄痛心之極，深憾沒有來得及把我剛找到的真理貢獻給他。此真理即指佛家對人生的認識，以是之故，我遂有《究元決疑論》之作（發表於《東方雜誌》）。結束語便是：「余欲造新發心論而未就，比見黃君遠生《想影錄》悲心憤湧不能自勝，極草此篇，原為世間撥諸疑惑苦惱，惜遠生不及見矣！」[5]

梁先生當時剛發現「佛家對人生的認識」甚具價值，準備撰書宣示，目的是為世間掃除疑惑苦惱。這時黃遠生被刺的消息傳來，梁先生明白不可能把這真理告訴他，故此深以為憾。同時，梁先生因看了黃氏的《想影錄》而悲慟莫明，於是加快完成有關著作，而這著作就是《究元決疑論》。

《究元決疑論》完成後，分三次於一九一六年的《東方雜誌》

5　梁漱溟：〈懷黃遠庸〉，收入《全集》（卷七），頁632。

第十三卷，第五、六、七期上發表[6]，並於一九二三年由商務印書館出版。

　　梁先生在《究元決疑論》的開始，便指出佛家義理具有解除人間苦惱的作用：

> 此世間多憂、多惱、多病、多苦，而我所信唯法得解，則我面值於人而欲貢其誠款，唯有說法，又此世間有種憂惱病苦最大最烈，不以乏少財寶事物而致，亦非其所得解。……以是故，有聖智者究宣其義，而示理法。[7]

世間有許多憂慮、苦惱、疾病和痛苦，它們並非全因貧窮而致，亦非金錢所能解決，梁先生認爲唯一能夠對治它們的處方就是佛法，所以決意將之宣示。梁先生又指出，他說法的對象可分爲愚昧人和聰明人：

> 少慧之氓，蒙昧趨生，不識不知。有等聰慧之倫，善能疑議思量，於爾世理法輕蔑不取。於爾所時，舊執既失，勝

6　《東方雜誌》於 1904 年 3 月由上海商務印書館創刊，1948 年 12 月停刊，歷時 45 年，先後在上海、長沙、重慶等地出版，歷任主編有蔣維喬、徐珂、孟森、杜阿泉等。雜誌初期從國內外各種報刊中選出文章轉載，目的是讓國人能知道中外大事，被譽爲「中國近現代史的資料庫」、「雜誌界的重鎮」。1911-1920 年間，杜亞泉（1873-1933）任主編，對雜誌進行改革，開始廣邀名家、學者撰寫文章，又大量刊登具有學理與深度的學術論文，魯迅、瞿秋白、唐景升、王國維等皆曾替它撰文。

7　梁漱溟：《究元決疑論》，頁 3。

> 義未獲；憂惶煩惱，不得自拔。或生邪思邪見；或縱浪淫
> 樂……；或成狂易；或取自經……。如此者非財寶事物之所
> 得解，唯法得解。[8]

愚昧人對佛法毫無認識，所以有必要向他們開示。聰慧之士雖然明白世間法不足取，能捨棄對世間法的執着，但因未能證得最殊勝的真理，所以也會被憂慮和煩惱所困，不能自拔。長此下去，聰慧之士也會生起邪見，變得貪圖享樂、狂妄自大，所以也必須向他們說法。梁先生熱衷向人說法，因他自己也曾被憂慮和煩惱所困：

> 此憂惱狂易，論者身所經歷（辛亥之冬壬子之冬兩度幾
> 取自殺）；今我得解，如何面值其人而不為說法，使相悅以
> 解，獲大安穩？以是義故，我而面人，貢吾誠款，唯有說法。
> 然此法是殊勝法，是超絕法，不如世間諸法易得詮說。[9]

梁先生曾在一九一二年二度自殺，第一次是因目睹社會上不公平的現象：如拉人力車的老人被客人催得摔倒在地，流出血來；瘦弱無力的中年男子因飢餓的緣故，被迫當小偷，這些現象令梁先生情緒極不穩定，最後在南京因被笙歌吵得不能入眠，以及妓女與客人糾纏的情境而引發了自殺的念頭。[10]同年六月，梁先生久病在床的母

8　同上，頁3。

9　同上，頁3。

10　梁先生第一次自殺的事，請參本書第一章。

親病逝，梁先生非常悲痛，情緒低落到極點，於是再度自殺。[11]梁先生雖曾因憂傷苦惱而兩度自殺，但其心情後來因讀佛經而得到抒解，因此認定佛法為「殊勝法」、「超絕法」。他希望其他人也可得聞佛法，以解決人生問題，安頓生命。

　　總的來說，梁先生欲作《新發心論》，卻遲遲未能成書。寫作期間，他又想另寫一部宣示佛教真理，助人掃除煩惱的書，剛巧其好友黃遠庸在美國被殺，梁先生非常悲痛，於是放棄寫作《新發心論》，趕緊「雜取諸家之說，乃及舊篇」，寫成《究元決疑論》。

二、《究元決疑論》的「究元」論

　　顧名思議，《究元決疑論》由「究元」和「決疑」兩部份組成，梁先生說：

> 所謂《佛學如實論》與《佛學方便論》之二部。前者將以究宣元真，今命之曰「究元第一」。後者將以決行止之疑，今命曰「決疑第二」。世之所急，常在決疑……欲得決疑，要先究元。[12]

11　梁先生曾說：「我在二十歲的時候，曾有兩度的自殺，那都可以表現出我內心的矛盾衝突來。」（見氏著：《朝話》，收入《全集》〔卷二〕，頁42。）梁先生自言他的二次自殺，都發生在他20歲時，亦即1912年。引文說的「辛亥之冬」和「壬子之冬」分別指1911和1912年，應是梁先生憶述時之錯誤。

12　梁漱溟：《究元決疑論》，頁3-4。

又說：

> 此文原分究元和決疑二部，究元又分性宗相宗兩段去
> 說，決疑則以論苦樂一段為重要。[13]

「究元」即《佛學如實論》，旨在「究宣元眞」，探討宇宙終極眞實；「決疑」即《佛學方便論》，旨在解「決」人生種種「疑」惑，其中又以苦樂問題最為重要。梁先生認為，世人急欲「決疑」，其實在此之先，必須先「究元」。梁先生把「究元」分為「性宗」和「相宗」兩方面，前者說明佛教對宇宙本體的看法，後者說明佛教對宇宙現象的看法。

在說明佛教對宇宙本體的看法時，梁先生大量引用法國學者魯滂博士（Gustave Le Bon，1841-1931）在《物質新論》（*The Evolution of Matter*）之見解作為解釋[14]。梁先生對該書有很高的評價：

> 其詞簡約，不過萬言，而其精深宏博，已可想見。為說
> 本之甄驗物質，而不期乃契佛旨。……不圖魯君貌離，乃能

13　同上，頁 21。

14　魯滂是法國著名心理學家、社會學家及物理學家。他在 1894 年出版的心理學著作 *The Psychology of People*，令他聲名大噪。他在之後的著作中，對種族優越性、群眾行為和大眾心理學都有精闢的見解，這些見解在 20 世紀初期受到不少著名學者引用。《物質新論》是他的物理學著作，在法國非常受歡迎，一度加印至十二版。

神合，得之驚喜。[15]

《物質新論》的篇幅不長，祇有約一萬字，但思想卻博大精深，與佛教要旨不謀而合。

　　魯滂博士寫《物質新論》時的物理學界，普遍相信物質雖不斷變化，但不會消滅。魯滂博士卻在書中指出，所有物質皆由原子構成，由於原子並不穩定，所以物質會解體為非物質，而物質的解體無需外力推動，因物質本身就是力的儲存所。此外，在物質解體過程中，原子會由穩定變為不穩定，而不穩定的原子會散發力量，導致電、氣、光、熱的出現。至於原子的形成，魯滂認為是以太（ether或 aether）的渦動所致，不單如此，物質的性質亦由以太回轉的速度所決定，一旦以太的運動停止，物質便會消歸於以太，不復存在。

　　古希臘哲學家認為宇宙並不存在沒有物質的虛空，以太就是充斥於宇宙的物質，它與空氣、水、火、土構成宇宙五大原素。十七世紀的法國科學家、哲學家笛卡兒（Descartes，1596-1650）認為以太是物體之間傳遞作用力的媒介，十九世紀的科學家更認為以太就是令光得以傳播的物質。由於魯滂視以太為原子形成之因，所以以太也就是萬物的第一本體。後來，愛恩斯坦（Albert Einstein，1875-1955）在他的狹義相對論中，指出光的傳遞毋須以太為媒介，證明了以太並不存在。

　　梁先生引述魯滂對以太的描述，認為以太就是佛家所說的如來藏或阿賴耶識：

15　梁漱溟：《究元決疑論》，頁 4。

　　魯滂所謂第一本體不可思議之以太者，略當佛之如來藏
或阿賴耶識。……以太渦動形成原子，而成此世界。此渦動
即所謂忽然念起。……世有問無明何自來者，此渦動便是無
明，其何自則非所得言。渦動不離以太，無明不離真心。渦
動形成世界，心生種種法生。然雖成世界，猶是以太……然
渦動失則質力隨滅，故無明滅相續則滅也。「然所言滅者唯
心相滅，非心體滅。……以水不滅，風相相續唯風滅，故動
相隨滅，非是水滅」（《起信論》）蓋滅者謂質力之相續滅，
而消歸於以太，非以太滅。*16*

梁先生認為以太就是如來藏心或阿賴耶識，因它們都是指萬物的本
體。《大乘起信論》以如來藏為眾生本有的清淨心，又以海水比喻
此心，以風比喻無明；表示正如風一旦起現，海水便會生起波浪相，
同樣，在無明影響下，如來藏心會變現種種生滅相，由此可說「無
明不離真心」。梁先生認為以太的渦動即是「忽然念起」的「無明」，
理由有三：首先，渦動與無明的來歷都無法可知。其次，以太渦動
形成原子，再形成世界，這「渦動不離以太」的情況，正是「無明
不離真心」的表現。最後，如來藏心因無明的影響而生起種種法，
以太亦因渦動而形成世間，二者都以現象世間為一超越本體所衍
生。梁先生又指出，渦動若停止，物質便會失去動力，消歸於以太，
祇是以太並不會因此而消滅，這好比無明風若止息，相續心相便會
消滅，祇是心體並不會因此而消滅一樣。梁先生接着說：

16　同上，頁6。

　　　　《般若》云：「色即是空，空即是色。」色謂質礙，即
　　此之物質。唯魯君亦曰：「非物質之以太能變成岩石鋼鐵。」
　　又曰：「力與物質同一物而異其形式。」《楞嚴正脈疏》……
　　又云：「深談如來藏中渾涵未發色空融一如此。」魯君亦可
　　為能深談者矣。[17]

按佛家的通途看法，一切物質的本性為空，但它們又宛然呈現，所
以《般若經》（Prajñāpāramitā-sūtra）云「色即是空，空即是色」。
同樣，魯滂指出以太不是具體物質，而是不可見的力用，但卻能變
成種種堅硬物質，如岩石鋼鐵等，呈現在我們面前，與《般若經》
所說「色即是空，空即是色」有異曲同工之妙。此外，以太可變現
種種物質，魯氏因此特別強調力用與物質為同一事物，其特性與可
生起一切法的如來藏相若，梁先生就此稱讚魯氏，認為他對如來藏
可變現萬法的特點有深入的理解。[18]

　　在上引文中，梁先生指出如來藏和阿賴耶識都與以太相通，但
卻祇交待了前者，而沒有交待後者。按唯識宗的理解，阿賴耶識含
藏種子，在時機成熟時，便會起現有為界的一切雜染法，所以阿賴
耶識與如來藏一樣，是現象世界的根本原因。梁先生沒有交待阿賴
耶識的特點，可能是因唯識宗的教法不屬性宗範圍故。

17　同上，頁6。

18　梁先生對魯滂說話的理解並不正確：一、《般若經》所說的空為真理無自
　　性之狀態，特徵為無生無滅，與魯滂所說的力用性質迥異。二、梁先生認
　　為魯滂所說的以太就是佛教的如來藏心，但以太其實只是西方本體論的其
　　中一個說法，不一定與佛教有關，梁先生的比附似乎犯了過度詮釋之弊。

　　如上文所述，魯滂認爲物質本身儲存了力量，這種力量令物質產生變化、解體，所以宇宙總在不斷變化的狀態中。梁先生把這見解比附佛教的輪迴思想，並抒發了他對人生的看法：

> 佛云：「厭生死苦，樂求涅槃」；又云：「生死長夜」。
> 唯魯君亦曰：「宇宙無休息，縱有休息之所，亦非吾人所住之世界，而其間亦必無生物。死非休息也。」此無休息即質力之變化，亦曰因果律，亦曰輪迴。死本變化中事，不為逃免。出離此大苦海，唯修無生；相續相減，乃曰出世間。**19**

佛教以長期不斷輪迴生死爲痛苦，梁先生認爲，這正好與魯滂所說，宇宙無休息，死亡亦非休息的「因果律」內容吻合。按梁先生的理解，死亡並不是人生的終結，若要離開人生這大苦海，就須修習「無生法」，證得「出世間」。

　　梁先生在抒發過他的人生觀後，便引《楞嚴經正脈疏》之話，褒揚魯滂對佛家義理的契會：

> 「凡小觀物非心」，即世俗見物實有，與此心對；「權教謂物為妄」，意指唯識之宗，亦即西土唯心家言；「全物皆心，純真無妄」，乃釋迦實教，法性宗是。西土則唯魯君彷彿得之。此中所表是何種義？謂所究元者不離當處，「本

---

19 梁漱溟：《究元決疑論》，頁6-7。

> 非因緣，非自然性，清淨本然，周遍法界」；魯君之所謂以
> 太是也。[20]

梁先生指出，凡夫觀察外物時，會執取它們為實有，這是不真實的
世俗見解。佛教的唯識宗雖然明白一切現象皆為虛妄，但其對本體
的分析仍不圓滿。在梁先生心目中，最圓滿的教學法是上述那套性
宗的說法。根據這說法，在虛妄的現象界背後，有一毋需依因待緣
而生的本體，它本性清淨，無所不遍，這就是魯滂所說的以太。從
魯滂對以太的論述，可見他大體契會性宗的真意。

　　梁先生通過討論「性宗」，顯示佛教對宇宙本體的看法後，又
通過討論「相宗」，說明佛教對宇宙現象的看法。在討論「性宗」
時，梁先生主要以《大乘起信論》、《楞嚴經》（Śūraṃgama sūtra）
等如來藏經典為根據，在討論「相宗」時，梁先生則借助唯識宗的
三性說法以資說明。三性即真實性、依他性和分別性。在說明依他
性時，梁先生引用了《佛性論》的話：

> 依他性緣執分別故得顯現。依他性者有而不實，由亂識
> 根境故是有，以非真如故不實。[21]

眾生受無明污染，生起以虛妄分別為性的亂識，六根和六境，這一
切都不是真如，並非真實。

20　同上，頁 7-8。
21　同上，頁 9。

　　梁先生進而引用章太炎（1869-1936）《建立宗教論》作爲說明，指出唯識宗所說的八識，都各有自身的見分和相分，而一切外境都是前五識的相分，所以並不眞實，祇是幻有。

　　梁先生繼續引用《佛性論》的話，來說明分別性：

　　　　分別性由緣相名相應故得顯現。[22]

有情不明白一切外境，以至各種心識皆依他而起，因此執取虛妄的現象及語言，對世間作出種種分別，是爲分別性。

　　梁先生又引用《三無性論》（Triasvabhāva-śāstra）來對分別性作出說明：

　　　　分別性者無有體相，但有名無義，世間於義中立名，凡夫執名分別義性，謂名即義性，此分別是虛妄執⋯⋯。[23]

分別性祇有名稱，沒有實體，並非眞實存在。有情執着表相的名稱，以爲有名稱便有相應的意義，這便是妄執。

　　在說明依他性及分別性後，梁先生便對眞實性作出解說：

　　　　此中所表是何種義？謂所究元者唯是無性。唯此無性是其眞實自性。分別性者但有名言，多能遮遣⋯⋯若離依他，

22　同上，頁8。
23　同上，頁8。

便證圓成……。合前義言，所云周遍法界者，一切諸法同一
無性之謂也。[24]

有情若能遣除分別性，離棄依他性，明白一切境和識皆不眞實，無
有自性，就是眞實性的證成。梁先生結合之前對「性宗」的討論，
指出無所不遍，不斷變遷的以太，就是眞實性所指的終極眞實。

　　在討論過佛教對存在的看法後，梁先生總結出三個命題，分別
爲「不可思議義」、「自然軌則不可得義」及「德行軌則不可得義」。

　　「不可思議義」指宇宙本體不可以常識掌握。梁先生解釋道：

不可思議義云何？謂所究元者以無性故，則百不是：非
色，非空，非自、非他，非內，非外……以周遍法界故，則
莫不是：即色，即空，乃至即因，即果。夫莫不是而百不是
斯眞絕對者。世間凡百事物，皆爲有對。……故一言水必有
其非水者，一言風草木必有其非風草木者……若果爲無對
者，「則其別旣泯，其覺遂亡，覺且不能，何從思議？」[25]

梁先生指出，宇宙本體旣是「百不是」，是絕對超越，又是「莫不
是」，是無所不在。它無有定相，一切世間的對立觀念對它都用不
上，因此爲不可思議。

　　梁先生又指出，西方哲學家對「不可思議義」也頗有認識，例

24　同上，頁9。
25　同上，頁9-10。

如康德（Immanuel Kant, 1724-1804）認為終極存在「物如」不可知，叔本華（Arthur Schopenhauer, 1788-1860）認為時間、空間以外事物為人所不能認識等，都可見一斑。

　　至於「自然軌則不可得義」則是指世間沒有客觀規律可得。梁先生說：

> 自然軌則不可得義云何？謂無性者云何有法。世間不曾有軌則可得。所以者何？一切無性故。又者所究元不可思議，即宇宙不可思議。宇宙不可思議即一事一物皆是不可思議。不可思議，云何而可說有軌則？以是義故，我常說世間種種學術我不曾見其有可安立。[26]

世間萬法皆依因待緣而生，無有自性，因此，客觀法則不可能存在，況且宇宙本體不可思議，那麼宇宙的物事當亦同樣不可思議；而事物不可思議，則證明了客觀法則不存在。客觀法則不存在，世間的一切學術研究也就沒有成立的根據：

> 學術云者以有依他性而後得立。依他幻有，學術云何有實？……學術云者以有變化而後得立。變化非真，學術云何得實？[27]

26　同上，頁 10-11。

27　同上，頁 11。

學術研究的對象是世間事物，但一切世間事物皆依他而起，千變萬化，並不真實，學術研究因此不可能有穩固的根基。

所謂「德行軌則不可得義」，是指道德法則不真實：

> 德行唯是世間所有事，世間不真，如何而有其軌則可得？……所云良知直覺，主宰制裁，唯是識心所現，虛妄不真。[28]

梁先生在說明「自然軌則不可得義」時，已表明世間不真實，既然世間不真實，世間的道德法則亦不會真實。梁先生又指出，不論是儒家所講的良知直覺，又或是西方哲學家所說的道德主體，其實皆憑依識心而有，故此都虛妄不真。

梁先生進而表示，道德倫理學之根本問題為「自由」（Free Will）與「有定」（Determinism），前者認為人有選擇自身行為的自由，後者認為人的行為被命定。據「自由」論，人可選善棄惡，道德法則因此得以成立。相反，據「有定」論，人對善惡之事不能選擇取捨，道德法則因此不可能成立。梁先生反駁這兩論點，說：

> 夫有定云者，此即有自然軌則不可避之義也。前義既陳，此說決定不成。自由云者合前不可思議義，亦不得說云自由不自由。而況於此輪迴世中，妄法之心，云何而可說為

自由？*29*

根據「有定」論，人的行爲受制於自然法則，但梁先生認定「自然軌則不可得」，世間並無客觀法則，所以有定論無法成立。又，世界無客觀法則，因此什麼是自由，什麼是不自由便無法界定。況且根據佛教，人生活於輪迴世間，其心被無明污染，必然會選擇造惡，又何來德行的自由？因此，自由論亦不可能成立。

　　近代西方哲學很重視自由，梁先生選取流行於民國初年的康德哲學以資說明。康德認爲道德行爲的前設就是自由，所以有道德就必定有自由。但梁先生並不同意：

　　　　康德所立真我自由之義，但是虛誑。所以者何？彼以德行責任反證必有自由，德行責任未定有無，於此唯是假設。假設所證，亦唯是假，豈成定論？*30*

康德認爲人踐行道德，就證明了人有選擇的自由。梁先生認爲這是以結果來反證原因，論證方法並不妥當。此外，上文已指出道德行爲並不眞實，所以人能踐行道德祇是假設，康德的論證既建基於假設之上，自然沒有必然性。

　　梁先生在論述過「自由」與「有定」不可得後，又表示在佛教教學裡，兩者可相反相成：

29　同上，頁 12。

30　同上，頁 12。

> 是故當知，自由有定，兩具不成。若能雙遣，亦能具成。
> 輪迴世間不得解脫，是不自由義，發心趨道即證菩提，是不
> 有定義。綜核其言，唯是不可思議，云何而德行軌則可得
> 安立？[31]

佛教相信輪迴，認爲眾生會於六道中不斷輪轉，如是眾生不單沒有
自由，並且是被命定的。可是，佛教又相信眾生若發心修行，便能
從六道中超脫，證得菩提，就此而言，眾生都沒有被命定，而是自
由的。梁先生聲稱佛教這種既能「雙遣」，又能「具成」自由與有
定的慧識爲「不可思議」。

　　在討論過三種軌則不可得義後，梁先生對「究元」這課題作出
總結：

> 究元既竟，有爲世人所當省者，則所有東西哲學心理學
> 德行學家言，以未曾證覺本原故，種種言說無非戲論。……
> 撥雲霧而見青天，捨釋迦之教其誰能？嗚乎！希有！希
> 有！[32]

以上討論三種軌則不可得，分別說明了宇宙不眞實，客觀法則不存
在，道德法則非必然，由是可見，世間一切皆爲虛妄，也因此，東
西方哲學家、心理學家、德行學家的言論皆爲不眞實的「戲論」。

31　同上，頁 12。
32　同上，頁 12-13。

梁先生最後指出，佛家義理比世間一切學問要高明，若要掃除蔽障，明白眞理，就祇得從佛教入手。

三、《究元決疑論》的「決疑」論

梁先生在「究元」部分，通過解說三種軌則不可得義，顯示世間爲虛妄。他慨嘆近代西方哲人如達爾文（Charles Robert Darwin, 1809-1882）、斯賓塞（Herbert Spencer, 1820-1903）倡說「進化」，叔本華倡說「求生之欲」，柏格森倡說「生成進化」，他們雖能像佛家一樣，認識到萬有爲遷流不住，變化莫測，但卻視此爲眞實，未能了悟其虛幻之本性，梁先生認爲這正是近代西方哲學家不足之處。大哲尚且如是，何況一般凡夫呢？他們各依其愚執，對德行、快樂、利他、功名等展開追求，一朝反身自問，必然會發現人生本無目的，以致產生種種疑惑，如：人生在世有什麼可作？人爲何要存在於世間上？「決疑」部分的主旨，就是要幫助世人解「決」這類「疑」惑，其設論分兩方面，一爲「出世間義」，一爲「順隨世間義」。

梁先生如此說明出世間義：

> 出世間義云何？謂既了人世唯是從清淨本然中，虛妄而成，云何而不捨妄取眞？如來一代大教，唯是出世間義而已。[33]

---

[33] 同上，頁 15。

根據「究元」部分所示，萬物的本體爲本性清淨，因受到無明污染，以致變現起虛妄的現象世間。因此要「決疑」，便要「捨妄取眞」，即「出」離虛妄「世間」的牽繫，回歸到清淨本然去。這「出世間義」，正是佛陀立教的主旨所在。

梁先生在一九一四年曾發表一篇名爲〈談佛〉的文章，那裡對「出世間」有更清楚的說明：

> 無始終無內外，強名曰法界，法界性即法身。因不覺（或曰無明，或曰妄，或曰染）故，而有情世間器世間以生（器世間指天地及一切無機物）。所謂苦樂善惡要即以此不覺爲因，而入於因果律中而起，初非實有，故仍當以覺而返於法界而爲法身，名曰涅槃，即出世間法也。[34]

「法界」指最究極的眞實本體，它無始終，無內外，因受無明影響，而變起物質世間、有情世界，以及當中的苦樂善惡等。有情若能轉迷成悟，便能超離物質世間和有情世間，返歸法界，證入涅槃，這就是佛教所謂的「出世間法」。梁先生極其重視「出世間」，又批評時人對此不了解，說：

> 迨乎近世歐風東漸，平等博愛之說以昌，譚、唐、梁摘拾經句，割裂佛說，專闡大悲，不主出世。不學之輩，率相

附和，是則晚近一般人心目中之佛所從來也。[35]

當時對佛學有研究的學者，如梁啟超（1873-1929）、譚嗣同（1865-1898）等，因受西方平等博愛的觀念影響，集中講論佛家的慈悲觀念，而忽略其出世間義，加上時人又競相附和，以致佛理無法顯明。

　　為了說明出世間義的重要，梁先生在《究元決疑論》中舉出世人對「出世間」義的兩種疑惑，並嘗試作出解決：

> 如來一代大教，唯是出世間義而已。然世間凡夫耽著五欲，又見世間峙然環立，信此為實，出世為虛，雖語之正法，常生違距。或者以為藉使世間妄有，而無始以來既已如此，未來更連綿未已，斷妄云何可成？或者以為藉使世間妄有，而無始以來既已如此，何必定求真者？[36]

世人耽著種種欲望，見世間萬物宛然呈現，便信以為真實，以出世間為虛妄。這種錯誤的理解令世人抗拒佛法，並產生兩個疑惑：第一，世間為虛妄，它無始以來已是如此，將來亦會持續下去，那麼，怎樣才能斷除妄念？第二，既然虛妄世間自無始以來已經存在，世人何必一定要求取真實呢？

　　對於第一個疑惑，梁先生有如下回答：

35　同上，頁492。

36　梁漱溟：《究元決疑論》，頁15。

　　　　一者，斷妄云何可成說。夫妄之云何而成，唯是不可思
議，則離妄成真云何而可思議？問斷妄云何可成，與問妄云
何而成者，正無有異。若知從真中竟可成妄，則知從妄中定
可成真。……蓋真心本量周法界，自妄還真，其事至順。[37]

梁先生指出，最究極的真實本體竟變現起虛妄世間，這是不可思
議，但卻的確在發生，由此推論，生活在虛妄世間中的凡夫能斷除
妄念，證得真實，雖是不可思議，但也不是不可能。況且據佛家義
理，眾生本有真心，它本性清淨，無所不遍，更且具有薰習無明、
轉染成淨的能力，所以斷妄成真，是件自然不過的事。

　　至於第二個疑惑，梁先生有如下回應：

　　　　然此徒以貪世間之樂而不肯捨耳。取彼所迷為樂者，而
詔之以唯是苦，庶其發勇猛心，趨菩提路邪？[38]

世人所以有不用求取真實的想法，是因為他們貪求世間之樂，因此
得向他們昭示人生是苦的道理，讓他們明白世間之樂並不真實。祇
有這樣，他們才有機會發勇猛心，嚮往出世間。

　　為了昭示人生是苦的道理，梁先生綜合了章太炎《俱分進化論》
和叔本華對苦樂的看法，再加上自己的心得，指出苦樂形成的四項
條件：

37　同上，頁15。
38　同上，頁16。

（一）苦樂跟欲望息息相關，欲望源自人的感覺，感覺又因五根而有。五根一方面驅使人追求外境以獲取快樂，另一方面又使人迴避痛苦等負面感受，從而形成欲望。

（二）五根對外境的追求引致欲望，欲望帶來或苦或樂的感受。反過來說，若沒有欲望，便不會有或苦或樂的感受。

（三）苦為欲望不能滿足之結果。篤切的欲望若不能被滿足，痛苦就大，欲望若不篤切，就是不被滿足，也不會有太大的痛苦。

（四）樂為欲望滿足之結果。篤切的欲望若得到滿足，快樂就多，欲望若不篤切，就是得到滿足，也不會有太多的快樂。

　　梁先生自詡以上對苦樂成因的分析，能把世人對苦樂的誤解掃蕩無遺，他又根據上述分析，進一步提出四項義理：

（一）欲念無已時

　　　　一、欲念無已時。……假使有人，種種具足，一時不得可欲念者，必起煩悶；以覺官（五根）無所攝受故。……當此無攝受苦成時，立迫此心作念，求所以攝受者。……以是義故，欲念生生無已，不得暫息。[39]

世人縱使擁有許多東西，但五根還是會向外求索。五根的求索一旦不能被滿足，人便會煩悶不安，從而更迫切地向外求索。梁先生就此指出人的欲念為「生生無已，不得暫息」。

　　梁先生繼續指出，欲念會因人的或賢或愚，而有程度上之分別：

> 聰明人（覺官靈敏）無念欲切，則無攝受苦亦重，其迫
> 之生有念欲更急。反之，魯鈍人（覺官遲鈍）無攝受苦不甚
> 迫切，欲念常紆緩而少也。**40**

聰明人的五根比一般人靈敏，他們五根的需要若不能被滿足，其不
安自然會比一般人爲重，其欲念亦會比一般人要迫切。相反，魯鈍
人的五根比較遲鈍，所以他們五根的需要即使不能被滿足，也不會
強烈地不安，其欲念也不會特別迫切。

（二）世間苦量多於樂量

> 二、世間苦量多於樂量。……通計欲不遂者遠過於得遂
> 者，則苦量遠過於樂量。又正欲念時，預計得遂者則忻慕樂，
> 預計不遂則生憂慮苦。不遂既常多，則慮亦多於忻；並此而
> 計之，苦量多於樂量遠矣。**41**

欲念若能得到滿足，人便快樂；欲念若得不到滿足，人便痛苦，祇
是世人的欲望常常得不到滿足，故此他們經歷痛苦的時間和次數要
比經歷快樂爲多。正因世人常常經歷痛苦，所以每當欲望生起時，
他們便傾向預料該欲望不能被滿足，以致苦惱不堪。梁先生就上述
兩種情況，指出人世間的痛苦要比快樂爲多。

40　同上，頁 17。
41　同上，頁 17。

（三）苦樂與境遇不相涉

世人認為苦樂皆由境遇造成，習慣以富貴、平安為樂境，以貧賤、亂離為苦境。梁先生對上述意見極有保留，又以千金之家為例來說明自己的立場：

> 貧子慕千金之家而以為樂者，謂其有此千金也，而不知彼方且慕萬金之家而耻不逮及，其欲已不在此，云何而有其樂……貧子之執以為樂者，在彼則已厭之矣。故說千金之家為樂亦非，說千金之家為苦亦非，千金之家自始與苦樂之情不相涉。取一例餘，凡舉某何之境遇為樂，某何之境遇為苦，皆不得成立。故知境遇自始與苦樂不相涉。[42]

貧者以為千金之家的生活就是樂境，卻不知千金之家正在羨慕萬金之家，並不以千金為樂，故說千金之家處於苦境或處於樂境都不恰當。梁先生藉千金之家的處境，指出苦樂與境遇毫無關係。

（四）人愈聰明就愈痛苦

> 世間所希望之樂境如文明進化，大同世……社會主義、無政府主義、康德之民主國、尼采之聖人……與世俗之執富貴同其惑妄。[43]

---

42 同上，頁 17。
43 同上，頁 18。

世人認為大同社會、社會主義、民主等理想的實現，就是樂境，這跟他們認為富貴就是樂境一樣，為不明白苦樂與境遇不相涉而有的惑妄。

　　社會主義、民主等理想都是人類智慧的產物，梁先生卻認為文明愈進步，人類愈聰明，反而痛苦愈多。梁先生再次引用《俱分進化論》的話，來證明自己的見解，其中特別針對人類聰明的話有：

> ……感官愈敏，應時觸發，其感樂則愈切，其感苦亦愈切。……思想愈精，利害較著，其思未來之樂愈審，其慮未來之苦亦愈審……**44**

人愈聰明，五根就愈靈敏，從積極方面看，五根靈敏者易受環境感染，所以較容易感到快樂。若從消極方面看，五根靈敏者因同樣原因，對痛苦有特別深刻的感受。此外，人愈聰明，心思就愈縝密，對得與失看得就特別重，這些人愈是確信樂境將會來臨，就愈會對未來的痛苦有所憂慮。

　　正因人愈聰明就愈痛苦，所以梁先生肯定地說：

> 人類聰明必過於今日（此無可疑），而聰明愈進，欲念愈奢（如所立第一義），苦樂之量愈大。如頃立苦多於樂之比，後此之苦必有大過於今日者。**45**

44　同上，頁18。
45　同上，頁18。

梁先生確信，人會變得愈來愈聰明，祗是梁先生早已指出，人愈聰明，欲念就愈迫切，對快樂和痛苦的感受就愈深，又因世間苦量遠多於樂量，所以人類祗會愈來愈痛苦。

　　梁先生自言上述四項義理，不單對苦樂的探究要比世間之哲學全面和深入，並且道出了苦樂的根本：

> 彼大聖大哲者尚不了苦樂在欲，而窮力於構畫其理想之世界，以圖安樂祛苦，則於如來實教，更何曾夢見？而世間人乃舉以與如來大法相為比擬附會，如今之割取大悲之旨，張其大同之說……**46**

梁先生指出，苦樂的根本為人的欲望，祗是聖人和哲學家們對此毫不了解，祗顧終日構畫他們的理想世界，以為祗要這些世界能實現，就能解決人的痛苦，可見他們都不明白苦樂與境遇不相涉的道理。梁先生又指出，祗有如來的教學才能真正解除人的痛苦，祗是聖哲們從沒有想過從佛教處汲取養份，而時人（如梁啓超、譚嗣同等）不是在片面地以為佛教專講慈悲，就是認為佛教以大同社會為樂境，這都令梁先生感慨不已。

　　梁先生認為，聖哲們不從佛教處尋求解決痛苦的方法，是因他們不能接受佛教「一法不立」的教學精神。梁先生為佛教作出辯解說：

46　同上，頁 18。

> 不知宇宙本無一法之可安立，彼諸不了義之教，假設種
> 種之法，有漏非真……**47**

按佛教的通途看法，宇宙本性爲空，毋需設立任何法門，可是，西方學者如達爾文、斯賓塞、叔本華、柏格森等，中國學者如熊十力之流，卻偏愛設立種種法門，梁先生遂批評這些法門爲「不了義」、「不眞實」之教學法，並說：

> 假使非有我佛宣說了義，而示所依歸，則吾人乃真流蕩
> 失守，莫知所依止耳！歸依云何？出世間是。出世間義立，
> 而後乃無疑無怖，不縱浪淫樂，不成狂易，不取自經，戒律
> 百千，清淨自守。**48**

世人跟隨種種不眞實法門，以至人生失去方向，無所依歸。尤幸佛教宣說「出世間義」，爲人指示正確的方向，世人若以出世間爲鵠的，當不以世間之樂爲追求目標，且會發勇猛心，清心守戒，最後回到清淨本然中去。

至於「決疑」的第二方面，就是「隨順世間義」。梁先生說：

> 隨順世間義云何？爲世間人不能盡以出世期之，眾生成
> 佛，要非今日可辦，則方便門中種種法皆得安立。釋迦設教，

---

47 同上，頁19。

48 同上，頁19。

上契無生，下教十善。**49**

「出世間義」要求世人擺脫世間的牽繫，回歸到清淨本然中去，但世人依戀虛妄世間，以致不能即時從虛妄中超脫出來。有見及此，佛陀宣說種種方便法門，希望他們能「隨順」這些「世間」法來修行，從而證得出世間義。

除了佛陀所宣說的方便法門外，梁先生心目中的「世間法」還包括種種世間思想與學說：

> 況以吾世智所測，成佛大願，將來必成。蓋人群之進，由圖騰而宗法，而軍國，而以社會主義圓滿為其終局。迫彼其時，人類聰明已造其極，感苦至劇，而從境遇謀救苦之方已窮，如來大法，舉世同情矣。……今之隨順世間促進進化者，亦所以促佛法之成功，亦未有違反耳。**50**

宗法制度、軍國主義，都是在人類文明進化過程中出現的世間法，而近代出現的社會主義，更是人類文化發展至極的產物。祇是梁先生早已指出，人類愈聰明，文明愈進步，痛苦就愈深，所以社會主義出現之時，也是人類對痛苦感受最劇烈之際。由此可知，世間法不能為人去除痛苦，然而，它卻能讓人明白，文明與智慧都不是根治痛苦的方法，從而使人體會佛教所說「人生是苦」的道理，進而

---

49 同上，頁 19。
50 同上，頁 19-20。

認同佛法，所以世間法亦能促進佛法之流佈，梁先生更因此認為眾生最後都可成佛。[51]

最後，梁先生總結說：

> 彼聰慧善疑之倫，思而不得，則顛倒憂苦以為無能解決。自吾觀之，唯是疑而不肯究討。若不爾者，云何如來大法近在眼前，而不知求……然要在疑而勇於究討，若徒疑焉，則亦終成絕物而已！東土學術，凡百晦塞，卓絕光明，唯在佛法。[52]

歷史上的聰慧之士，想出種種世間法來解決痛苦，但都以失敗告終，因此懷疑痛苦是個解決不了的問題。梁先生認為，這些人如此懷疑，祇因他們沒有對佛法作出深入的探討，祇要他們勇於探究佛法，必然會找到根除痛苦的方案，而佛法亦會因此得到復興，在東方種種學說凋零的時代中，綻放其特異光芒。要言之，佛法就是解「決」人類因對治不了痛苦，以致生起種種「疑」惑的方法。

---

[51] 有學者認為，梁先生因受「人間佛教」思想影響而提出「隨順世間義」，其旨在改造社會與人生。祇是人間佛教的倡導者太虛法師於 1920 年才創辦《海潮音》，而《究元決疑論》寫於 1916 年，梁先生在此之前，應未看過推動人間佛教的刊物。此外，在有關梁先生生平的種種記述中，都沒有梁先生在 1916 時前接觸過有關思想，又或與太虛會面的記錄。最後，梁先生提出「隨順世間義」，目的在點出世間法亦能幫助有情認同佛法，並非要改造社會與人生，有關論述恐怕不是細意考查之結果。

[52] 梁漱溟：《究元決疑論》，頁 20。

四、《究元決疑論》所反映的梁漱溟早期思想

梁先生在《究元決疑論》中，先突顯了佛教比其他學問高明的原因，進而指出祇有佛法才是解除痛苦之道，達成了宣示佛教眞理，助人掃除煩惱的寫作目的。可是，梁先生卻於一九二三年寫了一篇〈附記〉，指出《究元決疑論》的謬誤。〈附記〉主要指出了三個問題：

一、性宗一段以魯滂的《物質新論》比附佛家的《起信論》，以及把「以太渦動」附會「忽然念起」，皆爲不當。一來以相仿的話來互相比附，祇顯出作者自身思想的混沌，二來《物質新論》和《起信論》的主張可能都不是以謹愼的方法求得，而以太學說更加備受質疑，所以有關討論並不可取。

二、相宗一段引用《三無性論》、《佛性論》來討論三性之含義，祇是此二書是否相宗的重要典籍，仍有待商確。此外，章太炎的《建立宗教論》尤多錯誤杜撰，根本不應引用。最後，梁先生認爲自己沒有把三性之義說得明白，深以爲咎。

三、苦樂一段以人生苦多於樂，而文明的進步，祇會令人更加痛苦。梁先生認爲這見解並不正確，他自言道：「到後來我這種人生觀變了，其故則以發覺前頭的究討含藏著一極大的假定在內，而這個假定則是錯誤的，所以推論結果自亦錯誤。」[53]梁先生沒有說明他的假定是什麼，祇說自己的人生觀改變後，便以有關假定爲錯誤。梁先生人生觀最重要的轉變之一，就是由佛入儒，而他轉到儒

---

53 同上，頁22。

家的其中一個原因，就是《論語》內不見一個苦字，並且充滿和樂的人生觀，所以這個假定應是指佛教「人生是苦」的看法。[54]

　　雖然梁先生日後坦承《究元決疑論》有不少錯謬，但此文爲現存梁先生最早年的作品，也是他專心研讀佛典四、五年後的產物，對研究梁先生早期思想，尤其是他青年時代對佛教的看法有莫大作用。[55]本章開始時已指出，《究元決疑論》的寫作目的，是要掃除世間疑惑苦惱。梁先生在《究元決疑論》的啓篇說：

　　　　論曰：譬有親族、戚黨、友好，或乃陌路逢值之人，陷
　　　大憂惱病苦，則我等必思如何將以慰解而後即安。……此世
　　　間多憂、多惱、多病、多苦，而我所信唯法得解，則我面值
　　　於人而欲貢其誠款，唯有說法。[56]

世間充滿憂慮、疾病、苦惱，世人陷溺其中，我們是有責任安慰他們，幫助他們獲得解脫。而解除痛苦的方法就是向他們宣說佛法。

54　梁先生說：「全部《論語》通體不見一苦字。相反地，闢頭就出現悅樂字
　　樣。其後，樂之一字隨在而見，語氣自然，神情和易，僂指難計其數，不
　　能不引起我的思尋研味。卒之，糾正了過去對於人生某些錯誤看法，而逐
　　漸有其正確認識。」（見氏著：〈自述早年思想之再轉再變〉，收入《全
　　集》〔卷七〕，頁182。）

55　梁先生自言道：「我自二十歲後思想折入佛家一路，專心佛典者四五年，
　　同時復常從友人張申府（崧年）假得幾種小本西文哲學書讀之，至此篇發
　　表，可以算是四五年來思想上的一個小結果。」（見氏著：〈究元決疑論‧
　　附記〉，頁20-21。）

56　梁漱溟：《究元決疑論》，頁3。

梁先生接着說：

> 　　然此法者是殊勝法，是超絕法，不如世間諸法易得詮
> 說。……而面人時，尤恐倉卒出口，所明不逮所晦，以故懷
> 抱篤念，終不宣吐；迨與違遠，則中心恨恨如負歉疚（吾於
> 遠生君實深抱此恨者也）。積恨如山，亟思一償，因雜取諸
> 家之說，乃及舊篇，先集此論。[57]

佛法是殊勝法、超絕法，難以隨便說明，梁先生怕倉卒說出來，會
把佛法弄得晦澀難明，所以一直沒有向人宣說，以致黃遠生在死前
無緣得聞佛法。梁先生為此悔恨不已，決意把這殊勝法寫下來。
　　從寫作動機看，《究元決疑論》旨在把殊勝的佛法說得明白，
助人解除痛苦，梁先生對佛家的尊崇於此可見一班。若從內容看，
《究元決疑論》為一批評中西各家學說，推崇佛學的著作。梁先生
晚年時曾說：

> 　　在 1916 年冬……我的一篇文章《究元決疑論》正在上
> 海商務印書館辦的《東方雜誌》上連載。文章的中心內容是
> 批評古今中外的各家學說，唯獨推崇佛學（家）。[58]

《究元決疑論》不單批評了康德、達爾文、斯賓塞、叔本華、柏格

57　同上，頁 3。
58　汪東林：《梁漱溟問答錄》（香港：三聯書店，1988），頁 35。

森等人提出的學說，又指出了宗法制度、軍國主義和共產主義的不足，最後得出祇有佛法才能根除人間痛苦的結論，可見佛法在梁先生心目中的地位比中西哲學爲高。

　　至於爲什麼祇有佛法才能根除痛苦，梁先生在《究元決疑論》中特別強調，佛教所宣說的爲出世間法，能使人脫離人生這大苦海，回到清淨本然中，爲古今中外之學者們所未言。梁先生之所以特別重視「出世間」，與他當時的心態有莫大關係，他說：

> 　　第二次的變化，亦即是第二次之解放，乃是從人生問題煩悶中發生厭世出世之思想而轉變了我之爲人。關於我的所以發生厭世思想種種，說來話長，非在此短時期內可言之無遺。……有《究元決疑論》一文可以參看。此篇文字係一出世主義之哲學……原其所以然，蓋由三層原故：一、感情真摯易多感傷感觸，佛家所謂煩惱重。二、事功派的誇大心理易反動而趨消極。三、用思太過，不知自休，以致神經衰弱而神經過敏。但在主觀上則自有一套理論，持之甚堅且確。因爲發生厭世思想，則根本否認人生，更不再講實利。於是以前之狹隘實利主義乃大解放矣。**59**

梁先生早年受父親影響，是一位實用主義者，其後在順天中學讀書時，因受郭仁麟影響而對佛老思想重視起來，這是梁先生思想的第一次解放。之後，梁先生發生了厭世思想，對人生持否定態度，是

59　梁漱溟：〈自述〉，收入《全集》（卷二），頁8。

爲其思想的第二次解放。第二次解放之所以出現，因爲梁先生感傷感觸特別多，而且經常不眠不休地思考人生問題，導致神經衰弱，進而厭世。此外，梁先生亦曾支持或參與不同社會與革命活動，以爲自己也可爲改變社會出一份力，只可惜辛亥革命後，社會並未有改善，甚至比之前更糟，這也令他變得消極厭世，否定人生。《究元決疑論》中強調「出世間」，正是其厭世思想的反映。要特別指出的是，梁先生在自己不同時期的作品中，都提及出世間義，並以此爲佛教的特色所在。

　　《究元決疑論》除了反映梁先生早年特別推崇佛教的立場外，亦透露了他對個別佛教教學系統的偏愛。在文中，梁先生分開性宗和相宗兩方面來對「究元」作出分疏，在性宗部分，梁先生首先指出，魯滂博士所說的以太，具有如來藏心的特質，能爲宇宙本體，故對魯滂之見解多有讚揚。之後，梁先生指出如來藏心本性清淨，周遍法界，並稱讚云：「『全物皆心，真心無妄』，乃釋迦實教，法性宗是」[60]。言下之意，就是如來藏心能生起一切法，真實無妄，爲佛陀真實圓妙之教學。很明顯，梁先生對真心思想崇尚有加。

　　梁先生在相宗部分，引用瑜伽行教學所宗的《佛性論》和《三無性論》對三性的描述，來說明佛教對現象的看法。在分析過三性的特點後，梁先生指出，魯滂所說的以太具有如來藏心的特點，是三性中的真實性，亦是最終極的真實。梁先生藉對三性說的分疏，突顯了如來藏心之真實性與超越性。學者們慣性地以梁先生爲瑜伽行教學的推崇者，恐怕是忽略了對《究元決疑論》作出深究的結

---

[60]　梁漱溟：《究元決疑論》，頁8。

果。[61]

　　梁先生歸宗佛家，在《究元決疑論》中極力推崇佛法，又以之為人類文明與智慧所不及，這信念很可能就是梁先生日後「人生三路向」見解的濫觴。「人生三路向」是梁先生最具創見的理論之一，他在《東西文化及其哲學》中指出，人類的生活有三大方向：

　　　　所有人類的生活大約不出這三個路徑樣法：（一）向前面要求；（二）對於自己的意思變換、調和、持中；（三）轉身向後去要求；這是三個不同的路向。這三個不同的路向，非常重要，所有我們觀察文化的說法都以此為根據。[62]

又說：

　　　　中國文化是以意欲自為、調和、持中為其根本精神的。印度文化是以意欲反身向後要求為其根本精神的。[63]

人類生活的第一個路向就是向前要求，第二個路向就是走持中、調和的路，第三個路向就是反身向後要求，梁先生認為中國文化走的

61　梁先生在 1920 年出版的《唯識述義》中說：「大乘佛教離了唯識就沒有法子說明，我們如果求哲學於佛教也祇在這個唯識學。……我們竟不妨以唯識學代表佛教全體的教理。」（見《全集》〔卷一〕，頁 269。）所以不少學者都認為梁先生是瑜伽行教學的推崇者。

62　梁漱溟：《東西文化及其哲學》，收入《全集》（卷一），頁 382。

63　同上，頁 383。

就是第二路向，而印度文化走的就是第三路向。

梁先生在《東西文化及其哲學》中指出，中國文化將會復興，而「中國文化復興之後將繼之以印度化復興」[64]，在梁先生心目中，印度文化就是佛教文化[65]，可見梁先生認為佛教必然會得到復興。而在《究元決疑論》的結尾，梁先生說：

> 彼聰慧善疑之倫，思而不得，則顛倒憂苦以為無能解決。自吾觀之，唯是疑而不肯究討，若不爾者，云何如來大法近在眼前，而不知求。……然要在疑而勇於究討……東土學術，凡百晦塞，卓絕光明，唯在佛法。瞰彼西方，曾不足數，云何摩尼在懷，而行乞於遠？[66]

梁先生認為東方種種學問縱然被廢棄，但佛法仍能發出其殊異光芒，不單如此，佛法比西方學術高明，是一顆能為西方人解除痛苦的寶珠，當西方聰慧善疑之士發現他們種種學說都不能根除痛苦，從而勇敢地向佛教求取良方時，佛教便會得到復興。這信念與梁先生在《東西文化及其哲學》中的見解一致，可見梁先生由少年開始，便已堅信佛教為人類文化的最終歸宿。

---

64 同上，頁 527。

65 梁先生在《東西文化及其哲學》中說：「我們說印度其實是指佛教，因為唯佛教是把印度那條路走到好處的，其它都不對，即必佛教的路才是印度的路。」同上，頁 487。

66 梁漱溟：《究元決疑論》，頁 20。

第三章　從西方哲學觀念看佛教的特色——《印度哲學概論》的探討

一、成書經過及架構

《究元決疑論》在一九一六年於《東方雜誌》刊出，梁先生因而結識到許多學術界的朋友，北大校長蔡元培（1868-1940）非常欣賞該文，邀請梁先生到北大任教「印度哲學」。最初梁先生認為自己學歷不夠，恐難勝任，蔡元培指出懂印度哲學的人不多，鼓勵梁先生懷著做研究和學習的心態到北大去。在盛情難卻下，梁先生最終應允，祇是他當時為司法部部長張耀曾（又名張鎔西，生卒年不詳）的秘書[1]，不能即時上任，於是推薦許季上（1891-1953）暫代[2]。一年後，即一九一七年，梁先生去職南遊[3]，剛巧許季上因病

1　張耀曾之母為梁濟（梁漱溟父親）的表姐，張氏本身亦是梁濟的學生。

2　許氏早年曾跟從楊仁山學佛，其後又歸入天台宗諦閑法師門下。

3　1917 年，段祺瑞和黎元洪鬧「府院之爭」，段祺瑞在天津鼓動北洋軍閥

一直缺課，蔡元培催促梁先生早日到校接任，年僅廿五歲的梁先生最終於同年十月正式在北大任教。

　　梁先生上任之際，正值五四前夕，社會上掀起了一股反對傳統價值與學問的風氣，梁先生一方面對五四反傳統的學風有所保留，另一方面希望建立自己的特色，所以決意要把孔子和釋迦的學問說個明白。他晚年回憶說：

> 　　我想既已到北大教書，便要搞出點名堂，走自己的路。我暗下決心，一定要對釋迦、孔子兩家的學術，至少在課堂上負一個講明白的責任。……我這次進北大，除替釋迦、孔子發揮而外，不再作旁的事。[4]

為了講明孔子和釋迦的學問，梁先生於一九一八年在《北京大學日刊》上刊登廣告，尋求有志於研究東方學的人，祇是響應者寥寥無幾。梁先生對東方學的熱誠並未因此減退，他一方面開設「孔子哲學研究所」，另一方面整理許季上講課的舊稿，再參考日本人和西洋人的書籍，編寫成《印度哲學概論》。是書第一、二篇於一九一八年由商務印書館出版，次年，梁先生修訂了後半部，交同一書館付印。此後梁先生多次有意作出修改，但都沒有作成。一九二二年，商務印書館印行第三版，以後多次印行亦以此版為準。至一九六六

反對政府，令政府不得不改組。張耀曾因此辭去司法部部長一職，梁先生也自然不用再擔任秘書了。

4　汪東林：《梁漱溟問答錄》（香港：三聯書店，1998），頁 42。

年時，台灣還在印行此書，可見是書的價值。

《印度哲學概論》確有比當時講印度哲學或佛學的書要完備的地方。在論述範圍方面，梁先生自述：

> 所見西文東文之講印度哲學者多只講六宗而止……今以六宗納於諸宗之下，六宗而外猶有餘宗。又舉佛法與諸宗對裁，意特側重佛法而諸宗所說各具且甚備。[5]

當時東、西方學者講述印度哲學，大多祇談六宗，即彌曼差宗、吠檀多宗、僧法宗、瑜伽宗、吠世史迦宗和尼耶也宗。梁先生則更進一步，論及六宗以外的三個宗派，即尼犍子、若提子及順世外道，並把它們與六宗同置於「諸宗」的綱領下。不單如此，梁先生又刻意用佛教來與諸宗對比，以突顯佛教在印度哲學中的重要性。在論述編排方面，梁先生說：

> 又從來皆取各宗派分述之，而連類敘其一一之言。……今取各問題分述之而排比敘其家家之說。於其一問題之研核可以究極盡意。由前之制近於誦數，寂無興趣。由後之制引人思索而真理較然。此變更編制之所由也。[6]

5　梁漱溟：〈印度哲學概論・序〉，見《全集》（卷一）（濟南：山東人民出版社，2005），頁25。

6　同上，頁25。

前人講論印度諸宗，大都逐一羅列各宗義理，讀來乏味。梁先生另闢蹊徑，先訂下不同題目，如「本體論」、「認識論」、「世間論」等，然後再在這些題目的規範下，對各宗派及佛教逐一討論，這編排能使讀者在特定的框架下，深入認識各宗對不同問題的看法，從而引發思考。正因《印度哲學概論》甚具創意，故它面世後，旋即與胡適（1891-1962）的《中國哲學史》和馬敘倫（1885-1970）的《老莊哲學》，同被譽為北大哲學系並駕齊驅的「三架車」。

　　《印度哲學概論》約十五萬字，共分四篇，每篇又分若干章。第一篇為〈印度各宗概略〉，首三章分別〈緒論〉、〈諸宗概略〉及〈佛教概略〉，旨在論述六派哲學及佛教的特色，之後的兩章為〈印度各宗與宗教〉、〈印度各宗與哲學〉，集中就宗教與哲學兩方面，對各宗及佛教作出介紹。第二篇為〈本體論〉，之下分為「一元二元多元論」、「唯心唯物論」、「超神泛神無神論」等章。第三篇為〈認識論〉，論述了「知識之本源」、「知識之界限效力」、「知識之本質」等問題。第四篇為〈世間論〉，討論了「宇宙緣起」、「人生」、「我、法之有無假實」、「修行解脫」等課題，可見是書的涵蓋面極廣，祇是本書焦點為梁先生對佛家思想的理解，所以不會對婆羅門教的六派哲學部分作出討論。此外，梁先生在第三篇開始，大量引用佛經或論疏文字，甚少自己見解，欠討論價值，故本書會集中以首二篇為講論焦點，第三篇以後則略而不論。

二、佛法與宗教

　　在第一篇〈印度各宗概略〉中，梁先生先用兩章篇幅，闡述婆

羅門教及諸宗的源起，進而點出佛教與它們不同之原因：

> 而佛法之出不由《吠陀》，乃故與《吠陀》乖違而反對
> 婆羅門者。凡諸宗之學無不撥遮，毫髮不容留，如是諸宗與
> 佛法為對立。[7]

《吠陀》（Veda）被婆羅門教奉為神典，後人對它的不同訓釋，衍生了印度諸宗，祇是佛教並非因對《吠陀》的不同解釋而來，所以在教義上與婆羅門教迥異，且有許多反對六派哲學的地方，所以佛教與諸宗為「對立」。

　　在指出諸宗與佛教之所以不同後，梁先生繼而對六派哲學作出說明，之後再在第三章〈佛教概略〉中，對佛教作出概說，可見梁先生以佛教為印度諸宗統之一。在是章中，梁先生闡述了釋迦求道過程，佛教的組成，天台與華嚴的判教系統、大小乘的由來等，有關內容旨在介紹佛教，與一般佛教概論書籍無異，故是章的討論價值不大。

　　梁先生的個人見解，要在第四章〈印度各宗與宗教〉中才出現。梁先生認為印度並無一個一個之哲學，卻有一宗一宗之宗教，而宗教信仰必然有三項條件：一、極度神秘，不能以常理測度。二、所信仰者具有絕對權威，為人所仰賴。三、有束縛力，信仰者不可同時信奉其他神祇。這三個條件合起來的結果，就是對人類個性的壓抑。梁先生說：

7　梁漱溟：《印度哲學概論》，收入《全集》（卷一）頁33。

> 求三端之一致，歸於詘抑人之己性。宗教雖繁，此致無
> 改。……又此種己性之詘抑，人類幼稚時代之社會尤重。其
> 強為生解者至為廣漠，而所謂主宰者亦至威重。迨人類漸臻
> 成長則非所能堪，宗教因亦隨之遷進，而漸申復其己性。故
> 宗教可以此分高下。向之既抑而復申之者，非宗教至高不能
> 也。若以此為衡，則印土各宗多已遷進甚遠，夐乎非他土之
> 所有。8

在人類文明尚未發達之際，宗教神祇具有無上權威，膜拜神祇者之
個性被壓抑。祇是隨着文明的進步，人類開始不甘忍受壓抑，宗教
亦不得不自我改變，推動人類發展個性。梁先生指出，先前壓抑人
之個性，後來轉而推動個性發展的信仰，乃是宗教發展至最高峰的
形態，而印度宗教正是這種形態的展現，其他宗教不能與之相比。

　　梁先生又指出，所有宗教皆有出世傾向，但祇有印土宗教才是
真正的出世。他說：

> 大抵宗教多少必有出世傾向，然其間甚有分判。尋常宗
> 教恆別闢一神之境地，如天堂之類，為人生最後希望所歸。
> 不過為世人廣其意，而濟世間之窮。雖教之出此世而彼固猶
> 是一世，不得為真出世教也。他土宗教大都如是。印土宗教
> 則多為真出世教。蓋尋常宗教並不反對世間生活，不過不以
> 此世間為究竟。印土則根本反對世間生活，故其出世匪獨超

8　同上，頁 59。

乎斯世而已，乃舉一切生活而廢之，即所謂斷滅是也。[9]

一般宗教自詡出世，無非在世間以外另闢領域，如天堂之類，作為人生最終極的歸宿，以迎合世人脫離現世之要求。祇是梁先生認為，這些領域祇不過是另一類世間而已。此外，一般宗教雖不以現世生活為最終目的，但骨子裡並不反對現世生活，故此，梁先生認為它們並非真的出世，相反，印土宗教不單反對現世生活，並且要求將之斷滅，所以是真的出世。

佛教作為印土宗教之一，自然以出世為己任，故非一般宗教所能相比。此外，佛家另一個比其他宗教高明的地方，就是它沒有建立宗教式之信仰。就此，梁先生先以佛教的一貫精神說明之，之後再就佛教整體和不同層次的教學法作出分析。梁先生疏解佛教之一貫精神云：

> 先統言一貫者。如來教法萬般而有其原理與通致。通致者要出生滅，原理者生滅本空。有見即除，何況過情之執。離言是歸，詎更強為生解。是故佛法者固不虞其圖建宗教式之信仰。[10]

佛教一貫精神可分為「通致」與「原理」兩方面。「通致」即佛教的基本方向，「原理」即佛教的核心教理。依梁先生所見，佛教以

9　同上，頁 60。

10　同上，頁 61-62。

出離生滅變化的世間爲其基本方向，以生滅變化之世間爲空爲其核心教理，所以佛教強調一切世間的見解和執着都必須化除。當一切見解和執着都不存在時，語言文字亦不再有效用。正因佛教要求眾生出離世間，又對一切語言無所執，所以根本無建立宗教式信仰的意圖。

梁先生之後又透過對佛教教學方法的說明，再次帶出相同的結論。他說：

> 佛法雖統以破執為歸，而自有其緩急次第方便區處。蓋理本織妄，學問之為物殊無可講，唯以化度眾生而有言說。其言無意於通玄而用心於導愚。化度固要於開明而導愚宜有方便。由是隨緣應機，教法遂有層次類別。質言之，佛法中固不建立一種迷執即所謂宗教式之信仰者，以增益眾生之執。而次第開導猶不無宗教式信仰之遺留，逐漸蛻化以至於無執。觀其改革之點，宗教式信仰之精神全亡，根本已摧……11

整體而言，佛教以破執爲宗旨，要去除一切有限的世間言說。祇是爲了開導愚妄的世人，佛教又不得不憑藉言說，安設種種方便法門。又因眾生根機不同，佛家的言說遂有不同層次與類別。無疑，這些言說有些帶有宗教意味，但它們的主旨要在破執，有情通過學習它們，當能逐漸捨去各種執着，包括對言說教法的執着，因此，

11　同上，頁63。

宗教式信仰之精神並不存在於佛教內。

　　在論及佛教教學的整體精神後，梁先生再就不同層次的佛教教學作出分析，一再強調佛教並非宗教式之信仰。他說：

> 於是初有人天乘教，接最下機……宗教之質分極重。然雖貴天，其所謂天非復自在作者之義、主宰之義、絕對之義、常住之義。此執一融，根本易向。……次有小乘教接初機，凡佛之身世化迹皆小乘說。其間頗敷演神話，宗教之質分不少。然所謂佛絕不含神之意味，且教旨歸在無為。生天非所屑，又進一層。其避形而上學而不談，正為從錮蔽不通之宗教的形而上學之頭腦中闢一契會本真之形而上學，非先開理解之門不可。……盡宇宙是一生滅，理解即於生滅上見。而生滅盡在因緣，是故理解者起於因緣盡於因緣。藏教擅說因緣者，開理解之門也。又次有大乘。大乘之中唯淨土教含宗教之質分。然此種法門普接一切，凡夫無所不及，菩薩不能有過。高下匪定，外人未容輕議也。如所謂自性念佛念自性佛者，不亦玄解之極致，寧迷執之可睹耶？[12]

為了對應不同根機的需要，佛陀宣說種種不同法門，其中接應最下劣根器之法門為人天乘。[13]此法門以往生天界為目標，表面上宗教

12　同上，頁64。

13　佛陀宣說之法門可以概括為五乘，即：人、天、聲聞、緣覺及菩薩。人天乘為最基礎之教法，旨在勸人持五戒、修十善，讓人可以繼續做人或升天。

意味極重，但祇要認識到人天乘所謂的「天」，並非一般宗教所言具主宰義、絕對義及常住義之天神，便可知其宗教色彩其實並不濃厚。接應初機者爲小乘的教學法，其相關典籍多有述及佛陀之身世及行跡，並且特別重視佛陀的神通能力，令人以爲佛陀即西方宗教所說的上帝。祇是西方宗教的上帝爲最高存有，是宇宙萬物之本源，而佛陀並無這特點，故兩者不能混同。梁先生又指出，小乘教學以「無爲」爲旨歸，與西方宗教要求人以種種作爲來回應上帝截然不同。此外，小乘教學不像人天乘般，以往生天界爲目標，而且視整個宇宙爲一生滅過程，其中的萬物都依因待緣而生，緣散即滅，梁先生稱美此看法爲「契會本眞之形上學」，而貶抑西方以上帝爲中心的形上學爲「錮蔽不通」之形上學。在論證過人天乘和小乘宗教意味不濃後，梁先生隨即指出，大乘教學中的淨土法門亦看似具有宗教意味，因它鼓勵眾生稱唱阿彌陀佛的名號，從而得到阿彌陀佛願力的加持，得以往生極樂淨土，梁先生解釋這法門其實有「高下」的不同，在對應最上根菩薩時，它宣說自性即佛，佛即自性，完全沒有一般宗教教人信奉神明和倚靠外來力量的意味。

　　既然佛教與西方宗教有許多不同，那麼，佛教該不會像西方宗教般，隨着科學和哲學的發展而被動搖。梁先生說：

> 如西方宗教以科學之發明，哲學之推論，而搖動其根本教理信仰者，使在佛教則絕無其事。無神論於彼則危及上帝，於此適符主張。進化論於彼則破其創造之談，於此正可融取於緣起說中。即假設如科學家之預想宗教至於漸滅，猶且無與於佛教。以所謂生滅本空之原理與出生滅之宗旨，無

論何時不受變動影響故。[14]

梁先生認爲近代科學和哲學不斷演化，動搖了西方宗教之根本。如無神論使人質疑上帝的存在，進化論推翻了創造論等，都是明顯的例子。今佛教並不認爲有最高神的存在，這正好符合無神論的主張；而且佛教的緣起論主張世間一切事物皆依因待緣而有生、住、異、滅之變化，所以佛教能融攝進化論。不單如此，佛教認爲具生滅變化之世間的本性爲空，以助衆生超離這世間爲宗旨，梁先生認爲這宗旨具有普遍性，不會因科學或哲學等思潮之演化而受影響，即使科學家預測宗教會走向滅亡，但佛教必然會是例外的一個。

就佛教不會像一般宗教般步向滅亡，梁先生有進一步說明：

> 一般宗教所以不能圖存者，以彼之教化不復適於現代思潮，即現代思想已邁過之。其詘抑人之己性已爲漸臻成長之人群所不能堪。而佛之教化任思想界變遷至何地步，只在其中，無由相過。……佛法之實體雖在無盡之未來可以無變，即是無時而變。佛法之權用即方便教則不待至今日而已屢變不一，即是無時不可變。方便教之所說多關涉世間。在當時既出於因襲本土之俗傳，在今日即不妨符順今日世界之通義，在將來又不妨符順將來世界之通義。……此盡不可以期諸通常宗教者。[15]

---

14 梁漱溟：《印度哲學概論》，頁65。
15 同上，頁65-66。

一般宗教以不變的教義壓抑人的個性，隨着世間思想不斷更新，人類文明不斷發展，終有一天會被拋棄。反觀佛教，其中心要旨雖然不會改變，但其方便教法卻能因應不同情況而作出變更，故能與世間思潮無有抵觸。此外，佛教的方便教法積極入世，能對不同時代的不同需要作出回應，由此推論，無論未來世間有何變化，佛教都能作出調適以回應，這正是一般宗教望塵莫及處。

　　總的來說，梁先生認爲佛教要比世間其他宗教高明，因爲它才是眞正出世的宗教，但又偏偏沒有建立宗教式的信仰，以致不會被科學和哲學所動搖。這些觀點，在梁先生後來的《東西文化及其哲學》、《人心與人生》中，都有所重覆，可見佛教在他心目中一直佔有極重要的地位。

三、佛法與哲學

　　在討論過佛法與西方宗教之不同後，梁先生隨即討論佛法與哲學之關係。他在第五章〈印度各宗與哲學〉中明言，佛法不可以當哲學來研究：

> 佛法之爲物若以爲哲學而研究之，實失其本意。……申言之，哲學之所事在知，佛法之所事在亡知。禪家所謂這張嘴只堪掛在壁上。又云舉念則天地懸殊，況動這兩片唇皮。此不獨不立語言文字之宗門爲然，即經教亦爾。《般若》云：一切法一性非二，即是無性。不可以心知，不可以一

　　切法知。[16]

哲學旨在追求知識，但佛法則旨在破除知識，二者的方向迥異。梁
先生以禪宗和《般若經》的教說為例，說明禪宗教人捨棄語言文字，
《般若經》力言一切法皆「無自性」，不可以心知，都突顯了佛教
破除知識的立場，跟哲學重言辯、重知識的立場明顯不同。

　　梁先生認為破除知識的境界要比追求知識的境界高，是最高層
次的「勝義」，他引《解深密經》（Saṃdhinirmocana-sūtra）的話
來證明自己的看法：

> 勝義無相所行，尋思但行有相境界。勝義不可言說，尋
> 思但行言說境界。勝義絕諸表示，尋思但行表示境界。勝義
> 絕諸諍論，尋思但行諍論境界。[17]

佛教所申示的最高境界是無形相、不可言說、無法表狀、無可諍論，
相反，世間思想，包括哲學思想，卻囿於形相，可藉言語表明，屬
於可引起諍議的層面。明顯地，佛教的境界要比哲學高明得多。

　　梁先生又指出，最具代表性的佛教修行方法就是「禪」。禪
（dhyāna）又名「禪定」，即「靜慮」、「思維修」、「棄惡」，
指修習者把精神集中於某特定對象上，並排除外界滋擾，以達至棄

16　同上，頁 72。

17　同上，頁 72。

惡從善，內心絕對自由的境界。正因禪定旨在排除外界對內心的干擾，所以有「亡知」的特色。

　　梁先生在強調佛教對知識的負面態度後，不忘指出佛教並非完全否定知識，他說：

> 佛法雖亦從亡知處（禪）不妨予人以知，而所事實在亡知而不在知。故佛之哲學殊未為盡哲學之性，其長處唯在說不生滅。次則說生滅之八識、五蘊等。此外若現前世間則少所說，即說亦不足重……蓋佛本不以哲學為事也。[18]

佛教雖着力助人破除對知識的執着，但這立場並不阻礙佛教予人知識，如以八識來說明宇宙的緣起，以五蘊來說明萬物之構成等，皆屬知識的範圍，祇是佛教以脫離生滅變化的無為法為追求目標，對現前世間的說明並不多，梁先生因此說它「未盡哲學之性」。

　　梁先生在《印度哲學概論》第一篇中，先解釋佛法非宗教的原因，之後又分析為何佛法非哲學，突出了佛法的基本教學方向及特殊性。在《印度哲學概論》第二篇中，梁先生以西方哲學課題為討論框架，進一步對佛教和西方哲學觀念作出比較。他第一個探討的課題就是「本體論」。

18　同上，頁73。

四、佛教的本體論

（一）佛教與一元二元論

1、印度哲學與一元論

「本體論」是指探討終極存在之本質與屬性的學問。梁先生對「本體論」有如下的界定：

> 有情於世間之致思，其第一步恆欲推索萬有以何為體，與夫本原所自。由體達用，由本之末，而人生歸命所在可得也。故本體論為哲學所自始，亦哲學之中堅。[19]

梁先生認為，「本體論」旨在探求萬物之本體與本源，顯示人生歸宿所在，關涉乎哲學最原始、最核心的問題。

梁先生在討論印度哲學的本體論時，以「一元二元多元論」為綱領，指出印土諸外道以地、水、火、風等其中一物為萬物生起之因，而彌曼差、吠檀多等派別以「梵」（Brahman）為萬物之根本，這些說法都屬一元論。

2、小乘教法非一元二元論

小乘佛教的一切有部建立了「五位七十五法」的法數系統，此系統色、心並舉[20]，令人以為小乘以色（以質礙為性之物質）、心（人的精神活動）二元來解說萬物生起之因。梁先生指出：

19　同上，頁74。

20　一切有部把宇宙萬有分為五類，共七十五種基本分子，包括色法 11 種，

　　　　小乘七十五法色心並舉，亦可曰心物二元。然細加核
　　考，復未可定。……唯色心與相應不相應四者並曰有為，有
　　為有漏而不常則非真實，非真實則不可以為本體也。[21]

「五位七十五法」中的「五位」是指色法、心法、心所法（心相應
行法）、心不相應行法及無為法。當中前四位法不離生、住、異、
滅四種變化現象，為有漏及無常，因此是不真實，所以色法與心法
都不可以作為萬物本體。

　　至於「五位法」中的第五法為無為法，指離生、住、異、滅之
變化，絕對常住之存在，其中的「擇滅無為」更是持修的最終目
的[22]，是涅槃之異名。論者或有認為無為法就是本體，但梁先生並
不同意，他說：

　　　　小乘歸於無為……無為是常，則宜若為本體；而又不說
　　無為為萬有所自出，且說無為離色心而定有。則無為亦非本
　　體。求所謂本體不可得，是亦鮮於探討本元之意也。[23]

――――――――――――――――

　　心法 1 種，心所法 46 種，心不相應行法 14 種，無為法 3 種，故稱之為「五
　　位七十五法」。
21　梁漱溟：《印度哲學概論》，頁 88。
22　無為法共有三種，分別為：「虛空無為」、「擇滅無為」及「非擇滅無為」。
　　「虛空無為」是指遍滿一切地方，以無障礙為特性的無為法。「擇滅無為」
　　是指由智慧簡擇，離開煩惱繫縛而得到的寂滅法。「非擇滅無為」是指不
　　是透過智慧的簡擇力而達到的寂滅。
23　梁漱溟：《印度哲學概論》，頁 88。

無爲法是小乘人的持修目標，又是常法，所以不少人以爲它就是本體。祇是小乘教學從來沒有說宇宙萬有都由無爲法而來，而且無爲法離開色、心二法而存在，並非精神和物質的本源，故無爲法亦不是本體。既然在小乘教學系統中，本體既非一元的無爲，亦非二元之心、色，可見小乘教學並沒有對宇宙本體作出明確交待。

3、大乘教法非一元二元論

　　在討論過小乘教學對本體的看法後，梁先生把焦點轉向大乘教學，他指出，大乘教學所描述之本體既非一元，亦非二元。梁先生分三個層次來說明他的觀點，他首先指出，大乘佛典肯定了本體的存在。他說：

> 佛典中如來藏、法身、法界性、真如、圓覺、圓成實性、
> 心、識、菩提、涅槃類此等稱，雖異文別用，而大要皆以表
> 爲本體者。……要而言之，萬法無體，此其體；萬法奚自，
> 此所自。是說本體之初步也。[24]

佛典裡出現的如來藏、法身、真如、圓覺、圓成實性、心、識等詞，都是對本體的稱呼。梁先生又接着指出，一切法皆以這本體爲自體，亦以這體爲其生起之根源，這是認識大乘所說本體的第一步。

　　大乘佛典談到如來藏、真如等本體時，往往強調它們爲「無所得」，遠離一切分別相。梁先生引《起信論》、《楞嚴經》之話爲證：

---

24 同上，頁 89。

> 《起信論》云：言真如者亦無有相。又云：從本已來一
> 切染法不相應故。謂離一切法差別之相。以無虛妄心念
> 故。……《楞嚴》中說：如來藏本妙圓心非心非空，非地水
> 火風，乃至非常樂我淨，以是俱非世出世故。如是等文不可
> 勝舉。大乘教旨歸無所得，謂離一切相也。是說本體之第二
> 步。**25**

《起信論》指出真如心無相可得，無虛妄之念慮，故與一切染法和
差別相不相應。《楞嚴經》指出如來藏真心非心非空，非地水火風，
非常樂我淨，非世間非出世間。這些經論對本體的描述，反映了大
乘教學「無所得」的教學主旨，這是認識大乘所說本體的第二步。

本體既是離一切相，那麼，世人又憑什麼來認識它呢？梁先生
指出，大乘佛典談到如來藏、真心等本體時，往往突顯它們跟世間
萬法的密切關係，由是世人可通過萬法來認識本體，他說：

> 然則何者是本體？本體即一切法。《楞嚴》中克就根性
> 直指真心。乃至五陰六入十二處十八界七大一切世間諸所有
> 物，皆即菩提妙明元心。法法皆真，當體即是。故云：即心
> 即空，即地水火風，乃至即常樂我淨，以是俱即世出世故。
> 語所謂全妄即真，全真即妄。……蓋本體者原非異物，即此
> 一切法也。是說本體之第三步。**26**

---

25 同上，頁 89。
26 同上，頁 89-90。

梁先生先開宗明義地說：「本體即一切法」，然後再引《楞嚴經》
來證明自己的看法。《楞嚴經》以有情能生善業或惡業的能力（根
性）來解說真心，由此推論，一切現象皆為真心之呈現，故可說「法
法皆真，當體即是」。既然一切現象皆為真心之呈現，故可說真心
即心即空，即地水火風，即常樂我淨，即世間即出世間，由是可知
本體即一切法，這是認識大乘所說本體的第三步。

本體離一切相，即一切法，故不能用一元論或二元論來描述。
梁先生引《華嚴經》（Avataṃsaka-sūtra）及《起信纂注》之話作為
證明：

> 《華嚴》云：法性本無二，無二亦復無。……《起信纂
> 注》云此心真如體融攝萬法為一法性，故云即一法界。此非
> 算數之一，為破諸數強言一耳，故曰對二元多元可云一元
> 論，對一元則又非立有一元者也。[27]

《華嚴經》指出，一切「法」之真實「性」非二元，亦非一元。《起
信纂注》指出，真如心融攝萬法為「一」法性，但此非數學上的「一」，
而是要破除眾生對二元或多元的執着而方便地說的「一」。梁先生
接着解釋：

> 且一元云何可立？若立萬有出於一元者，何因緣故出？
> 汝若不知所答者，此說不立。汝若得其所答者，此說亦不立。

> 何以故？一元之出生萬有復以因緣故。**28**

按佛教的通途看法，一切法皆依因待緣而起，若說一切法從一本體而出，那麼，這單一本體生起萬法的因和緣又是什麼？若找不到這因和緣，則一元論不能成立。可是，若找到萬法所以生起的因和緣，一元論也不能成立，因為因、緣分別指兩種不同的條件，既然萬法是依靠因和緣而生，其生起的原因便不是一元了。

梁先生在分析過佛教非一元論，亦非二元論後，隨即引用《起信論》的義理，進一步對二元論的不能成立作出說明：

> 《起信》所謂一者淨法名為真如。二者，一切染因名為無明。真如為淨，無明為染，故必為二元。不知無明即就此念起之起字而說。非離真如而有自體，云何可說二元？**29**

據《起信論》，真如心代表清淨，無明代表染污，世人因此以為真如、無明二元為生起萬法之本體。梁先生指出此乃對《起信論》之誤解，因根據《起信論》，無明必須依賴真如心的一念不覺而起，離真如不會有無明，所以二元論不能成立。此外，梁先生又引用《圓覺經》的話，明確指出無明無實體，說：

> 《圓覺經》之說無明最好。經云：云何無明？善男子，

---

28 同上，頁 91。
29 同上，頁 91。

一切眾生從無始來種種顛倒，猶如迷人四方易處。……譬彼病目見空中華，及第二月。善男子，空實無華，病者妄執。由妄執故，非唯惑此虛空自性，亦復迷彼實華生處。由此妄有輪轉生死，故名無明。善男子，此無明者非實有體。如夢中人夢時非無，及至於醒，了無所得。**30**

《圓覺經》指出，無明就是眾生對現象不正確的認識，情況好比迷失方向的人不能分辨東南西北，又好比眼疾者看見空中有花、第二個月亮等。事實上，空中花及第二月皆因妄執而有，妄執不單令有情不能明白事情的真相，亦令有情於生死中輪迴，這情況就是無明。《圓覺經》又指出，無明沒有實體，好比造夢者以夢境為真實，但他們醒來後，才發現一無所得。無明既沒有實體，自然不會是萬物的本源。

大乘佛教所說之本體既非一元，亦非二元，這正好體現了大乘教學不落二邊的精神。梁先生說：

核諸大乘教理，豈唯離乎一二，抑且不落有無。空宗破相，無非遮止名言。……相宗唯識，要明識外非有，而識亦不執。**31**

大乘教學不單排除一切二元對立，亦反對執着有、無二邊，而空、

---

30 同上，頁91。
31 同上，頁91-92。

有二宗皆能體現這種無執的精神：空宗主張破除一切分別相，令有
情明白概念與語言皆無用處，不值得執着。有宗主張萬法唯識，認
爲心識以外的一切外境皆不眞實的同時，亦教人不可執本識爲實
有。可見空、有二宗皆以無執爲其教學要旨。

　　梁先生透過嚴謹的論證，證明大乘佛教所說的本體離一切相，
即一切法，用一元或二元來描述它都不適合，從而帶出大乘佛教的
無執精神。

（二）佛法與唯心唯物論

1、小乘教學與唯物論

　　在討論過大乘佛教認爲本體既非一元，亦非二元的看法後，梁
先生隨即以唯物及唯心爲綱領，分析印度哲學及佛教對存有本質之
看法。梁先生指出，印土諸宗既有以存有源於人的觀念的唯心論，
亦有以存有源於地、水、火、風、空等物質的唯物論。

　　至於小乘教學系統對存有本質之看法，梁先生有以下見解：

> 小乘諸部多持極微論。《俱舍》七十五法亦以色法居首，
> 次乃及心。物心並許之意甚顯。成實之意稍勝，亦但在明空。
> 於心物無所是定。故無可述。[32]

雖然不少小乘部派皆認爲物質由極微組成，但這並不表示小乘屬唯
物論。梁先生以說一切有部的《俱舍論》（Abhidharmakośa-śāstra）

為例,指出它雖看重物質性的「色」法,但亦同時看重精神性的「心」法。梁先生又指出,《成實論》(Satyasiddhi-śāstra)雖亦講極微,但其目的在說明「空」,所以未有界定心、物二者孰本孰末。正因小乘教法對存有之本質沒有清楚說明,所以難以判斷它屬唯心論還是唯物論。又因小乘的立場模糊不清,所以梁先生認為欠缺討論的價值。

2、大乘教法與唯心論

在簡要地交待過小乘的立場後,梁先生隨即討論大乘對存有本質的看法。他說:

> 大乘佛典每每說心,宗門參悟尤在於此。世之論者由是莫不目佛為唯心論,舉《華嚴》三界唯心萬法唯識以誠證。實則此事切宜細辨。今試問此所謂心者為有心之自相,抑無心之自相?若許有自相則非佛法。佛法中不見一法有其自相,色無色相,心無心自相故。若更舉一有自相之心而指為佛法中之本體,此猶非所敢聞也。何以故?離一切相故。若所謂唯心之心者並無心之自相,則何所謂唯心?無心相而曰心,一切無心相者無不是心,則物亦是心,則唯物亦即是唯心。唯心反唯非心,唯心之云乃全無意義矣。[33]

大乘經典常提及「心」,《華嚴經》更有三界皆為心體造作的說法,從而令人以為大乘屬唯心論。梁先生不同意這判斷,反問大乘所說

---

[33] 同上,頁94。

的「心」是否有自相？若說此心有自相，則與佛教破除一切相的義理不合。若說此心無自相，則唯心義不能成立，因為若無心相者可說為心，則物質亦可說是心，由此推論，唯物即是唯心，這樣，說大乘屬唯心論便變得無意義了。梁先生接著指出：

> 蓋從離一切相而言，則心物並非。故《楞嚴》說言非心非空乃至種種俱非。從即一切法而言，則心物皆是。故《楞嚴》說言即心即空乃至種種俱是。必以佛法為唯心論者抑何攸據也？[34]

若從佛教破除一切相的立場而言，心與外物皆不存在，由此可說非心非空。若從佛教性相相即的看法而言，心與外物皆為存有，由此可說即心即空。佛教對現象本質的看法既可說是非心非空，亦可說是即心即空，那麼，以佛教屬唯心論便是沒有理據了。

　　既然大乘佛教持「非心非空」、「即心即空」的看法，那麼，為甚麼大乘佛典中一再出現「唯心」一類詞語呢？梁先生解釋云：

> 蓋當時外道諸宗之言本體，有神論者則以為在梵天大神，無神論者則以為在自性冥諦。佛則告之以不在餘處，只此心是。若《起信》釋摩訶衍，一者法，二者義。所言法者謂眾生心之類皆是也。當其未知何者是本體，則不惜方便，

34　同上，頁94。

就切近處令其體認，又即其體認之時而誨之。如若所謂之心則非是。[35]

印度諸外道中，有神論者以梵爲本體，無神論者以冥諦爲本體[36]，佛教認爲本體不在身外，而是眾生所本有，故用「心」來指稱本體，就好像《起信論》以眾生心來指稱大乘教法一樣。以心來指稱本體，無非是讓眾生易於體會，並因應其體會作出教誨，所以大乘佛典所言之心，並非西方唯心論者所說的心。

梁先生在討論本體爲一元或二元時，已指出作爲本體的心，具有即一切法，以及生起或善或惡的能力，他於此有進一步說明：

> 一切世間諸所有物，皆即菩提妙明元心。心精遍圓，含裹十方。反觀父母所生之身，猶彼十方虛空之中吹一微塵，若存若亡。如湛巨海流一浮漚，起滅無從。了然自知獲本妙心常住不滅。……則佛所謂心原不是世俗所謂之心，輒貿然加佛以唯心論之名，此非敢聞也。[37]

梁先生稱此心爲「菩提妙明元心」，它具有遍一切處、圓妙無窮、常住不滅的特性。若以人的軀體來與之比較，則人之軀體宛若一微塵，又如大海中的泡沫，不單不能常存，而且隨時滅亡。梁先生透

---

35 同上，頁 96。
36 數論學派將宇宙萬有區別爲二十五種諦理，冥諦爲第一諦，它是萬物之本源、諸法之始，亦是諸法生滅變異的根本原因。冥諦又稱爲冥初、自性。
37 梁漱溟：《印度哲學概論》，頁 95-96。

過心體與軀體的比較，突顯了大乘佛教所說之「心」為超越義的心，不可隨便以「唯心」來比附。

　　在說明大乘佛典所說的心的特性後，梁先生進而就世人對心的誤解作出解說：

> 或言萬相森然，起於生滅，則本體之求固在生滅心，原不在不生滅心。……萬法依於生滅，生滅依於不生滅，此真言也，此又一義也。故生滅心不可以當究竟。[38]

世人認為宇宙間一切現象皆有生有滅，所以現象的本體必然為生滅心。祇是梁先生指出，生滅心背後還有一個不生滅心，生滅心並不是最究極的本體。

　　關於生滅心，梁先生以佛教唯識宗的「八識三能變」說法為根據，對西方唯心論作出批評，指出唯心論者不單不認識不生滅心，甚至不認識生滅心。他說：

> 核實而言，世所謂唯心論者，豈獨不識不生滅心，抑並未識生滅心。生滅心者，所謂八識三能變。彼其所知只六塵緣影而已，安知八識哉。心之不達，由何能唯心？[39]

38　同上，頁96。
39　同上，頁96-97。

據唯識宗,生滅心具有八識三能變各層次[40],可是唯心論者祇對六塵所起之影像有認識,對萬法根源的了解祇到第六識爲止,梁先生因此認爲他們未能認識生滅心,甚至說「唯心」的資格也沒有。

在指出西方唯心論者的不足後,梁先生隨即對唯心論及唯識宗作出比較,他說:

> 唯識家以第八識爲宇宙大根本,而西上唯心家於此全所不及知,大爲相左,唯識家之識是識自體,非識上能緣之用。西土唯心家於識體又不及知。唯心云者正在其能緣之用,彼所謂以思惟爲自性者也。是又大相左。唯識家之簡單說明,在唯識所變。西土唯心家則云觀念結成。亦成異趣。[41]

據唯識宗的義理,第八識爲「宇宙大根本」,一切現象皆由第八識變現而有,但唯心論者對此毫無認識,祇知道現象爲觀念性的存在。正因唯心論者對生滅心的本體認識不透徹,所以未能有效地回應外人的詰難,例如:

---

40 根據唯識宗的理論,萬法都由識所變現,故八識都是能變。能變分爲三類:一、初能變,即第八阿賴耶識,它攝持一切法的種子,種子待緣成爲現行,即成現象世界的諸法。又稱爲異熟能變。二、第二能變,指第七末那識,它恆常地思量第八識,並執取爲實我,故又稱思量能變。三、第三能變,指眼耳鼻舌身意等前六識。此六識具有明白、了別外境(如色、聲等)之作用,故又稱了別境能變。

41 梁漱溟:《印度哲學概論》,頁 104-105。

> 如唯心家言一切無客觀上之存在，然何以物不因人之不
> 見而遂失？若物無關於意識而恆在，云何說唯心？此一切無
> 客觀上之存在之言原未嘗誤。然唯心家所知止於前六識。六
> 識不起緣用，色聲等六塵相誠無。然此時非無八識所變塵。
> 此塵離八識固無有，離前六猶恆在。唯識家既析言之，故不
> 可以相詰。[42]

唯心論者認為現象並無客體性，一切皆觀念性的存在。可是，這又
如何解釋物質現象不會因沒有人觀見而消失？梁先生指出，唯心論
者未能對這問題提供完滿的解釋，因他們對現象的理解祇限於現象
層面的前六識。其實觀見外物屬前六識之作用，而生起外物則是第
八識之作用，故外物不會因沒有人觀見而消失。由此可見，唯識宗
對現象的考察要比唯心論深入。

　　另一個唯心論者難以解決的詰難是：他們認為一切物質，包括
身體，都屬觀念性的存在。可是，根據生理解剖學，人若沒有身體，
就不能有觀念。梁先生說：

> 又難唯心者言，如近今生理解剖學之所明，精神作用必
> 有藉乎身體。縱不說精神出於物質，然二者必相依相待未可
> 誣也。唯心論者於此頗難解答。此由不知八識變起根身也。
> 唯識家既言根身是識變，故不可以此相詰。[43]

---

42 同上，頁 105。

43 同上，頁 105。

究竟人是先有身體，然後才有觀念；還是先有觀念，然後才有身體？
唯心論者難以解答。唯識宗則明言身體及其機能皆由第八識變現而
來，先有本識，後有身體的立場明顯可見。

在比較過唯識宗與唯心論對不同問題的看法後，梁先生指出：

> 西土唯心論原是隨情虛妄計度。乍聆其說，猶覺其與唯
> 識未嘗無似處。稍加推證，乃處處乖舛，罅漏如環之連，一
> 口不可頓說，十指不可頓指。**44**

唯心論是有情憑自己主觀意見對現象加以推度而產生之學說，若未
加細想，或會以為它與唯識宗之義理有相似處，但祇要稍為細心考
查，便會發現唯心論有不少錯謬，其見解遠遠比不上唯識宗。

可是，在梁先生心目中，唯識宗學說並不是最究竟的，他甚至
認為當破除唯識學說：

> 唯識亦不難破，而唯識家則不被破。云何說唯識亦不難
> 破？眼前見得相相森然，生生不已。而實則說其無相無生
> 易，說其有相有生難。一識體猶不可得，況說什麼二分三分
> 四分？……佛法中無不以不生不滅為歸，若但為八識三能變
> 之說，則但是善說生滅，非究竟故。佛法中無不以破二執為
> 歸，若定唯有識則是法執。**45**

---

44 同上，頁 106。

45 同上，頁 106。

唯識宗以第八識爲宇宙間森羅萬象生起之因，又以見分、相分、自證分、證自證分來說明心識的作用，好像眞有作爲心識的實物的存在，但據佛教破除一切相的立場，世上本無一法可立，不但無實物可供心識認識，識體亦不存在。唯識宗對心識生滅的分析誠有過人之處，不過佛教以破我、法二執爲教學旨趣，今唯識宗視心識爲實有，顯示它仍有法執，並不是最究極的佛教教學法，梁先生因此說「唯識不難破」。梁先生又指出，唯識宗八識三能變的主張，未能觸及不生不滅之本體，其對外物的理解祇停留在生滅變化的現象層面，所以評唯識宗的教學爲「非究竟」。

梁先生以不生不滅爲不同佛教教學系統的依歸，又以《起信論》所說的眞如心最能體現這特點，這反映了梁先生早年一貫是以眞心思想爲最究竟的佛法。

（三）佛教的神觀

1、印度哲學的神觀

梁先生以西方唯心與唯物論爲框架，探討了佛教對存有本質的看法後，隨即探討印度哲學與佛教對存有本源之看法。西方人以創造神爲一切存有之源頭，印度人同樣信有神的存在，祇是對神的觀念在不同時代有不同的理解，梁先生根據西方人對神的看法，把這些理解歸結爲四大類：

一、唯物主義神觀。此看法認爲物質獨立於神而存在，宇宙間一切物質皆能自我發展，所以宇宙並非神所創造，這是數論派及順世外道的主張。

二、超神觀。此看法認爲宇宙由神所造，這個神即印度哲學所

說的自在天、韋紐天、那羅延天、梵天等，祂常以最高存在者的姿態監察世間。這是彌曼差及吠檀多派的主張。

三、泛神論。此看法認為宇宙即是神，神不在宇宙之外，這是吠檀多獨有的主張。

四、唯心主義神觀。此看法認為神是最終實體，祂不受時間、空間、因果律的限制，整個宇宙都為祂所創造。此亦為吠檀多的主張。

2、佛教與無神論

梁先生在《印度哲學概論》中明言「佛法為明確之無神論」[46]，之後又引《成唯識論》（Vijñaptimātratāsiddhi-śāstra）、《十二門論》（Dvādaśamukha-śāstra）及《瑜伽師地論》（Yogacāryabhūmi-śāstra）的話，來證明自己的看法，其中又以《十二門論》的引文最長，也最直接，如：

> 實不從自在天作，何以故？性相違故。如牛子還是牛。若萬物從自在天生，皆應似自在天，是其子故。復次，若自在天作眾生者，不應以苦與子。是故不應言自在天作。……若眾生是自在天子者，唯應以樂遮苦，不應與苦。……亦應但供養自在天則滅苦得樂，而實不爾。但自行苦樂因緣而自受極。非自在天作。……復次，若自在作眾生者，誰復作是自在？若自在自作則不然。如物不能自作。若更有作者則不

> 名自在。……如是等種種因緣當知萬物非自在生。亦無有自
> 在。[47]

《十二門論》藉一連串問題及推論，表明外教所說的最高存在——自在天，並非創生萬物的主宰，以萬物與其本性不符故。引文指出，若萬物爲自在天所生，那麼，萬物就應長得和自在天一樣，就如小牛犢長得和生牠的母牛一樣。祇是萬物的表相各異，故不可能皆爲自在天所創生。此外，若自在天創生了眾生，祂就不應把痛苦給祂所生的孩子，可是人間常有痛苦，故眾生不可能是自在天所生。進一步說，若自在天創生眾生，自在天便應用歡樂來排除人間的痛苦，眾生亦應可靠着供養自在天而令痛苦消除，但事實卻是有情得按自己或苦或樂的因緣，自行承受一切或苦或樂的報應，故可知眾生非自在天所造。進一步說，假如自在天創生了眾生，那麼，自在天又是誰所創生？若說自在天創生了自己，這是不可能的，因物件不能創生自己。若說自在天以外還有其他的創生者，那麼，自在天便不是自在的。從以上種種推論可知，一切事物皆非自在天所生，宇宙間亦不存在自在天。

世間亦有人認爲法身就是佛教所說的神，梁先生不同意，說：

> 有疑佛家法身佛之說爲近似泛神論者。法身但本體之異
> 稱，而佛初無神之意義。[48]

---

47 龍樹著，鳩摩羅什譯：《十二門論》，轉引自《全集》（卷一），頁 109-111。
48 梁漱溟：《印度哲學概論》，頁 111。

梁先生認爲佛教屬無神論，「法身」在佛教祇是本體的另一稱呼，不可把它視爲西方宗教所說，那能創造萬物的神。

　　梁先生寫《印度哲學概論》時，正值西學大量湧入中國之際，梁先生在書中分析了西學的不同觀念，並申明佛教義理非這些觀念所能理解，如佛教非哲學，但又不否定知識，又如佛教不是一元或二元觀念所能理解等，都顯示了在梁先生心中，佛教義理要比西方學術高明的想法。他當日對蔡元培說要把釋迦、孔子學說發揮，是書證明他眞的做到了。

第四章 《唯識述義》對唯識學的詮釋

一、寫作背景

　　梁先生於一九一七年起於北大任教。一九一九年，北大新增唯識哲學的課，屬意梁先生任教，梁先生因而着手撰寫《唯識述義》，以作教材。是書共分三冊，第一冊於一九二零年出版，第二冊於一九二一年印行，可惜早已散佚，第三冊更一直未有刊印，有關手稿亦不可覓得，現今收入《全集》中的《唯識述義》乃是書的第一冊。

　　北大之所以開辦唯識學課程，與當時的學風有莫大關係。自晚清始，西學便大量湧入中國，其中的邏輯學更被視爲研究和運用知識的基礎，中國的學者們注意到，唯識學中的因明與邏輯學有異曲同功之妙，而且唯識學着重分析名相，與西方的科學實證法相似，於是大力倡導，唯識學遂大行於世。此外，楊仁山於一八六六年在南京創立金陵刻經處，專門整理和刻刊唯識宗典籍，又從日本尋回不少中國散佚了的唯識經典，如唐代窺基（632-682）撰的《成唯識論述記》、《因明入正理論疏》等，皆有助唯識學於晚清復興。

楊仁山又於一九○八年設立專門培訓佛學人材的祇洹精舍，一九一○年創辦佛學研究會，自任會長，每月講經一次，促進佛學的傳播。在楊氏的努力下，各地紛紛成立不同的佛學機構，由一九一○年至一九四四年，全國佛學院多達 40 所，如上海華嚴大學、觀宗學社、天台學院、武昌佛學院等。楊氏的學生歐陽竟無又於一九一八年創辦支那內學院，弘揚法相、唯識學，又在一九二四年編輯出版《內學》年刊，發表不少與唯識學有關的論文，亦促進了唯識學的復興。梁先生與其他著名學者，如湯用彤、熊十力、張君勱（1887～1969）等，皆曾到內學院問學。此外，敦煌藏經在二十世紀初被發現，一九一二年在上海創刊的《佛學叢報》，一九一三年在上海發行《佛學月報》，一九二○年創刊的《海潮音》（前身為《覺社叢書》）都推動了佛教的傳播。梁先生就是在這片佛教復興的浪潮下，接觸到佛教刊物，而學習唯識學，亦成為了當時的風尚。

　　在撰寫《唯識述義》前，梁先生正埋首寫作《東西文化及其哲學》，並準備以之為引子，好把傳統學問帶進當時的世界裡去。他說：

　　　　我久想作《孔家哲學》《唯識述義》兩書而以《東西文化及其哲學》作個引子。……因為既要把舊古董拿到現在的世界上來，你不先打通一條路，那話何從說起呢？那東西就不能講的。既要把現在的世界引入舊古董裡去，你不先廓除舊弊積污，那話豈可隨便就說麼？那東西是萬不可講的。所以那引子的重要百倍於原書。作《東西文化及其哲學》而沒

作《孔家哲學》《唯識述義》倒可以的，絕不應作這兩個書而沒作《東西文化及其哲學》。[1]

梁先生把傳統的唯識宗學問比喻為舊古董，要在當時的社會談唯識宗，就是「把舊古董拿到現在的世界上來」。祇是舊學問有不少「舊弊積污」，所以必須有一引子，打通它與新社會之間的隔閡。正因《東西文化及其哲學》有引子的作用，所以梁先生在出版《唯識述義》時，便把該書的導言放在前面。[2]該導言最能與《唯識述義》呼應的地方，就是它指出了中國傳統文化是「古化」，西方文化是「今化」，「古化」不能行於今：

　　……就是東方化東方哲學是一成不變的，歷久如一的，所有幾千年後的文化還是幾千年前的文化，所有幾千年後的哲學還是幾千年前的哲學。一切今人所有都是古人之遺。一

1　梁漱溟：〈唯識述義・序〉，收入《全集》（卷一）（濟南：山東人民出版社，2005），頁251。

2　把《東西文化及其哲學》的導言放在前面的另一個原因，就是因為梁先生當時病得頗重，不能入寐，因而沒有精力再寫一篇序言。他說：「去年暑假急急忙忙把《東西文化及其哲學》作了兩章。乃開學增『唯識哲學』一科目，又不得不編《唯識述義》，想着兼程並進，竟不成功，反弄得夜不能寐的症候，請了一個月的假，到現在三個月沒好，還須覓地養息。自覺實無以對選修唯識的諸君，只好把這一點《唯識述義》的稿子印出來……於是就弄成現在有本書無引子的局面，這真非我本意。想着細細作一篇序言，心思遲鈍到萬分，一天寫不上十幾個字來。沒有法子，且把《東西文化及其哲學》的導言錄在前邊，名曰『前錄』。」（同上，頁251-252。）

切後人所作都是古人之餘。你要問我東方化，我舉出答你的不但不是十九、二十世紀的東西，並不是十六、七、八世紀的東西，實實是西曆紀元以前的東西，如於印度舉佛陀，於中國舉孔子，離開這古化別無東方化。然則東方化就是個古化。西方化便不然。思想逐日的翻新、文化隨世闢創，你要問我西方化，我不但不能拿千年來的東西作答，並不能拿十八、九世紀的東西作答，直須把去年今年的東西告訴你才可，離了這今化不算西方化。然則西方化就是個今化。如此說來，東西文化實在就是古今文化，不能看作一東一西平列的。如果你說東方化在今日的世界還是不廢的，那就是承認古化能行於今，能行於未來。……但是你能承認古化能行於今行於未來麼？你倘然是不承認的或是不敢承認，那你就可以直截了當斷言東方化的必廢必絕，不用吞吞吐吐模模糊糊。[3]

梁先生表示，印度文化迄今仍是以紀元前的佛陀為代表，中國文化迄今仍是以紀元前的孔子為代表，可見東方文化的主體幾千年來都沒有改變，故他說東方文化是古化。相反，西方人的思想逐日翻新，要回答有關西方文化的問題，必須以近年的新成果來作答，可見西化就是今化。梁先生因此指出，中、西文化其實就是古、今文化。梁先生接着問，古化能行於今，行於未來嗎？若答案是肯定，就表

3　梁漱溟：〈《東西文化及其哲學》導言〉，收入《全集》（卷一），頁261。

示東方化仍有它存在的價值，若答案是否定，就表示東方化當被廢棄。

在梁先生心目中，問東方化是否可被廢絕，就是問東方化能不能復興過來。雖然梁先生在導言中未有直接對此問題提出答案，但從他認為東西文化融合的事，很大可能會在中國發生，從而促進中國文化的復興，可見他是持肯定態度。他說：

> 現在偏偏留得一個中國國民既沒有像日本那樣善於摹取別家文化，……又不像印度那樣統治於西化國民之下成了不解決之解決，卻要他自己去應付這危險迫切的形勢，去圖他的生活。我想但使中國民族不至絕亡，他一定會對於這新化、故化有一番解決，有一番成就。又恰好這東方化的中堅，孔化是本地出產，佛化是為他獨得。倘然東方化不值一錢固不必論，萬一有些參酌之處，那材料不於中國而誰求。材料齊備，問題逼來，似乎應當有成，這是我的觀察。[4]

日本人善於「移植」人家的文化，所以它毋需經過文化衝突的痛苦，也毋需經過一番調和融通的功夫，已在應用西方的文化了。印度人被英國人統治，平日的生活秩序皆由統治者決定，沒有謀求自己生活方式的需要，因此文化融合這件事，可說是不解決之解決。中國人既不像日本人般善於摹取別人文化，也不像印度人般被外國人統治，卻要在被外國人瓜分的危險下，努力謀求自己的生活，再加上

4　同上，頁265。

中國既有本土的孔學，又吸收了印度的佛學，可說是東方化的代表國家，一旦面對西學的衝擊，自然會以其本有之學問來回應，梁先生更認爲，中國有能力把東西文化融合，從而對新、舊文化的衝突提出解決之道。

中國既有可能融合東西文化，其文化亦有可能復興，祇是復興之路並不會是平坦的，梁先生說：

> 因爲中國國民受東方化的病太深，簡直不會營現代的生活，不能與日本相比。……你要教他會營現代的生活非切實有一番文化運動關造文化不可。那就要看大家努力不努力。工程很大，前途希望不得而知，我且盡我一點薄力罷了。[5]

梁先生認爲中國人受傳統的儒家、佛家影響太深，以致未能經營現代化的生活。要讓中國人適應現代生活，就必須努力推動文化創新。梁先生作爲一位學者，他要做的就是努力著書，他的《東西文化及其哲學》就是在這前提下的產物。

在融合東西文化，以及努力創造新文化的前提下，梁先生以白話文撰寫《唯識述義》，指出唯識宗能與西方哲學接軌，甚至有衡量西方哲學家得失的能力。此外，梁先生又表示當時講說唯識學的方法並不合用，進而以配合時代精神，容易理解的方法來講唯識。由此可見，《唯識述義》乃梁先生努力貫通中西哲學，突破前人格局，成一家之言的結晶。

5　同上，頁 266。

二、對唯識學的剖析

（一）唯識學的開創者

在《唯識述義》的開始地方，梁先生對唯識學的源流作出介紹。唯識學的基要論典《瑜伽師地論》乃由彌勒（約四世紀時人）所造，無著（公元五世紀）筆錄。之後，世親（公元五世紀）造《唯識三十頌》（Triṃśikā-vijñapti-mātratā-siddhi），令唯識學益受重視。至於唯識學之所以在中國流行，乃因玄奘（602-664）把大量印度唯識宗經典帶回中國，在長安慈恩寺翻譯講學。玄奘之後，其弟子窺基亦著有許多唯識學和因明學的論典，令唯識學大盛於中國。梁先生對上述這些常途說法並無異議，但對於誰是唯識學的開創者，卻有跟傳統不同的看法。

考唯識宗所宗典籍，共六經十一論，一般學者皆以彌勒菩薩所造的《瑜伽師地論》為最重要，因唯識學由此而出，故多以彌勒為唯識宗的始創者。梁先生對此表示不同意，他認為奠定唯識學地位者，乃是世親：

> 無著自己又造《攝大乘論》等頌論。其弟世親或翻天親菩薩造《唯識三十頌》等頌論。從此已來才有講唯識學的人。這種學理自然是佛所說的，但愈到後來唯識的面目愈顯豁愈嚴整。所以唯識學與其說始於釋迦，不如說始於彌勒；與其說始於彌勒，不如說始於無著，而實實在印度為這一宗始祖

的還是世親。[6]

梁先生把唯識學的源頭上溯至釋迦；但釋迦祇開其端。之後彌勒講
《瑜伽師地論》，唯識宗開始有其基要典籍，祇是仍未爲世人注意。
及至世親造《唯識三十頌》，「才有講唯識學的人」。《唯識三十
頌》先後有廿八位論師作釋，其中以護法（530-561）、難陀（生
卒年不詳）、安慧（475-555）、親勝（生卒年不詳）等十家爲最
重要。玄奘在印度時，便搜集了這十家的注本，在回國後以護法注
本爲主，糅譯其他諸師注釋，並由窺基筆受，寫成《成唯識論》。
是書的出現，令唯識學在中國得以盛行。正因世親的《唯識三十頌》
令唯識學在印度及中國受到重視，所以梁先生以世親爲唯識宗的始
祖。

（二）唯識宗在佛教內部的地位

在交待過唯識宗的源流與始祖後，梁先生繼而對唯識宗在佛教
內部的價值和地位作出評析。他指出這問題歷來都很有爭論，一些
判教者在判別佛教的不同教學系統時，把唯識學判於小乘教學之
後，般若教學之前，意謂般若宗的義理要比唯識宗的圓融。唯識宗
論師並不同意這種帶有貶抑唯識學意味的主張，遂提出三時判教的
分類法作爲回應。梁先生指出：

> 一般唯識家說如來說法凡有三時，初時可以名爲有教，

6　梁漱溟：《唯識述義》，收入《全集》（卷一），頁 267-268。

為發趣聲聞乘者破外道實我之執，明我空法有之旨，諸部小乘都歸於此類。第二時可以名為空教，為發趣大乘的明諸法皆空之旨，又破從前法有之執，便是般若等教。到第三時方說中道教，為雙破前邊的空有之執，說一切法唯有識。心外無法，破初有執。非無內識也不許一切皆空，正處中道，便是我們的解深密教。[7]

根據三時判教說法，如來最初先向小乘人說明「我空法有」之旨，故第一時為「有教」。之後，如來向一心修習大乘佛法的人說明「諸法皆空」之旨，以破除小乘人以法為實有的執著，故第二時為「空教」，般若等教學系統皆屬此教。最後，如來一方面宣說「心外無法」的義理，以破除小乘人以法為實有的執著；另一方面又以內識為存有，來破除般若學對空的執著，由是空、有的執著皆被化除，故第三時所說的為「中道教」，專指唯識宗的唯心教學。三時判教以唯識宗的唯心教學為如來最後說法的內容，為最圓滿的佛法代表，抗衡了前人褒揚般若學，貶低唯識學的做法。

對於唯識宗人與傳統判教者的爭論，梁先生有如下評論：

……唯識學在佛教上的價值地位究竟如何呢？此問題很有爭論。有貶抑他的，有推崇他的。自來判教者都拿他次小乘之後，位般若之前。高小乘一等，而遜於性宗所宗奉的

7　同上，頁 268-269。

般若教。論起來緊接小乘的應當是唯識，如此判法並沒有
錯。*8*

梁先生表示傳統「判法並沒有錯」，顯示他頗為認同傳統判教論者
的看法，而他也指出了三時判教的問題所在：

> 然而空有問題又實不應如此的講，因為般若家的空無與
> 唯識家的空無原是兩事。唯識家原從分別有無入手，說遍計
> 是無，依他是有。那無的便如兔角龜毛之無，那有的便如牛
> 角羊毛之有，無有是對待說的。般若家直悟一切無得不墮在
> 見解計較裡邊，拿空無來掃蕩一切的見解計較，而他所說的
> 空無卻不是一種見解計較。所以他們兩家雖然都說空無，而
> 實在彼此不相涉。*9*

三時判教根據不同教乘對空、有的看法，來決定它們的位置。梁先
生直言「空有問題不應如此的講」，因為般若宗所說的「空」，並
非唯識宗所說的「空」。根據唯識宗，有情周遍計執，視現象為實
有，卻不知它們好比兔角龜毛，並不存在，故以「空」來形容。般
若說「空」，是要掃蕩一切見解計較，其所謂「空」，乃是一種破
執的觀法，其意義跟唯識宗所說的「空」不一樣。

　　雖然唯識宗與般若宗說「空」的含義不一，但梁先生認為二者

8　同上，頁 268。
9　同上，頁 269。

同以「無得」為教學旨歸：

> 唯識家雖從有分別入手，歸根還是無得，與般若家無
> 二。無得是佛家的真意。般若、唯識本來是兩條大路同以無
> 得為歸，沒有高下可言。[10]

般若宗旨在掃除一切見解計較，其教學旨歸為「無得」，而唯識宗
倡「唯識無境」說，說明一切現象皆虛幻不實，其教學旨歸亦是「無
得」，與般若宗無異。

　　唯識學的旨歸既與般若學無異，那麼唯識學作為佛法的一門，
究竟有甚麼特殊的價值和地位呢？梁先生透過檢討大、小乘各宗義
理，提出唯識學「代表佛教全體的教理」的主張，他說：

> 因為大乘教倘若沒有唯識單只般若的無可說的意思，那
> 麼要說只好說小乘的教理了，那是很不妥當的。質言之，離
> 了唯識竟是沒有大乘教理論可得。大乘佛教離了唯識就沒有
> 法子說明（廣義的唯識）。我們如果求哲學於佛教也只在這
> 個唯識學。因為小乘對於形而上學的問題全不過問，認識論
> 又不發達。般若派對於不論什麼問題一切不問，不下解決。
> 對於種種問題有許多意見可供我們需求的只有唯識這一
> 派，同廣義的唯識如起信論派等。更進一步說，我們竟不妨

以唯識學代表佛教全體的教理。這都是說唯識學價值地位的
重要。*11*

小乘佛教對形而上學的問題一概不過問，認識論亦不發達*12*。大乘
佛教中的般若宗對一切理論問題不過問，不解決，以致沒有一套嚴
謹的教理。梁先生認為，祇有包括妄心思想和眞心思想（如：《起
信論》等）的廣義唯識宗*13*，才就種種理論問題，給予全面性、系
統性的意見；言下之意，在佛教諸教學系統中，唯有唯識宗可以發
展出一套嚴謹而全面的教學系統，作爲佛教全體教理的代表，其在
佛教內部具有不可替代的地位和價值。

（三）唯識學與西方哲學

梁先生除了關注唯識學在佛教內部的價值和地位外，他更關注
包括唯識學在內的東方哲學跟西方哲學銜接的問題。梁先生身處西
學大量湧入中國的時代，當時東方學者的注意力皆爲西學所吸引，
梁先生亦不例外，他在細心觀察西方哲學的發展情況後，指出近代

11　同上，頁 269。

12　小乘的認識論不一定不發達，如一切有部便根據「三世實有，法體恆有」
　　的主張，認爲外在境相和客觀事物皆為可認識和經驗的事物。又如譬喻論
　　師雖認為客觀事物不一定真實，但假有不實的現象也能引起認識作用。由
　　此可見，小乘教學中，亦有符合西方認識論的見解。

13　廣義的唯識即指無著、世親所闡釋的妄心思想，以及強調一切法皆依於清
　　淨心的思想。前者以唯識宗為代表，後者包括地論宗的南、北二道及攝論
　　宗。地論南道以阿賴耶識本性清淨，地論北道則成立了以清淨為性的第九
　　識。攝論宗認為一切現象皆由本性清淨的第九識，即阿摩羅識所生起。

西方哲學在科學的影響下，出現了新的形勢，若唯識學不能適應這形勢，便會淪爲「殘言廢話」，徒成笑柄。梁先生所說的「新形勢」，就是認識論的興起和形而上學的動搖。他說：

> 提到哲學方法問題或認識論（Epistemology），這便是西方近世哲學對古代與中世才有的新形勢……原來從前的哲學家（無別西東）都不留意這層問題，只是把形而上學（Metaphysics 或喚作玄學）來無邊無涯的胡講亂講。到十六七世紀以來才漸討論到認識問題，那哲學界裡方不是形而上學獨有的世界。等到十八九世紀，認識論上竟自論究到形而上學的能成立不能成立，大有根本動搖的樣子。一直到現代，因爲方法不曾探出，雖然大家態度各有不同，而形而上學之還在退歇，事實昭然。[14]

認識論是對認識來源及方法的反思，目的在於探究知識的性質和基礎。形而上學是對宇宙本源和本質的探討，目的在於找出宇宙的終極眞實。認識論的興起，使人懷疑終極眞實是否可被認知。梁先生回顧哲學在西方的發展，指出十六世紀以前，西方人在沒有認識論的基礎下，祇會胡亂地講形而上學；到了十六、七世紀時，西方人對認識論有更多的討論，形而上學在哲學裡的地位因此動搖起來。到十八、九世紀，認識論的流行令形而上學備受質疑，形而上學的思潮因此日益減退。

14　梁漱溟：《唯識述義》，頁 270-271。

梁先生認爲古人胡亂地講形而上學是有原因的，他說：

> 古時人不似今人承受有前人的遺產（已成功的知識傳下
> 來），外緣不具，時日來不及，最重要的知識方法又不明，
> 於是就以臆談胡說去應付了。雖是臆談胡說而因方法未明，
> 不以爲嫌，相習如此，視若固然。所以那古時亂講形而上學
> 是勢所必致的，而希臘人似更有他的原故。希臘時先發明了
> 幾何學，最爲時尚，他那迹先的演繹法彷彿能晐洽六合的樣
> 子，所以希臘的哲學家把推理看成萬能的了。*15*

古時人承受先人的知識較少，又不明白運用知識的方法，於是就臆
談胡說地提出許多形而上的見解，一段時間後便習以爲常，視此爲
理所當然之事。梁先生以古希臘人爲例，指出他們是幾何學的發明
者，明白幾何學的演繹法具先驗性，可以泛用於一切現象，所以便
視之爲萬能，甚至把幾何學方法應用在形而上學的討論上。然而，
這做法是站不住腳的，梁先生解釋道：

> 大約看上去形而上學的失勢，自是因認識論出來先把知
> 識本身加了研究，曉得不能亂講，而所以研究到知識本身，
> 成功認識論的，是因爲英島經驗與大陸理性之爭。而所以有
> 經驗與理性之爭的，是因爲英島的歸納說起來一反從前自希

15　同上，頁272。

臘以來的演繹舊風。[16]

十七世紀，經驗主義在英國興起，知識必須以後天經驗為根據的主張不脛而走。經驗論者反對古希臘憑先驗知識作出無限演繹的舊風，由是造成了理性與經驗之爭，有關爭論促使學者們對知識的根據和方法作出反思，明白到形而上學不可亂講。及至十八世紀，康德會通理性主義與經驗主義，認識論遂達至大成，形而上學由是失勢：

> 到康德出來解他們理性、經驗兩家之爭，認識論遂獲大成，近世哲學對於往昔惟一的新形勢才確定如九鼎，而獨斷論（即前之以知識為無界限，硬作許多形而上學主張者）於是絕迹。[17]

康德一方面肯定了人可有先驗知識，另一方面又認定後天經驗為知識確立的必要條件，其見解把認識論的發展推至高峰。古時人把先驗知識無限引伸而產生的「獨斷形而上學」從而絕迹。

康德之後的哲學家，不少都對形而上學採取批判態度，如波耳松（Karl Pearson，1857-1936）便認為沒有離感覺而存在的形上實體。梁先生說：

16　同上，頁 271。
17　同上，頁 273。

> 其間又有所謂感覺主義（Sensationalism），波耳松（Karl
> Pearson）主之……。我們人的知識只是把些感覺來歸類、分
> 析、聯合、擬造……而已，離感覺則無所有。若說有一樣東
> 西超越感覺而又是實在，那直不成話的。[18]

波耳松認為祇有可被感覺的東西才是真實，又認為知識祇是把種種
感覺整合的結果而已。根據波耳松，由於形上實體不能被感覺，所
以並不真實。

在民國初年，最受中國知識份子重視的西方哲學家要為柏格
森、羅素等，他們對形而上學持不同態度，梁先生對他們的立場有
如下疏解：

> （按：羅素）與柏格森對看，恰是各走一路。一個要去
> 經驗，一個要去推理，於是在哲學方法上兩個人成了敵對之
> 勢（其實全由所從來的科學根本不同而致），彼此攻擊非常
> 凶猛。羅素爾批評柏格森謂：看他所講的東西則非哲學的，
> 看他所用的方法則非科學的。羅氏平常總自命自己的哲學是
> 要用嚴謹的科學方法講真正哲學應講的東西。此話似亦不
> 虛，他的方法本乎數理，論理本是科學的，而哲學是要普遍
> 的，這迷先的理亦恰與適合。而柏氏的生物學看上去明非根
> 本的科學、模範的科學，怎能以講生物學的來講哲學？……
> 但在柏氏亦難誠服。他本以為有些科學的方法——如心理學

18　同上，頁 274-275。

等──也要更變才行，而要得到宇宙真際，要問到根本問題，非憑藉概念能成的，也是無能否認……於是自近世以來的形而上學問題，到現代還是毫解決的端倪。[19]

羅素的哲學「本乎數理」，認爲數學是先驗的公理，祇有在數學中才能找到普遍的眞理和知識，所以他一生努力要把哲學化成數學公式。柏格森的哲學被後人稱爲「生命哲學」，因柏氏認爲宇宙的根本就是具自我延續能力的生命衝力，這種對宇宙的理解本乎對生物的觀察，而生物學並非模範科學，故柏氏的哲學備受時人質疑，羅素更批評柏氏用生物學來講哲學是不妥當的，又認爲柏氏所講的東西既不是哲學，其論述的方法也不具科學性。柏氏當然不同意，他反駁單憑數學概念無法找到宇宙根源，又認爲有些科學方法也要作出變更才能回應哲學的發展。羅氏重視推理，柏氏重視經驗，他們在哲學見解上各走一路，結果令近世形而上學的發展變得複雜，而種種形上問題更是「毫無解決的端倪」。

在概述哲學在西方近代的發展後，梁先生把注意力轉而至東方，說：

那一味好談形而上學的東方哲學，雖然一般的度日度到二十世紀，還只是西洋古代中世的模樣，那十六七世紀以後的新形勢在東方通通沒有，直不曉得。然則兩相比看，豈非西方哲學生機別啟，前程遠大，而東方哲學已是命運就終，

19　同上，頁 277。

「爾墓之木拱矣」了麼？所以我這治東方哲學的人去看西方
哲學，頭一樁就覺得這種形勢非常重大，是最為重大。*20*

二十世紀的東方哲學仍然停留於十六世紀以前的西洋哲學的階
段。西方哲學界在十六、七世紀以後發展出來的認識論，在東方一
直沒有出現，梁先生不禁疑問，東方哲學的發展是否比西方哲學落
後了許多，甚至已不具生機和活力？梁先生更從「治東方哲學的人」
的角度出發，指出上述問題極其重要，並作進一步說明：

東方的哲學家對這種新形勢（其實已經一百幾十年了，
不過在東方還是嶄新的），第一要問自家所講的什麼佛學、
唯識學、老莊學、宋明學、周易、太極等等，是不是人所不
道的獨斷式、舊傳統派的形而上學？我看他坐在屋裡東思西
想，滿副演繹推理神情，偏能知道許多天地未闢的事實，恐
怕是無以自解的。難道可以自附於羅素爾的用邏輯麼？或者
柏格森的尚直覺麼？恐怕都難強顏塗飾。或者於這個以外別
有高超法子麼？恐怕都說不上來。只是「真如」、「無明」、
「阿賴邪識」、「一生二、二生三」、「太極」、「乾坤」，
閉着眼瞎講罷了。唉，可憐！可憐！*21*

梁先生認為東方哲學停留在西方早已放棄了的「獨斷式」層次，儒

20　同上，頁 271。

21　同上，頁 277-278。

家的周易說太極、乾坤，道家說一生二、二生三，佛家說眞如、無
明、阿賴耶識等，這些都是純演繹推想的結果，沒有經驗根據，在
今日實在難以令人信服。然而今時的東方學者，仍然常把這些觀念
掛在口裡，儼如它們爲永恆的眞理，梁先生因此感慨地嘆息：「可
憐！可憐！」，並表示東方哲學就是附屬於羅素、柏格森哲學的資
格也沒有。可是梁先生隨即指出，唯識學可解決東、西哲學的困境，
他說：

> 別人怎樣解答不得而知，我此刻應當對於這個問題有一
> 番解答。現在講的所謂唯識學、佛學的生命就繫在這解答
> 上，我並認人類所有的形而上學的要求就繫在這解答上。質
> 言之，我看形而上學是有個方法的，有他惟一的方法的，這
> 個方法便是唯識學用的方法。[22]

如前所述，形上學在西方近世的發展愈趨複雜，種種形上問題無法
解決；而東方哲學則仍停留在「獨斷式」層次。梁先生宣稱唯識學
的方法能爲形而上學的未來發展，提供正確的指引，進而站在唯識
宗的立場，表達了自己對近代西方哲學發展的意見：

> 我現在只代表唯識家表示對於西方諸家的態度。第一我
> 們對於從前形而上學家的臆談法自然不能承認，而對於後來
> 形而上學不能成立諸家的意思都極贊成的……凡認一件東

---

22 同上，頁 278。

西有實體概都斥為非量，形而上學家從這非量上頭再生出許
多議論來。其間有比無現，便是滿篇非量，即所謂臆談。而
科學獨許為知識者，因其或純用比量經營而成（如所謂唯識
的科學），或兼用現比經營而成，雖帶着非量走卻非從非量
生（如所謂經驗的科學）。[23]

唯識宗認為宇宙間沒有實體可得，傳統形而上學家卻偏偏就終極實
體的存在作出許多演繹。約唯識宗的看法，這些演繹皆為「非量」，
亦即是不可信的臆談。梁先生又指出，近代西方哲學家特別重視的
科學，其成立依據為「比量」和「現量」，前者指推理，後者指粹
純感覺[24]，可見科學的根基並非「非量」，故比形而上學可信。

　　梁先生除了以唯識學來檢視西方哲學的發展外，也用它來衡量
西方哲學家的得失。他認為波耳松的哲學與唯識學有相通之處：

　　　　如波耳松的說法與唯識學頭一層的說法非常相似。所謂
　　　　宇宙只許是感覺的總計，不許別有什麼宇宙實體，那還有什
　　　　麼形而上學可講呢？[25]

如前所述，波耳松認為祇有可被感覺的東西才是真實的，宇宙實體

23　同上，頁 278-279。

24　梁先生以現量為最單純粹的感覺，他在《唯識述義》中以人看到一個白色
　　瓶子的情況作比喻，指出：「現量非他，就是心裡未起瓶的意思，乃至
　　未起白的意思，極醇的感覺」（同上，頁 305。）

25　梁漱溟：《唯識述義》，頁 278-279。

因不能被感覺，所以並不真實。唯識宗主張「識有境無」，認為祇有內識才是真實，內識以外沒有真實的客體存在。二者皆以宇宙實體為不真實，故都對形而上學不予支持。梁先生又從唯識學的觀點出發，檢視羅素與柏格森的哲學：

> 對於羅素爾、柏格森兩家，比較的承認羅，批評的承認柏。形而上學雖不是比量所能經營，因羅氏的比量先既不從一個非量生，後亦不結生一個非量（只推其可然，不言其誠然，不算非量），方法上沒有流弊，所以比較從前的就贊成了。26

梁先生傾向承認羅素的哲學，因羅氏以數學知識為根據，推論出萬物存在的實況，「方法上沒有流弊」，比之前的哲學家要高明得多，與唯識家的重視比量有異曲同工之妙。此外，梁先生又表示，他祇能批判地承認柏格森的哲學：

> 柏格森反智的主張是承認的，主張直覺卻不能承認。他不能自脫於西方化而倡反智主義是不能成功的。一面是不能找着純然非理智的東西——直覺並非純然非理智的——則反智必不能圓到有成就；一面是不能根本反對理智，則無以解外人之難。看他所謂直覺的並非一種單純作用，恐怕容易致誤，而且既誤無從糾正，反不若理智的沒有流弊。因為理

26　同上，頁279。

> 智就是比量智，雖然所得只是共相，卻能自己糾正到一個無
> 錯誤的地步，他所謂直覺還是含有比量作用在內的，既不能
> 成功現量又不能使比量盡其功，我們很難信任……有人以為
> 他的直覺即佛家現量，這是胡說亂猜。*27*

十九世紀後期，實證主義流行，認為一切事物，甚至人類，皆可透
過實證科學或數理方式來分析，進而衍生出科學萬能的觀點。柏格
森認為實證主義祇會把人平面化，使人淪為實驗室內的觀察對象，
故此他反對理智，強調直覺。按柏氏的理解，直覺就是認識生命的
媒介，而生命就是形上實體，亦即是現象背後的本體，其特點為具
有自我延續的能力。直覺與理智分別在於後者只能從外部認識客體
事物，而直覺則可助認知者融入客體之內，令二者融合為一，可說
是一種同情共感。*28*柏氏對直覺的理解雖獨樹一幟，但梁先生認為
其反智的立場脫離了現代西方哲學發展的趨勢，以致「不能成功」。
又因世上沒有純然非理智的東西，柏氏所說的直覺亦不例外，它也
具有比量的作用，所以反智必然難以取信於人。*29*此外，直覺對外

27　同上，頁 279-280。

28　柏格森以寫小說為例，來闡明主體如何與客體融合為一。他指出，作者若
　　只站在旁觀者的角度來描寫主角，他就永遠不能體會主角的感受，但若作
　　者從主角的角度出發，並投入主角世界裡，主角就會變得有血有肉。

29　梁先生認為柏格森的哲學其實是從講求理智的科學來，他說：「西方哲學
　　家總要想把哲學做到科學的哲學。……現在西方無論哪一家哲學簡直都是
　　的。純乎科學性格的羅素（Russell）固然是，即反科學派的柏格森也的的
　　確確從科學來，不能說他不是因科學而成的哲學。」（見氏著：《東西文
　　化及其哲學》，收入《全集》〔卷一〕，頁 361。）

界的觀照若有錯誤，是無法糾正的，相反，理智就是比量智，其對外界的認識若有錯誤，也可憑推理的能力來自我糾正。最後，梁先生指出直覺既不是現量，也不能令比量充份發揮作用，所以對柏氏主張直覺的立場持反對態度。

就現量不是直覺這看法，梁先生於一九二一在《民鐸》雜誌發表的〈唯識家與柏格森〉有進一步的補充，他指出，現量就是要作瑜伽的工夫：

> ……唯識家的現量，是要作「瑜伽」工夫，使我們的情意沉下寂無，然後才能得到，是極「靜觀的」。……而所謂直覺卻是大家都曉得的，都承認是一個半情半知的東西——一邊是情感一邊是知識作用。這豈不是恰恰與現量相反了嗎？所以現量和直覺決非一物是可以斷言的。**30**

瑜伽為梵語 yoga 之音譯，意謂依調息等方法，使心念集中的修行法，亦稱為「禪定」。根據此方法修行，能使情緒和意志逐漸消退，當人在不受情緒和意志影響時，便能把握現量，梁先生因此認為現量是「靜觀的」。相反，直覺具有情感和知識作用，明顯與現量不同。梁先生又說：

> ……因為現量比量都是靜觀的東西，所以唯識學用的方法純乎是靜觀的；與羅素冷酷的靜觀態度絕相似，難道大家

---

30 梁漱溟：〈唯識家與柏格森〉，收入《全集》（卷四），頁 651。

看不出嗎？其於理性派為近，而與直覺派適乖。[31]

現量和比量都得依靠靜觀才能把握，可見唯識學的方法以靜觀為主，這正好與羅素以冷靜為主的觀法相似，梁先生因此以唯識學近於羅素的哲學，而與柏格森的哲學相違。

梁先生又進一步指出，唯識宗不承認直覺，與柏氏的見解南轅北轍：

> ⋯⋯直覺這個東西是唯識家所不承認的。因此我們看：像柏格森——直覺派——所說的種種⋯⋯都是唯識家所不承認的，都是指為「非量」的，所極力反對的。⋯⋯我們着意所在，不在這一些道理的相衝突，而在由方法上的主張不同，而見之於方法之實施的。譬如唯識家的主張是只承認現比二量，因此所有的唯識學都是現比二量所經營成的。因為「比量智」就是「理智」，所以唯識學除掉某部分外通是與柏格森所極力排斥之用理智的方法，或科學家所用的方法一般無二。[32]

唯識宗承認的是現量和比量，而比量智就是理智，是成就科學知識的必然方法，相反，柏格森排斥理智，只承認直覺，所以唯識宗不會承認柏格森的哲學，並視之為非量。

---

31 同上，頁 653。
32 同上，頁 652。

梁先生指出唯識學與西方近代哲學一樣，對形而上學家的臆談持反對態度，之後又以唯識宗提出的「三量」標準，來衡量波耳松、羅素和柏格森的哲學。他指出，唯識宗的比量就是理智，是成就科學的條件，其方法近於羅素的哲學，而與柏格森反智的立場相反，可見梁先生以唯識學能與近代西方哲學接軌，可借助來檢討西方哲學的得失。

（四）對「唯識」的詮釋

梁先生在《唯識述義》一書中，先肯定唯識學在佛教內部有不可替代的地位，之後辯說唯識學可與西方哲學接軌，顯示古化能行於今，東方文化仍有存在價值。梁先生為唯識學作出定位後，開始講說唯識學的內容。他指出當時講說唯識者都是依照一些權威唯識論典，如玄奘的《八識規矩頌》、世親的《百法明門論》（Śatadharma-prakāśamukha-śātra）、《二十唯識論》（Vimśatikā vijñapti-mātratā-siddhih）、《唯識三十頌》、陳那（約 440-520）的《觀所緣緣論》（Alambana-pariksa）、護法的《成唯識論》等，逐節逐章解釋其說法，梁先生認為這方法不合用，並提出兩點理由：

> 就是尋常人說一件東西便是一件東西，說一句話便是一句話，而唯識家教你說一件東西不當一件東西，說一句話不算一句話。你如果說了不算，這話便可說得；說了就要算，這便萬要不得。這是大乘佛家唯一的要義。而這些部唯識的書，或開口便標舉八識加以敘說（如《八識規矩頌》、《卅唯識頌》等），或開口便講一切法沒有別的唯有識（《百法

明門》、《廿唯識論》等）。初看書的人或初聽講的人，聽
到或看到這些話便都納入他的舊習慣之中，都變成了他一肚
的意見，滿腹的學問。什麼「八識」、「唯識」的信口胡說，
真是化醍醐為毒藥。試問八識到底是什麼東西？那裡來的七
個八個？豈不是造謠！天下那裡有可以「唯」的東西？凡是
說「唯」什麼的都是最不通的話！多聽幾次講，多看一部書，
反倒使他愈發荒謬起來。所以我們要為避開這種流弊起見，
便覺得這些書不合用。[33]

第一，唯識論典述說八識，着力提倡「識有境無」。當時講說唯識
者依書直說，初聽講的人在沒有深入理解下，把這些論說吸收，以
為真有八個識存在，又以為真有「唯識」這回事，這種理解與大乘
佛教以說話為方便，主張不應定執說話為真（「說了不算」）的教
學宗旨相違，若初學者不知所以，把它們隨便納入舊習慣中，「變
成了他一肚的意見，滿腹的學問。什麼『八識』、『唯識』的信口
胡說」，毒害必然匪淺。

　　第二，當時講說唯識者未能因應時代轉變而轉換講說的焦點，
徒令聽者不明所以：

　　　　還有一層說他不合用的意思，就是他那開口所說的問題
　　　對於現在人講有些不甚了解。譬如這些書所說的多半是我法
　　　二執的問題。這個問題原是當時佛家與外道對爭的問題，當

33　梁漱溟：《唯識述義》，頁 281。

時拿他來講自是極合用的，最好沒有的講法。而在今日，大
家心目中全然沒有這個問題，所以講起來不甚得味，甚至於
不知所謂。[34]

唯識論典常談及我法二執的問題，因這是其時佛家與外道爭論的焦
點，講說起來自然極為合用，祇是這問題已不為當時社會所關注，
講說唯識者再一味講我法二執，祇會令人感到不是味兒，甚至不明
所以。

因此，梁先生要避開舊格局，用新的方法來講唯識思想。這不
是說他要完全摒棄權威的唯識論典不用，要撇開傳統佛教所特別重
視的我法二執問題不議，他同意唯識論典還是要用，我法二執還是
要破，他要做的，是站在佛家以說話為方便的基礎上，嘗試以一配
合時代的精神，令人容易理解的方式，運用現代的語言，去傳達唯
識思想的箇中意思。這方式的創新之處，可以從梁先生對「唯識」
的解說清楚看出來。

唯識（vijñapti-mātratā）原指一切外境皆由第八識（阿賴耶識）
變現而來，但梁先生卻把「唯識」理解為「唯有感覺」：

> 唯識家所謂唯識的就是說一切無所有，唯有感覺。唯識
> 的識向來說不出來，我可以大膽指給大家看，就是這個感
> 覺。[35]

---

34 同上，頁 281。

35 同上，頁 286。

這「唯有感覺」的見解，與一般人和外道都有所不同。[36]一般人，以至外道，都以眼見，手摸得到的外物爲實有，眼看見一頭牛，手觸到一頭牛，便以爲眞有一頭牛在，但唯識宗不認同這看法。梁先生以眼看見瓶子爲例，指出眼根祇能見色，但瓶子除了色外，還有身根所觸到的硬，鼻根所嗅到的香等，所以瓶子所代表的外物，不能憑單一感官感覺證得。

　　一般人與外道必然會反駁說，一個感官不能證得瓶子，那麼，多個感官合起來，便能證得瓶子了，祇是唯識宗還是不會同意。梁先生指出，單一感官不能證成瓶子，即使多個感官合起來，還是不能證成瓶子，他解釋說，眼根看見瓶子時，祇看到它的正面，它的後面，以至上下左右各面皆未能看到，同樣道理，不同的感官也不能同時證得瓶子的上下左右各面，故多種感官也不能證得瓶子，梁先生因此說：「總而言之，不許你去設想你所見、所聞、所嘗、所嗅、所觸的是有體東西。」[37]

　　梁先生明白上述見解必然會進一步受到挑戰，他料想必會有論者如此說：

36　梁先生以「感覺」釋「識」，其解讀之所以與唯識宗的理解不同，乃因當時學風使然。蓋當時西學大量湧入中國，不少國人相信科學萬能，梁先生與不少維護國學的學者一樣，認爲科學所代表的理智祇會破壞人與自然的和諧，於是轉而重視「感覺」。此外，梁先生曾表示，波耳松高揚感覺的重要，正好與唯識宗重視內識的觀法相似，因此對波氏多有讚揚，可見梁先生對感覺的重視。

37　梁漱溟：《唯識述義》，頁283。

　　一切實體東西非現見上所有，我便不去說我見瓶、我見
白色（有體的色），我只說見那空空的白的意思，不說摸瓶、
摸硬的東西，只說摸那空空的硬的意思，這總可以許我了。
唯識家卻還是不許。唯識家說這空空的一個白或硬的意思，
也不是你看得見、摸的着的。這其中有兩層。一層是說一個
個意思都是全然沒有的東西，如同龜毛兔角，你如何能看的
見摸的着他呢？一層是說一個個意思都是自己所本無，而是
從許多東西上邊假造出來的，這樁假造的事業非眼或手等根
所能辦，所以說你見不着白的意思，摸不着硬的意思。[38]

既然一切實物不能被證得，那麼，便不說看到瓶、看到色，而說看
到白的性質；不說摸着瓶、摸着硬的東西，而說摸着硬的性質。梁
先生表示，唯識宗還是不會同意這說法，因它認為白或硬並不存
在，就如龜毛兔角般，既看不見，也摸不着，而是「假造」出來的。
梁先生就此有如下說明：

　　……一顏色的意味的表定都是由於簡別其餘的顏色，如
此便要許多顏色才能觀察的出來。……我們所有白的意思不
是初看見一個白就有的，是屢次看見許多同樣的白與不同的
紅、黃、藍、黑、灰漸漸分別開而表定出的。這番作用完全
就是個比量。[39]

38　同上，頁 283-284。
39　同上，頁 284。

人把顏色互相比較，才能得出某種顏色的概念，如我們認得白色，
乃因我們多次看到白、紅、黃、藍、黑等色，對它們作出比較、分
別後，遂得出白色。梁先生表示這是比量的作用，而比量祇能構作
抽象概念，不能達成具體觀念：

> 比量原就是判斷與推理（judgment, Reasoning）的作用。
> 不過唯識家說這種作用只能生出甲式的瓶子意思來，不能生
> 出乙式的瓶子意思來。
> 　　甲式　　如說：這是個瓶子。（此所謂瓶子是抽象的概念
> concept）
> 　　乙式　　如說：這裡有個瓶子。（此所謂瓶子是具體的觀
> 念 idea）
> 從許多瓶子與非瓶子生出一個抽象的瓶子意思來，這是可以
> 的。從白的、硬的乃至其他種種意思，構成一個具體的瓶子
> 意思來，這便非比量作用可以行的，乃是出於設想
> （hypothesis），並且是始終無法可以證實的設想。而尋常
> 人家卻全不留意他是設想，以為是事實了，因此唯識家說為
> 非量。**40**

比量就是判斷與推理的作用，這作用能使人透過比較眾多瓶子與非
瓶子，得出抽象的瓶子概念。但從白、硬等性質，得出具體的瓶子
觀念，卻不全然是比量，而是有設想的成分，而設想是無法證實的，

40　同上，頁285。

是假造的。然而，一般人都沒有留意具體事物皆由設想而來，甚至視之爲實在，唯識宗視這種錯誤認識爲「非量」。梁先生解釋道：

> 怎麼說具體的瓶子意思是出於設想呢？因爲你現在所看見的、摸着的、聽到的，一樣樣都是空虛的影像（image），並沒有所謂「體」的這樣東西被你得到，你卻總覺得有個「體」。你叫他作瓶子，爲他們所共依憑，這不是事實以外的設想是什麼？倘若有法子把這個設想去勘證，證實那也是大家希望的，只是永遠無望。因爲就是窮盡了力量，剖開打碎的去勘察，你所用的總還是你那眼、耳、鼻、舌、手等根，所得的還不出影像。所謂「體」這樣東西是只能推想，不能得到的。[41]

我們感官看見的、摸着的、聽到的，祇是一些無實體的影像，世人卻總以爲這些影像爲表具體的實物，如瓶子等，這無非是設想而已。梁先生又表示，人無法證明具體實物爲存在，因爲就是剖開、打碎實物來觀察，人用的還是感官感覺，所得到的還是影像而已。

梁先生認爲唯識宗破斥了一切具體實物（如瓶子）、具體性質（如白色），祇是還有一樣沒有破斥，就是心理學所說的「感覺」，他認爲「感覺」有如下特色：

> 譬如開眼見白，便有個白的感覺。雖有白的感覺，卻並

---

41 同上，頁 285。

不知是白、非白。更不知道什麼瓶子不瓶子。這個單而且醇的感覺真實不虛，原是渾然的一個東西。[42]

眼看見白時有白的感覺，卻不知這就是白，更不知什麼瓶子不瓶子，這就是「感覺」。感覺「渾然」唯一，並具有見分、相分、自證分、證自證分四方面作用[43]：

從這上頭我們就其似能覺的一邊說作見分，就其似所覺的一邊說作相分。……二分各自起用已竟，有個收到的地方，證知他們是有用了，這個唯識上叫作自證分。[44]

感覺能覺的方面為「見分」，所覺方面為「相分」。證知見、相二分方面的為「自證分」。梁先生運用比喻解釋，指出見分好比能夠量度長短的尺子，相分好比被量度的事物，物件被量度後，知道其長短的智慧就好比「自證分」。又因「自證分」也要被證知，故在這三分外，還有一個第四「證自證分」。梁先生強調這四分皆為現量：

42　同上，頁286。

43　「四分」為護法的主張，指八識和五十一心所的每一識體都具有的四種作用。護法以客觀的認識對象（相分）和主觀的認識能力（相分）同為心識功能的顯現，故此，人的認識活動不是指主體與外在世界發生的關係，而是指心識自己認識自己的過程，是心自見心的內省活動，唯識宗就此建立了「唯識無境」說。

44　梁漱溟：《唯識述義》，頁286-287。

　　瓶子不許說有，白色不許說有，白的意思不許說有，最
後不可破無可破的是感覺。然感覺果然可以說有麼？感覺自
己不曾證知他是有無。所謂自證分、證自證分都完全是現
量，沒有判斷的，有無的話是判斷上才有的。[45]

又梁先生以感覺釋「識」，故「唯識」即是「唯有感覺」。論者或
因此以爲感覺就是無可破的終極存有。梁先生就此作出澄清，指出
有或無屬判斷的問題，而感覺中的四分爲現量，現量不牽涉判斷，
故感覺不能證知其自身的或有或無。

　　現量不能證知感覺的有或無，而依梁先生所見，唯識宗的教學
特點，正在把握這種不涉判斷的現量：

　　唯識家何以不流於常態？不認物質，固亦各地方哲學家
所有，卻爲何他能不逞古來形而上學家的臆論？他所有的主
張，並不得說爲哲學家的主張，明明是許多有來歷的知
識……他一直所走的是什麼路呢？原也並無希奇。他只在能
把握現量。現量非他，就是心裡未起瓶子的意思，乃至未起
白的意思，極醇的感覺。[46]

梁先生在前文指出，二十世紀的東方哲學，仍然停留在西方十六世
紀前，以形而上學爲尚的「獨斷式」、「臆論式」層次。唯識家並

45　同上，頁 289。

46　同上，頁 305。

沒有像古代形上學家般，對宇宙的本源作出臆談，原因正在它能把握現量，即最直接、最純粹的感覺，也就是人們看見外物的瞬間，對外物的形狀和顏色尚未生起認知時的感覺。現量原是我們無時無刻不有，卻又是無一時一刻能為我們所有：

> 感覺原無一時一刻不有，卻無一時一刻能為我們所有。其為我們所有的只有非量的觀念，比量的概念（精或粗）。這原是人類的特長，不知積多少代的進化才有此先天異稟，又從落地積多少年的訓練才如此敏給熟習。時方有感，時即念生。現量這樣東西遂不復可得。[47]

隨着人類不斷進化，知識不斷增加，人類的非量和比量能力也日益發達，以至感覺方生，念慮亦生，現量遂為人忘記。

至於何以唯識宗特別能把握現量，梁先生解釋說：

> 唯識家又怎能把握得到現量呢？他是由於修習瑜伽。瑜伽就是禪定。……我可以告訴大家，佛家的禪定不過是要求真現量罷了，更沒一點別的意思……。大家要曉得，所謂唯識家的並非別物，原是佛教瑜伽師去修禪定得的副產物，同時即為佛教瑜伽的說明書。……瑜伽師在他現量中對着瓶子不曾有瓶子的意思，對着瓶子的白不曾有白的意思，只那白

47　同上，頁305。

的感覺灼然非無渾然未劃，見相同體，沒有什麼物我之說。**48**

唯識宗力倡修習瑜伽，亦即是禪定，而禪定的目的就是把握現量。人若能把握現量，便能觀見一切感覺渾然爲一、見相同體、物我無分。世人則因任比量和非量，把感覺上的相分割劃出來，弄成兩種的分離和構成，以至出現物我之分：

> 這一割劃弄成兩種的分離，與兩種的構成。把白的影像同別的影像如硬等構合成一個瓶子的觀念，同時便是把那相分從感覺這裡分離了，同時並且把瓶子與瓶子以外的空間或別的東西也要劃開，於是物與物分離了（在感覺上瓶子與瓶子以外的空間或別的東西也是不分的）。物的觀念既成，同時「我」的觀念或「心」的觀念也構成了……。雖然說什麼分離構成，而其實虛妄無實。這種作用何能當真去割劃那感覺，感覺刹那便過，初不相及，分亦何曾分？構又何曾構？卻只依舊還他個渾然。所謂物我這分，瓶子之念，都不過自家的妄想罷了。因此便說物我之分，瓶子之念，都無事實可得。所有的事實，只這渾然的感覺，亦名曰識，因遂說唯有識。**49**

梁先生繼續以瓶子爲例，指出把相分割劃出來，就是令相分從感覺

48　同上，頁 305-306。
49　同上，頁 306。

裡分離，見相同體的情況由是不復存在，如是白、硬等影像便得以組合起來，構成瓶子的觀念。同一時間，這割劃也把瓶子與瓶子以外的空間等劃開，造成物與物分離，物的觀念由是成立，而與之相對的我或心觀念亦得以構成。梁先生又指出，分離和構成祇是虛說，感覺不能真的被割劃，故不可執分離和構成為真有其事，因此憑藉它們成立的物我觀念乃是妄想。梁先生就此指出，渾然的感覺才是唯一的真實，這感覺就是唯識宗所說的「識」。

唯識宗這「唯識」說法，自古以來常被稱為「唯心」。梁先生指出，要是說唯識宗主張唯心，必須認清這「心」並非一般人所說那念慮的心，而是指感覺：

> 大家平常不是專拿有念慮的作心麼？看見瓶子便想道這是瓶子。看見白便想道這是白。我偏要拿沒有念慮的感覺作心。**50**

梁先生指出唯識宗所謂的唯心（感覺），跟常人心目中的心有所不同 ：

> 一般所說的心但是半邊的。唯識家所說的心是整個的。
> 一般所說的心但是那作用。唯識家所說的心是個東西。**51**

---

50 同上，頁 288。
51 同上，頁 288。

關於一般人所說的心祇有半邊，而唯識宗所說的心卻是整個的。梁先生有如下說明：

> 唯識家所說的心是那見相同體四分完成整個的感覺。平常大家卻拿瓶子同白都當作了外物，分開出去，那所餘的不是只半邊了麼？為什麼大家只認半邊的心呢？整個的心即現量感覺的從來得不到，所以只認半邊了。[52]

唯識宗所說的心具有見分、相分、自證分和證自證分，這四方面渾然為一，構成整個的感覺。一般人的意識中總有物我之分，他們總把相分割劃出來，故其所謂心便祇剩半邊見分。此外，整個的心即是現量感覺，一般人不能得着現量，所以祇能認識半邊的心。關於一般人所理解的心祇有作用，而唯識所說的心是個東西一事，梁先生有如下解釋：

> 所謂見等四分的，本來是一心體所起的四用。所以那以能見、能念為心的，都是把心看作一種作用，不把它看作個東西。[53]

一般人說心時，其焦點在於心的能見和能念的能力，明顯以作用為主，而唯識宗說心時，其注意力遍及心所生起之見分、相分、自證

---

52 同上，頁 307。
53 同上，頁 308。

分和證自證分這四方面，並以這四方面渾然爲一，不可分割，故唯識宗視心爲個東西。梁先生接着又說：

> 你所謂有體無體的，是以他看的見看不見、摸的着摸不着爲斷。看的見摸的着便算有體，看不見摸不着便算無體。其實你看見的白是感覺上相逐而過的相分爲心所起之一用，何嘗是個實在東西呢？那實在東西即能發此用的心體，是當然看不見摸不着的。[54]

一般人以看得見，摸得着爲眞實、具體事物，但眼見的東西其實爲本心生起的相分，故並不眞實。眞正眞實、具體的東西是能生發相分的心，亦即是唯識宗所說的感覺。

總言之，唯識宗所說的心無物我之分，又渾然爲一，是整個的東西。梁先生宣稱唯識宗對心這獨特的見解，非一般人或西方唯心論者所能湊泊。[55]

要特別指出的是，梁先生在《唯識述義》中極力推崇唯識學，認爲祇有它才能代表佛教全體的教理，反觀他在《究元決疑論》中，着力推崇眞心思想，認爲如來藏眞心才是最終極的眞實，可見他已由推崇眞心思想轉而至推崇唯識學。

---

54 同上，頁 308。

55 梁先生在《唯識述義》中還述及唯識如何破有色論、八識、心所等題目，祇是有關內容多引用佛典文字，然後略作解說，並無新意，故不贅述。

第五章 《東西文化及其哲學》對佛教的理解與判釋

一、寫作背景及意義

自一八四零年鴉片戰爭始，西方勢力不斷侵入中國，在軍事和政治上給國人帶來種種壓迫，中國知識份子不得不思考國家如何才能圖強自存。他們最初以爲中國祇是在器物層面落後，所以認爲學習西方的火炮、鐵甲、化學、電力等武器與科技，便能令國家強大起來，歷史已證明這種理解是錯誤的，梁先生指出：

> 及至甲午之役，海軍全體覆沒，於是大家始曉得火炮、鐵甲、聲、光、化、電，不是如此可以拿過來的，這些東西後面還有根本的東西。乃提倡廢科舉，興學校，建鐵路、辦實業。此種思想盛行於當時，於是有戊戌之變法不成而繼之以庚子的事變，於是變法的聲更盛。這種運動的結果，科舉廢，學校興，大家又逐漸着意到政治制度上面……所以有立

憲論與革命論兩派。[1]

一八九四年，甲午戰爭爆發，中國被日本軍打敗，其海軍更全體覆沒，國人才發現西方的船堅炮利背後，還有更根本的原因。爲了尋找這原因，中國政府開始一連串涉及民生與經濟的改革，如建鐵路，辦實業等，之後更有觸及教育、軍事、政治等層面的戊戌變法，以及迷信怪力亂神的義和團事件，此兩事件最後均以失敗告終。之後，國人開始要求政治改革，立憲和革命兩派由是產生。

　　立憲派嘗試把西方政治制度引入中國，革命也確實在中國發生了，但兩者都沒有取得成功：

　　　　立憲派的主張逐漸實現；而革命論的主張也在辛亥年成功……此時所用的政體決非中國固有的政治制度。但是這種改革的結果，西洋的政治制度實際上仍不能在中國實現，雖然革命有十年之久，而因爲中國人不會運用，所以這種政治政度始終沒有安設在中國。於是大家乃有更進一步的覺悟，以爲政治的改革仍是枝葉，還有更根本的問題在後頭。[2]

西方政治制度未能眞正在中國實現。促使國人覺悟到政治制度祇是表面的枝葉，其背後還有更根本的東西。梁先生說：

1　梁漱溟：《東西文化及其哲學》，收入《全集》（卷一）（濟南：山東人民出版社，2005），頁 333-334。

2　同上，頁 334。

此種覺悟的時期很難顯明的劃分出來，而稍微顯著的一點，不能不算《新青年》陳獨秀他們幾位先生。他們的意思要想將種種枝葉拋開，直截了當去求最後的根本。所謂根本就是整個的西方文化……而最根本的就是倫理思想——人生哲學……對此種根本所在不能改革，則所有改革皆無效用。3

陳獨秀（1879-1942）、李大釗（1889-1927）、胡適（1891-1962）等《新青年》雜誌的編輯4，明白西方富強的根本在於它與中國迥異的文化，其中又以倫理思想爲最關鍵。中國若不能在文化上作出根本的改革，其他種種改革都祇會徒然。

文化改革雖是大勢所趨，但梁先生認爲，這必然會引發另一問題：

現在對於東西文化的問題，差不多是要問：西方化對於東方化，是否要連根拔掉？中國人對於西方化的輸入，態度逐漸變遷，東方化對於西方化步步的退讓，西方化對於東方化的節節斬伐！到了最後的問題是已將枝葉去掉，要向咽喉去著刀！而將中國化根本打倒！5

3　同上，頁334-335。
4　《新青年》於1915年，由陳獨秀在上海創辦，原名爲《青年雜誌》，錢玄同、胡適、李大釗、魯迅等人皆於其內以白話撰文，宣揚科學與民主的重要，並批評中國文化的缺失，是五四運動及白話文運動的代表刊物。
5　梁漱溟：《東西文化及其哲學》，頁335。

西方文化過去一直對東方文化步步進迫，東方文化衹得步步退讓，到了五四時期，陳獨秀等人更提倡「打倒孔家店」，「全盤西化」等，梁先生認為此時正是中國文化存亡之秋，國人要反省是否要把東方文化連根拔起。

梁先生視陳獨秀等主張去東方化的人為「新派」，並在《東西文化及其哲學》一書內的不同地方，指出他們的特點：

> 新派所倡導的總不外乎陳仲甫先生所謂「塞恩斯」與「德謨克拉西」和胡適之先生所謂「批評的精神」。[6]

新派的特點就是倡導西方的科學、民主與批評精神。除此以外，新派還有另一個特點：

> 必要有了「人」的觀念，必要有了「自己」的觀念，才有所謂「自由」的。而西方人便是有了這個觀念的，所以他要求自由，得到自由。大家彼此通是一個個的人，誰也不是誰所屬有的東西；大家的事便大家一同來作主辦，個人的事便自己來做主辦，別人不得妨害。所謂「共和」、「平等」、「自由」不過如此而已，別無深解。……這種傾向我們叫他「人的個性伸展」。[7]

6　同上，頁531。

7　同上，頁365。

西方特別重視「自己」，認為每個人都是獨立存在，互不隸屬，故此每個人都可自己作主，其他人不得妨礙，這就是自由與平等的意思，梁先生稱這種精神為「人的個性伸展」。

新派主張向西方學習，認為此乃救國之道，祇是梁先生對此有所保留：

> 又倡導塞恩斯、德謨克拉西、批評的精神之結果也會要隨着引出一種人生。但我對此都不敢無條件贊成。因為那西洋人從來的人生態度到現在已經見出好多弊病，受了嚴重的批評……而於從來的中國人則適可以救其偏，卻是必要修正過才好。[8]

西方的人生態度在二十年代時，已是流弊叢生，受到不少批評。究其原因，無非是第一次世界大戰令西方人發現，他們一直所提倡的物質文明，最終祇會帶來破壞。因此，中國要向西方學習，也得作一番取長補短的功夫。

與此同時，杜亞泉（1873-1933）主編的《東方雜誌》，凝聚了一批反西方化的人，如錢智修（1883-1947）及陳嘉義（生卒年不詳）等。他們把辛亥革命後出現的種種社會、政治和思想問題，歸咎於西方文化的輸入，認為祇有高揚以儒學為主的東方文化，才可以把時代問題解決。此外，學者們如辜鴻銘（1857-1928）等，亦極力反對西化，梁先生視這些人為「舊派」，並批評他們說：

8　同上，頁531。

舊派只是新派的一種反動；他並沒有倡導舊化。陳仲甫
先生是攻擊舊文化的領袖；他的文章，有好多人看了大怒大
罵，有些人寫信和他爭論。但是怒罵的止於怒罵，爭論的止
於爭論，他們只是心理有一種反感而不服，並沒有一種很高
興去倡導舊化的積極衝動。尤其是他們自己思想的內容異常
空泛，並不曾認識了舊化的根本精神所在，怎樣禁得起陳先
生那明晰的頭腦，銳利的筆鋒，而陳先生自然就橫掃直摧，
所向無敵了。[9]

陳獨秀的文章令某些維護東方文化的學者極其反感，這些學者極力
反對他，是爲「舊派」。[10]祇是梁先生認爲他們思想空洞，不但沒
有積極地倡導舊化，甚至不明白舊化的根本精神，所以未能推翻新
派的論點。

梁先生批評舊派，但並不表示他同意新派的言論，梁先生其實

---

9 同上，頁 531-532。

10 梁先生亦對陳獨秀無好感，認爲陳氏的新派思想，若非得到當時北大校長
蔡元培的匡助，就會得不到支持。梁先生憶述說：「我與陳仲甫（獨秀）
先生相識在進北京大學之前，記得 1916 年夏秋之間……陳這人平時細
行不檢，說話不講方式，直來直去，很不客氣，經常得罪人，因而不少人
怕他，乃至討厭他，校內外都有反對他的人。只有真正瞭解他的人才喜歡
他，愛護他，蔡先生是最重要的一個。由『五四』而開端的新思潮、新文
化運動、首先打開大局面的是陳獨秀，他在這個階段的歷史功績和作用，
應該充分肯定。但是，如果得不到蔡先生的器重、維護和支持，以陳之所
短，他很可能在北大站不住腳，而無用武之地。」（見汪東林：《梁漱溟
問答錄》〔香港：三聯書局，1998〕，頁 37-38。）

對新舊兩派都不表贊同：

> ……能感覺西方化的壓迫而表示反對的，這所謂舊派，
> 為數也不少，甚至於為東方化盲目的積極發揮的也有，便很
> 希見。這統是數千年舊化的潛勢力，他們並非能看到這東西
> 化的問題，而去作解答，不過一種反射運動罷了。又其次便
> 是能感覺西方化的美點而力謀推行的，這所謂新派，為數不
> 多，自是被世界西方化的潮流所鼓動。這般人在我看去有似
> 受了藥力的興奮，也並非看到東西文化的問題，有一番解決
> 而後出之的。*11*

梁先生認為舊派反對西方化，祇是一種反射作用，少數舊派人士更
盲目地為東方化發揮。至於新派支持西方化，祇是被潮流鼓動的結
果，梁先生諷刺他們像吃了藥，以致興奮起來般。梁先生又指出，
新舊兩派人士的立場雖不同，但其實都沒有看到東西文化的問
題。*12*

　　除了新舊派外，當時還有主張中西文化應互相調和、補充的調

11　梁漱溟：〈《東西文化及其哲學》導言〉，收入《全集》（卷一），頁
　　257。

12　梁先生在晚年接受訪問時，曾如此說：「我是既沒有在新派，更參加不了
　　舊派。因為舊派講中國舊學問啊，我沒有。畢竟那個時候，我是比他們都
　　年輕……」（見艾愷採訪，梁漱溟口述：《這個世界會好嗎：梁漱溟晚年
　　口述》〔上海：東方出版中心，2006〕，頁 44。）梁先生因舊學根底不
　　足，所以沒有加入舊派，又因新派人士都比自己大，所以也沒有加入新派。

和派。調和派之出現，與第一次世界大戰有密不可分的關係，因是次戰爭令西方有識之士發現，西方物質文明已經破產，需要東方文明來解救，由是令「東方文化救世論」興起。梁啓超（1873-1929）在第一次世界大戰後到了歐洲，把自己的見聞寫成《歐遊心影錄》。在書中，他指出戰後的西方人變得惶恐不安，又聽到不少人對中國文明的讚嘆，遂認為中西文化應互相調和，從而創造一種新文明，以拯救東西方的困局，祇是梁先生並不認同：

> 又梁任公先生到歐洲也受這種影響，在《歐遊心影錄》上面說，西洋人對他說「西方化已經破產，正要等到中國的文化來救我們，你何必又到我們歐洲來找藥方呢！」他偶然對他們談到中國古代的話，例如孔子的「不患寡而患不均」、「四海之內皆弟兄也」以及墨子的「兼愛」，西洋人都嘆服欽佩以為中國文化可寶貴。……其實任公所說，沒有一句話是對的！他所說的中國古話，西洋人也會說，假使中國的東西僅只同西方化一樣便算可貴，則仍是不及人家，毫無可貴！[13]

據《歐遊心影錄》的記載，當時歐洲人認為西方文化已破產，而中國先賢，如孔子、墨子等所倡導的人倫關懷和博愛主張，才是解救西方困境的藥方。然而，梁先生指出，其實西方古哲人也曾提出類

13　梁漱溟：《東西文化及其哲學》，頁 342。

同的見解，若中國文化祇是西方見解的覆述，便是毫無可貴。梁先生又說：

> 大家意思要將東西文化調和融通，另開一種局面作為世界的新文化，只能算是迷離含混的希望，而非明白確切的論斷。像這樣糊塗、疲緩、不真切的態度全然不對！既然沒有曉得東方文化是什麼價值，如何能希望兩文化調和融通呢？如要調和融通總須說出可以調和融通之道，若說不出道理來，那麼，何所據而知道可以調和融通呢？[14]

梁先生批評調和論者不知道東方文化真正價值所在，也說不出調和融通東西文化的方法，其態度「糊塗、疲緩、不真切」。

除了新、舊和調和派外，梁先生也特別提到佛化派：

> 在今日歐化蒙罩的中國，中國式的思想雖寂無聲響，而印度產的思想卻居然可以出頭露面。現在除掉西洋化是一種風尚之外，佛化也是範圍較小的一種風尚……十年來這樣態度的人日有增加，滔滔皆是：大約連年變亂和生計太促，人不能樂其生，是最有力的外緣，而數百年來固有人生思想久已空乏，何堪近年復為西洋潮流之所殘破，舊基驟失，新基不立，惶惑煩悶，實為其主因。……我對於這種態度——無

---

14 同上，頁 341-342

> 論其為佛教的發大心或萌乎其它鄙念 —— 絕對不敢贊
> 成⋯⋯。[15]

印度的佛教思想在民初頗為流行，信佛的人也日漸增加。據梁先生的分析，造成這情況的原因是社會動亂太甚，平民百姓生活越趨艱難，故祗得轉投佛教以求超脫。此外，中國固有的人生思想過於空泛，未能回應社會變遷，再加上西洋思想的衝擊，令國人驟失方向，困惑不安，佛教遂乘虛而入，成為小風尚。

梁先生對當時佛教思想的興起持否定態度，究其原因，無非是佛教教人不向前追求，不與人爭奪，甚至屈己從人，這種態度祗會令國人繼續對政治不聞不問，對個人權利不作爭取，這樣，社會就不可能安定，梁先生說：

> 我們沒有抵抗天行的能力，甘受水旱天災之虐，是將從學佛而得補救，還是將從學佛而益荒事功？我們學術思想的不清明，是將從學佛而得藥治，還是將從學佛而益沒有頭緒？國際所受的欺淩、國內武人的橫暴，以及生計的窮促等等我都不必再數。一言總括，這都是因不像西洋那樣持向前圖謀此世界生活之態度而吃的虧，你若再倡導印度那樣不注意圖謀此世界生活之態度，豈非要更把這般人害到底？[16]

15 　同上，頁 533。
16 　同上，頁 534。

佛教沒有改善生活的意圖，所以在生活上，信眾會被動地接受苦難與貧窮；在學術上，信眾會變得更迷網；在社會上，信眾祇會更容易受到欺凌，所以梁先生說：「假使佛化大興，中國之亂便無已。」[17]

　　鑒於舊派、新派、調和派和佛化派的缺失，梁先生決定對東西文化這題目作深入、認真的探討，《東西文化及其哲學》就是這探討的成果。要特別指出的是，梁先生認為佛教大興，中國社會就會更加混亂的觀點，與他早年歸心佛教的立場有別，事實上，《東西文化及其哲學》一書是站在儒家本位說話的：

> 　　我又看着西洋人可憐，他們當此物質的疲敝，要想得精神的恢復，而他們所謂精神又不過是希伯來那點東西，左衝右突，不出此圈，真是所謂未聞大道，我不應當導他們於孔子這一條路來嗎！我又看見中國人蹈襲西方的淺薄，或亂七八糟，弄那不對的佛學，粗惡的同善社，以及到處流行種種怪秘的東西，東覓西求，都可見其人生的無着落，我不應當導他們於至好至美的孔子路上來嗎！無論西洋人從來生活的猥瑣狹劣，東方人的荒謬糊塗，都一言以蔽之，可以說他們都未曾嘗過人生的真味，我不應當把我看到的孔子人生貢獻給他們嗎！……孔子之真若非我出頭倡導，可有那個出頭？這是迫得我自己來做孔家生活的緣故。[18]

17　同上，頁535。
18　梁漱溟：〈東西文化及其哲學・自序〉，收入《全集》（卷一），頁543-544。

西方社會在一次大戰後，物質生活變得凋零，精神生活變得「猥瑣狹劣」，而西方人一直倚靠的希伯來信仰，又不能爲他們帶來突破。同樣，中國人在當時也沒有出路，他們或抄襲西方，或把精神放在對當時社會無益的佛學上，或創立神秘的宗教會社，又或專注於流行的種種怪異事情上，結果令其人生變得無着落、「亂七八糟」。梁先生就此認爲東、西方人皆未嘗過人生眞味，而挽救他們的方法就是重提孔子的學問。梁先生因此決意站出來，把孔子的學問介紹給他們，他自己亦決意放棄佛家生活而改過儒家式的生活，《東西文化及其哲學》正是其思想由佛轉儒後的首部作品。梁先生自白云：

> 我佛家思想一直到二十九歲，也就是一九二一年發表《東西文化及其哲學》前後，我放棄了出家的念頭，轉入儒家。[19]

又說：

> 我轉變之後，即發表《東西文化及其哲學》一書，在此書最後所下之結論，我認為人類的最近的未來，是中國文化的復興。書中讚揚孔子闡明儒家思想之處極多。[20]

---

19 王宗昱：〈是儒家，還是佛家？──訪梁漱溟先生〉，收入《中國文化與中國哲學》（北京：東方出版社，1986），頁 562。

20 梁漱溟：〈自述〉，收入《全集》（卷二），頁 11。

梁先生在一九二一年，即他廿九歲時，放棄了出家的念頭，並轉而認同儒家入世的思想。他在思想轉變後，隨即發表《東西文化及其哲學》一書，書中對孔子多有讚譽，又認為中國文化將會復興，故是書為他思想轉變的見證。

梁先生在《東西文化及其哲學》內對代表中國文化的儒學作出褒揚，因他認為孔子所說的「剛」，能發揮匡時濟世之用：

> 我要提出的態度便是孔子之所謂「剛」。剛之一義也可以統括了孔子全部哲學……大約「剛」就是裡面力氣極充實的一種活動。[21]

> 這兩年來種種運動，愈動而人愈疲頓，愈動而人愈厭苦，弄到此刻衰竭欲絕，誰也不高興再動，誰也沒有法子再動。……現在只有先根本啟發一種人生，全超脫了個人的為我，物質的歆慕，處處的算帳，有所為的而為，直從裡面發出活氣……只有這樣向前的動作才真有力量，才繼續有活氣，不會沮喪，不生厭苦，並且從他自己的活動上得了他的樂趣。只有這樣向前的動作可以彌補了中國人向來缺短，解救了中國人現在的痛苦，又避免了西洋的弊害，應付了世界的需要……這就是我所謂剛的態度。[22]

---

21 梁漱溟：《東西文化及其哲學》，頁 537。
22 同上，頁 538-539。

梁先生認為，五四和新文化等運動，祇會令人疲累和厭煩。國人若要重拾活力，就得尋找一種超脫個人、物質和利害關係的人生觀，祇有這人生觀，才能給予人向前努力的活氣和力量，並令人在活動中找到樂趣，這種人生觀就是孔子所說的「剛」，它能解救國人無方向感的痛苦，以及西方化的流弊，甚至能回應世界的需要。這正是梁先生以儒家為本位，並相信儒家所代表的中國文化會復興的原因。梁先生努力高揚傳統儒家的價值，令後世視他為文化保守主義者的代表之一。[23]

梁先生自言對儒家價值的肯認，乃是認真考究的結果：

> 我頭一年講授印度哲學課程……同時，又陸續開授儒家哲學、孔學繹旨等課。但我的心思和精力遠不止是開設這些學校規定的課程，而把注意力集中於東西方文化及其哲學的研究工作。我當時只是苦於沒有人將東西方文化並提，作相比較說，因而無從引起人們的研究。當時，很有朋友勸我，說這個問題範圍太廣，無從着手，但因我對於自己的生活、行事，從來不肯隨便，對一個要研究的問題，若沒有得出一個確實心安的主見，就不放鬆，不罷休。因此在我進北大的第二年（1918 年），曾在北京大學日刊上登一個廣告，徵

23　吳宓（1894-1978）、梅光迪（1890-1945）所編撰的《學衡》雜誌，以及章士釗（1881-1973）任主編的《甲寅雜誌》等，凝聚了一批文學和史學界的精英，他們主張要保存儒家價值，後世視他們為文化保守主義者。梁先生在《東西文化及其哲學》一書中，高揚儒學及東方學術的重要性，亦被視為文化保守主義者。

求有志於、有趣於研究東方學的人，結果響應者寥寥。爾後我僅在哲學研究所開了一個孔子哲學研究會，將我研究心得略講了一個梗概。至 1920 年秋，我才開始在北京大學講東西文化及其哲學，部份講授內容發表於《少年中國》雜誌。[24]

梁先生在北大的首年，祇需負責講授印度哲學，其後雖然加了與儒家有關的課，但心思和精力應付有餘，所以便把注意力投放在中西文化和哲學的研究上。梁先生自言他探討中西文化的態度為「不放鬆、不罷休」，為了研究東西文化，他甚至在《北京大學日刊》內登廣告，尋找研究東方學的同道中人，祇是結果強差人意。在發現沒有同道中人後，梁先生便自行開設「孔子哲學研究會」，其後更獨力就東西文化及哲學這題目在不同的地方作演說。

據梁先生的憶述，他在一九一九年開始對「東西文化及其哲學」這題目作出演講，一九二零年秋季就同一問題於北大再作演說[25]，之後再次獲邀，於一九二一年在濟南發表演說。梁先生在晚年如此談及當年的演說：

> 1921 年暑假，應山東省教育廳之邀，我在濟南講授東西方文化及其哲學，一連講了四十天，由羅常培記錄全文，在山東首次鉛印成書。不久由北京重印，後由商務印書館出

24　汪東林：《梁漱溟問答錄》，頁 43。

25　梁先生在 1920 年於北大的講辭，由陳政紀錄，後登在《北京大學日刊》內，現收入於《全集》（卷四）內。

版，一共再版十多次。直至去年 3 月，香港里仁書局還出版
了我這部六十五年前的著作——《東西文化及其哲學》。……
但作為一部「五四」時期的舊作，即便當作一家之說，或者
是研究、探討問題的參考資料，也多少有其自身的價值的。[26]

一九二一年在山東的演說共長四十天，有關內容隨即被印行成《東
西文化及其哲學》一書，是書之後多次再版，甚至六十五年後，還
在繼續印行。梁先生更視之為自己一家之言的代表，為研究和探討
東西文化時，甚具價值的參考資料。事實上，該書對東西文化問題
確有獨到見解，為時人所稱頌。[27]

二、梁漱溟由佛轉儒之因

梁先生轉向儒學，除了因為欣賞孔子「剛」的人生態度外，也
因自己的心態有了改變：

> 動念回到世間來，雖說觸發於一時，而早有其醞釀在
> 的。這就是被誤拉進北京大學講什麼哲學，參入知識份子一
> 堆，不免引起好名好勝之心。好名好勝之心發乎身體，而身
> 體則天然有男女之欲。但我既蓄志出家為僧，不許可婚娶，

26　汪東林：《梁漱溟問答錄》，頁 43。

27　《東文化及其哲學》出版短短一年，便再版了五次，銷售十多萬冊，梁先
　　生亦因此被邀到全國各地作演講，被尊為「中國現代新儒學的奠基者」。

只有自己抑制過止其欲念。自己精神上就這樣時時在矛盾鬥爭中。矛盾鬥爭不會長久相持不決，逢到機會終於觸發了放棄一向要出家的決心。*28*

梁先生在北大與一批知識份子在一起，互相較量，引發了好名爭勝之心，此心激發了身體的欲望，令他有結婚的衝動。這種欲念與他當初出家爲僧之志相違，故其內心長期處於矛盾鬥爭中。最後，梁先生決定放棄出家：

> 機會是在 1920 年春初，我應少年中國學會邀請作宗教問題講演後，在家補寫其講詞。此原爲一輕易事，乃不料下筆總不如意，寫不數行，塗改滿紙，思路窘澀，頭腦紊亂，自己不禁詑訝，擲筆嘆息。既靜心一時，隨手取《明儒學案》翻閱之。其中泰州王心齋一派素所熟悉，此時於東崖語錄中忽看到「百慮交錮，血氣靡寧」八個字驀地心驚：這不是恰在對我說的話嗎？這不是恰在指斥現時的我嗎？頓時頭皮冒汗，默然有省。遂由此決然放棄出家之念。是年暑假應邀在濟南講演《東西文化及其哲學》一題，回京寫定付印出版，冬十一月尾結婚。*29*

一九二零年春初，梁先生應少年中國學會的邀請，就宗教問題發表

28　梁漱溟：〈我的自學小史〉，收入《全集》（卷二），頁 698-699。
29　同上，頁 699。

演講。回家後嘗試補寫講辭，可總是寫不出來，感到「思路窘澀，頭腦紊亂」。梁先生此時祇得「擲筆嘆息」，當心境稍為平復，便隨手翻閱《明儒學案》，讀至王東崖（1511～1587）「百慮交錮，血氣靡寧」的話時，發現這正是自己當時的寫照。[30]為了擺脫精神上的痛苦與掙扎，梁先生毅然放棄出家的念頭，於同年結婚，隨後更寫成了《東西文化及其哲學》。

梁先生轉向儒家，除了要擺脫「百慮交錮」的情況外，也因他被儒家所展示的和樂境界所吸引：

> 當初歸心佛法，由於認定人生唯是苦（佛說四諦法：苦、集、滅、道。），一旦發見儒書《論語》開頭便是「學而時習之不亦樂乎」，一直看下去，全書不見一苦字，而樂字卻出現了好多好多，不能不引起我極大注意。……孔子自言「樂以忘憂」，其充滿樂觀氣氛極其明白；是何為而然？經過細

30　王東崖承繼了陽明後學「百姓日用即是道」的觀念，主張日常簡單行為就是良知的體現。《東崖語錄》中的「才提起一個學字，卻似便要起幾層意思，不知原無一物，原自現成，順明覺自然之應而已。自朝至暮，動作施為，何者非道？更要如何，便是與蛇畫足」，「鳥啼花落，山峙川流，饑食渴飲，夏葛冬裘，至道無餘蘊矣」，都表明了只要順手自然，毋需種種作為，便能體現天道的思想。他又說「工焉而心日勞，勤焉而動日拙，忍欲希名而誇好善，持念藏穢而謂改過，據此為學，百慮交錮，血氣靡寧。」表明不少樂做善事的人，內心其實只想求名；不少宣稱會改過的人，內心其實藏著許多歪念，這些人因被思慮禁錮，心神不寧，故無法體現道。梁先生有感自己常與知識份子一起，以致內心爭名好勝，外在諸多造作，正好落入王東崖所說的情況。

　　心思考反省，就修正了自己一向的片面看法。此即寫出《東
　　西文化及其哲學》的由來，亦就伏下了自己放棄出家之念，
　　而有回到世間來的動念。*31*

梁先生當初歸心佛家，因他認爲人生是苦，後來發現《論語》內不
見一個苦字，而且經常出現樂字，於是細心反省，結果修正了自己
的人生觀，並決定回到世間來。

　　此外，梁先生轉向儒家，也與當時社會情況有密切關係：

　　　　我不容我看着周圍種種情形而不顧。——周圍種種情形
　　都是叫我不要作佛家生活的。一出房門，看見街上的情形，
　　會到朋友，聽見各處的情形，在在觸動了我研究文化問題的
　　結論，讓我不能不憤然的反對佛家生活的流行……*32*

梁先生自言日常生活所接觸到的人和事，都令他反對佛家的生活，
祇是他並沒有交待這些人和事究竟是什麼。根據梁先生當時的生活
情況，說的可能是北大歐化情況嚴重，學者們紛紛攻擊儒學之事。
此外，社會的動盪，也促使梁先生投向儒家。他在一九一七年寫的
短文〈吾曹不出如蒼生何〉中說：

31　梁漱溟：〈我的自學小史〉，頁 698。
32　梁漱溟：〈東方文化及其哲學・自序〉，頁 543。

宣統二三年時，便已天下騷然，民不聊生，伏莽遍地，水旱頻聞。辛亥已來，兵革迭興，秩序破壞一次，社會紀綱經一度之墮毀，社會經濟遭一之斷喪。紀綱愈墮，天下愈亂，社會經濟愈斷喪則愈窮竭。而愈亂愈窮，愈窮愈亂；六七年來未嘗少休。譬如白象入淖，轉陷益深。吾居京師，京師下級社會之苦況蓋不堪言。嚴冬寒冽，街頭乞丐累累相逐，每一觸目，此心如飲苦藥。方衡州構兵，吾寓長沙聞有人探戰訊者附石油公司小船以行。傍昏時於某地泊岸，聞山頭一小兒哭號云：「白天搶掠我們，晚上又來強姦我們，天呀！天呀！不能活了！」呼聲慘屬，一船愴惻。今被兵六七省，其間罪惡寧可僂指？嗟呼！生民之禍亟矣！吾曹其安之乎？吾曹其安之乎？吾曹不出如蒼生何？

或問所謂吾曹者果誰指也？吾應聲曰，吾曹好人也。凡自念曰吾好人者皆吾曹也。凡讀吾文而默契于吾曹自謂焉者，即吾曹矣。夫今日真所謂水深火熱矣！……大家之中心自吾曹始，吾曹之中必自我始。個個之人各有其我，即必各自其我始。我今不為，而望誰為之乎？嗟乎！吾曹不出如蒼生何？[33]

晚清以來，民不聊生，辛亥革命雖然推翻了滿清，但卻沒有為社會帶來和平，相反，社會變得更混亂，經濟情況亦隨之急劇轉差。梁

---

33 梁漱溟：〈吾曹不出如蒼生何〉，收入《全集》（卷四），頁524-525。

先生寫此文時，正自長沙回北京，他沿途目睹軍閥混戰下的社會慘況，爲之觸目驚心。[34]梁先生聽到小兒被軍閥苛待而淒厲地呼喊，看到乞丐在嚴寒的街頭一個接着一個排着，都令他心痛不已。梁先生決定要做一位好人（吾曹）去幫助人，並希望每個人都由自己開始，去當一個幫助他人的好人。

梁先生寫〈吾曹不出如蒼生何〉的目的，是要令吾曹不再置身政治之外，並鼓勵他們組成「國民息兵會」，透過發動輿論，阻止內戰。而要吾曹興起，就必須放棄以出世間爲目的的佛家思想，並轉到以濟世爲信念的儒學中去。

梁先生在寫《東西文化及其哲學》之前，其父親梁濟突然自殺，不少學者認爲這事乃梁先生轉向儒家的關鍵。[35]梁濟向來篤信儒家，他眼見清朝滅亡，道德淪喪，但自己又無能爲力，於是在一九一八年十一月，以投湖自盡的方式來喚醒中國人對道德的信仰和對

---

34 梁先生以「觸目驚心」來形容他沿途所見：「時值在衡山的北洋軍閥舊部王汝賢等率部潰走長沙，大掠而北，沿途軍紀極壞。正巧我與潰兵同時進京，一路所見，觸目驚心。我有感於內亂戰禍之烈，撰寫了《吾曹不出如蒼生何》一文。」（見汪東林：《梁漱溟問答錄》），頁41。

35 專門研究梁漱溟的學者鄭大華認同梁濟的死，是促使梁先生由佛轉儒的原因之一，他說：「梁濟的自殺在當時引起過很大的震動……當然感受最大的是梁漱溟，他既爲父親的不幸死難悲痛不已，也很敬佩父親不惜以死來『醒世警民』的道德熱情和決然卓立的犧牲精神，悔恨和內疚自己不聽父親的一再勸告，歸依於佛家的出世主義，潛心佛學而遠離中國傳統文化，尋求自我解脫而放棄『君子』救世責任的『不孝』行為。在悔恨、內疚之餘，他決心繼承父親的遺志。」（見氏著：《梁漱溟與現代新儒學》〔台北：文津出版社，1993〕，頁21。）

國家的關心。[36]梁先生獲悉父親死訊後，傷心欲絕，他在懷念父親
的《思親記》中寫道：

> 溟自元年以來，謬慕釋氏。……於祖國風教大原，先民
> 德禮之化，顧不如留意；尤大傷公之心。……以漱溟日夕趨
> 侍於公，羈嘗得公歡，而卒昧謬不率教，不能得公之心也。
> 嗚呼！痛已！兒子之罪，罪彌天地已！[37]

梁先生憶述當初信奉佛教，對傳統道德禮儀之教化不加留意，都令
父親傷心不已，他又對過往沒有聽從父親的教誨哀痛至極，在父親
死後不久，其思想便出現轉變：

> 在先父辭世後一二年間我即轉變，由佛家思想轉變到儒
> 家思想。[38]

父親死後，梁先生的思想便轉到儒家去。其中關鍵，就是梁濟一向
懷着儒家濟世的精神關心社會，梁先生說道：

---

36 梁濟的〈敬告世人書〉云：「吾因身值清朝之末，故云殉清，其實非以清
　　朝為本位，而以幼年所學為本位。吾國數千年先聖之詩禮綱常，吾家先祖
　　先父母之遺傳與教訓，幼年所聞以對於世道有責任為主義，深印於吾腦
　　中，即以此為本位，故不容不殉。」（見梁濟著，黃曙輝編校：《梁巨川
　　遺書》〔上海：華東師範大學出版社，2008〕，頁 51。）

37 梁漱溟：〈自述〉，頁 11。

38 同上，頁 10。

　　一面是從父親……的人格感召,使我幼稚底心靈隱然萌露對社會對國家的責任感,而鄙視那般世俗謀衣食求利祿底「自了漢」生活。**39**

又憶述道:

　　先父離家時係在早晨,在他心意中早懷下自盡之念,惟家人不知耳。臨行前偶從報上一段國際新聞引起閒談,尚憶及他最後問我「世界會好嗎」?我答覆說:「我相信世界是一天一天往好裡去的」。他點頭說:「能好就好啊」。從此再沒見到先父。父子最末一次說話,還說的是社會問題。自從先父見背之日起,因他給我的印象太深,事實上不容許我放鬆社會問題,非替社會問題拼命到底不可。**40**

在梁濟的人格感召下,梁先生心中早已有了對社會和國家的責任感,而梁濟死的那天,父子倆談話的內容也是社會問題,這令梁先生不能放下對社會的關注,遂繼承父親遺志,發揚儒家道統。

三、《東西文化及其哲學》與佛家義理

　　梁先生身處西學大舉入侵中國的時代,東西文化在當時正是熱

---

39 梁漱溟:〈我的自學小史〉,頁 674。

40 梁漱溟:〈自述〉,頁 18。

門的討論課題。有人認為東方文明之根本精神在靜，西方文明之根本精神在動；也有人認為西方文化重征服自然，東方文化重與自然融洽。梁先生認為這些論點都未能指出東西文化的根本不同所在，而以動、靜來區分東西文化，更是「沒來由沒趨向一副呆板的面目加到那種文化上去。」[41]梁先生在《東西文化及其哲學》中，以一個嶄新的角度來看有關問題，他說：

> 我以為我們去求一家文化的根本或源泉有個方法。你且看文化是什麼東西呢？不過是那一民族生活的樣法罷了。生活又是什麼呢？生活就是沒盡的意欲（Will）……和那不斷的滿足與不滿足罷了。通是個民族通是個生活，何以他那表現出來的生活樣法成了兩異的彩色？不過是他那為生活樣法最初本因的意欲分出兩異的方向，所以發揮出來的便兩樣罷了。[42]

梁先生認為文化就是一個民族生活的方式，而生活就是意欲的滿足與否。由於意欲發展方向的不同，不同的文化便產生了。

　　根據這樣的理解，梁先生提出了著名的文化三路向學說，他以意欲向前要求為第一路向，這路向乃西方文化的根本精神所在，其具體表現為透過奮鬥來改造局面，征服自然，進而發展出民主和科

41　梁漱溟：《東西文化及其哲學》，頁 353。
42　同上，頁 352。

學兩大異彩。至於第二及第三路向，分別由中國文化和印度文化爲代表，梁先生如此說明中印文化的特色：

> 中國文化是以意欲自爲、調和、持中爲其根本精神的。
> 印度文化是以意欲反身向後要求爲其根本精神的。[43]

梁先生認爲中國文化意欲持中、調和，走這路向的人遇到問題時，寧可改變自己意願，隨遇而安，也不去尋求解決方案。[44]印度文化意欲反身向後，走這路向的人遇到問題時，就會根本地把問題取銷。[45]梁先生指出，「世界未來的文化就是中國文化的復興」，[46]又認爲「中國化復興之後將繼之以印度化復興。」[47]這套文化三路向說新穎而有見地，在當時學界掀起了巨大迴響。

要特別指出的是，梁先生所謂的印度文化，指的就是佛教思想：

> 我們說印度其實是指佛教，因爲唯佛教是把印度那條路

---

43 同上，頁 383。

44 梁先生如此說明第二路向的特色：「遇到問題不去要求解決，改造局面，就在這種境地上求我自己的滿足。……這時下手的地方並不在前面，眼睛並不望前看而向旁邊看；他並不想奮鬥的改造局面，而是回想的隨遇而安。」（同上，頁 381。）

45 梁先生如此說明第三路向的特色：「走這條路向的人……遇到問題他就想根本取銷這種問題或要求。」（同上，頁 381。）

46 同上，頁 525。

47 同上，頁 527。

　　　　走到好處的，其它都不對，即必佛教的路才是印度的路。**48**

按梁先生的意見，祇有佛教才能把反身向後要求的意欲充份發揮出
來，所以佛教乃是印度文化的代表。

　　佛教是印度文化的代表，而印度文化是文化三路向的其中一
路，也是最後要復興的文化，不容忽視。梁先生反對佛化派，祇是
因他認為佛教並不適合現前社會。他在晚年接受訪問時說：

　　　　我轉向儒家，是因為佛家是出世的宗教，與人世間的需
　　　要不相合。其實我內心仍然是持佛家精神，並沒有變。變的
　　　是我的生活。……我以為我持的是大乘菩薩的救世精神……
　　　當時，社會上流行一股念佛的風氣。我感到這對社會沒有好
　　　處。而孔家是入世的，孔孟的態度即是很鄭重地看眼前的
　　　事，致力於當前。……孔子的態度是最平正實在的。這種態
　　　度在當時動亂的中國是需要的，佛家的態度則於國家於社會
　　　無補。因此，雖然我自己內心傾向佛家，卻不願意社會上流
　　　行這種念佛的風氣。佛家喜歡講無明，它看人生就是起惑造
　　　業、受苦，因此對人生持否定態度。它這種基本思想我一直
　　　是以為正確的。**49**

佛家講無明，對起惑造業的人生持否定態度，都為梁先生所認同，

48　同上，頁 487。

49　王宗昱：〈是儒家，還是佛家？──訪梁漱溟先生〉，頁 562-563。

祇是在五四前夕，這種態度對社會並無益處，相反，儒家的入世精神和平正的態度才是社會所需，於是梁先生才轉向儒家的生活方式，並反對佛化派，但其內心仍持佛家精神。

正因梁先生心裡認同佛家思想，所以講及文化問題時，仍以佛家思想爲裁量標準：

> 心裡所有只是一點佛家的意思，我只是本着一點佛家的意思裁量一切，這觀察文化的方法，也別無所本，完全是出於佛家思想。[50]

梁先生以佛家思想來裁量文化，可從他運用佛家，特別是唯識宗的詞彙，來說明生活看出來：

> 照我的意思——我為慎重起見，還不願意說就是佛家或唯識家的意思，只說我所得到的佛家的意思，——去說說生活是什麼。生活就是「相續」，唯識把「有情」——就是現在所謂生物——叫做「相續」。生活與「生活者」並不是兩件事，要曉得離開生活沒有生活者，或說只有生活沒有生活者——生物。再明白的說，只有生活這件事，沒有生活這件東西，所謂生物，只是生活。生活、生物非二，所以都可以叫做「相續」。[51]

50　梁漱溟：《東西文化及其哲學》，頁 376。
51　同上，頁 376。

梁先生認爲生活就是相續。唯識宗把生物稱爲「相續」，又以生活與生物（生活者）無異，所以生物與生活都是「相續」。梁先生又對相續作出如下說明：

> 生活即是在某範圍內的「事的相續」。這個「事」是什麼？照我們的意思，一問一答即唯識家所謂一「見分」。一「相分」──是爲一「事」。一「事」，一「事」，又一「事」……如果湧出不已，是爲「相續」。爲什麼這樣連續的湧出不已？因爲我們問之不已──追尋不已。一問即有一答──自己所爲的答。問不已答不已，所以「事」之湧出不已。因此生活就成了無已的「相續」。這探問或追尋的工具其數有六：即眼、耳、鼻、舌、身、意。……在這些工具之後則有爲此等工具所自產出而操之以事尋問者，我們叫他大潛力、或大要求、或大意欲──沒盡的意欲。[52]

相續是指一件「事」接一件「事」不斷的湧現，而所謂「事」，就是一問一答，亦即是見分與相分。據唯識宗，眼、耳、鼻、舌、身、意六根各具見、相二分，當六根探索外界，成爲認識活動的主體時，便是見分；當外界成爲六根認識的客體對象時，便是相分。六根不斷向外探求，外界現象便不斷被六根認識，這就是梁先生所說的「一問即有一答」，「問不已答不已」。至於驅動六根向外探索的力量就是無盡的意欲。

---

[52] 同上，頁 376-377。

梁先生不單以生活爲相續，也以生活爲宇宙，他說：

> 盡宇宙是一生活，只是生活，初無宇宙。由生活相續，故爾宇宙似乎恆在，其實宇宙是多的相續，不似一的宛在。[53]

宇宙並非單一的實體存在，而是眾多相續的生活，所以宇宙就是生活。梁先生又對宇宙作出如下申析：

> 原來照佛家說，我們人或其他生物眼前所對的宇宙——上天、下地，回頭自己的軀體——只是自己向前要求的一個回答。人或其它生物，你不要看他是安安靜靜老老實實的，他長的眼睛、鼻子、耳朵，你不要看他很端正文雅的，他實在是像飢餓的一般猛烈往前奔去，他那眼、耳、手、足一切器官實在都是一副傢伙，極獰惡貪婪的在那裡東尋西找。……這個往前追求蓋基於二執——我執、法執；當其向前求的時候蓋即認有前面，認有自己，所謂求即攫來予我之態度。[54]

梁先生認爲宇宙就是「自己向前要求的一個回答」，所謂向前要求，是指人的眼、耳、鼻等器官在我執、法執的驅使下，會像飢餓的人急於尋找食物般不斷攫取外物。當人這樣向外追求時，即表示他肯

---

53 同上，頁 376。
54 同上，頁 411。

認了外在世界與自己之存在。

梁先生又表示，人因二執驅使而向前追求的外物，皆為阿賴耶識所變現的影像，這些影像本為一個整體，但卻被人分為兩截：

> 此時最可注意的，內外俱是一阿賴耶識而竟被我們打成兩截，中間加了種種隔膜。這就是說在我們生活中──向前要求中──分成物我兩事；而七識執我又自現影像則內裡一重隔阻，前六識攝物又自現影像則外向一重隔阻，所以整個宇宙，所謂絕對，自為我們感覺念慮所不能得到，當這些工具活動的時候，早已分成對立形勢而且隔阻重重了。你要揭開重幕，直認唯一絕對本體，必須解放二執，則妄求自息，重幕自落，一體之義，才可實證。[55]

第七識執取我，並形成自我之影像；前六識執取物，並形成外在世界之影像，物我遂有種種隔膜，這隔膜令人不能憑感覺念慮來認識渾然為一的宇宙。要認識宇宙唯一絕對本體，就得放棄我法二執，令妄執止息，隔膜消失方可。

梁先生指出，若人真能放棄我法二執，一味沉靜、休歇、解放下去，便能證得現量。梁先生把現量分為兩步，第一步現量是指「純靜觀」的智慧，第二步現量是指比第一步現量更無私、更靜觀的智

55　同上，頁412。

慧。[56]梁先生就此二步現量有如下解說：

> 譬如頭一步的現量就是私利的比非量都不起了，所以看
> 飛動的東西不見飛動。飛動是一種形勢、意味、傾向而已，
> 並不是具體的東西，現量無從認識他。因為現量即感覺中只
> 現那東西——或鳥或幡——的影像，這影像只是一張相片。
> 當那東西在我眼前飛動假為一百剎那，我也就一百感覺相續
> 而有一百影片相續現起。在每一影片其東西本是靜的，那
> 麼，一百影片仍只有靜的東西，其飛動始終不可見。必要同
> 時有直覺等作用把這些影片貫串起來，飛動之勢乃見。這與
> 活動電影一理。[57]

頭一步現量指純靜觀的認識作用，它祇呈現事物的影像，而未能認
識事物的形勢、意味或傾向。如看到飛動一百剎那的小鳥時，現量
就記錄了一百個相續的、靜止的影像，至於小鳥飛動的形勢、意味
或傾向，並不屬現量認識的範圍。梁先生指出，若要看見飛動這形
勢，就得用直覺把靜止的影片貫串起來。至於第二步現量，梁先生
解說道：

> 到次一步的現量是解放到家的時候才有的，那時不但虛

---

56 現量之所以是純靜觀的智慧，因它得靠修習禪定而得。有關討論述見第四
　章第二節。

57 梁漱溟：《東西文化及其哲學》，頁413。

的飛動形勢沒了，乃至連實的影片也沒了，所以才空無所
見。因為影片本是感覺所自現，感覺譬如一問，影片即其所
自為之一答，你如不問，自沒有答。當我們妄求時，感官為
探問之具，遇到八識變的本質就生此影像；乃至得到大解
放，無求即無問，什麼本質影像也就沒了，於是現量直證「真
如」——即本體。**58**

感官因妄求而對外在世界展開探索，這情況好比一問（見分），當
感官遇到由第八識變現的現象的本質時，**59**便會生起影像，這影像
好比一答（相分）。若人能徹底從我法二執中解放出來，便能獲得
第二步現量，此現量對外界無所求，所以一問一答亦不復存在，換
言之，它不單能從感覺中泯除飛動的意味，甚至能止息影像的生
起，進而能直接證得真如本體，成就佛家的形而上學。**60**

---

58 同上，頁 413。

59 梁先生特別強調前七識所變現的影像，以及影像之本質皆來自阿賴耶識。
他說：「七識執什麼以為我呢？七轉識——七識並前六識——所變現影像
何自來呢？與此之本質皆在阿賴耶識——第八識，照直說，這七識其所以
為本質者——無論執我而緣內界或前求而緣外界——皆此阿賴耶識；乃至
七識所自變現生者亦出於阿賴耶識。唯一的物件只此阿賴耶識。」（同上，
頁 412。）

60 梁先生把現量析為二步，無非是要說明唯識宗具有證成形上實體，建立形
上學的方法。在講述二步現量前，梁先生就開宗明義的說：「我們看唯識
家所指明給我們的佛家形而上學方法是如何呢？……他依舊用人人信任
的感覺，——他叫作現量。」（同上，頁 409）表明現量就是佛家形而上
學的方法。之後又說：「你要揭開重幕，直認唯一絕對本體，必須解放二
執，則妄求自息，重幕自落，一體之義，才可實證。這就是唯識家所貢獻

　　梁先生由文化就是生活方式說起，運用唯識宗的詞彙，指出相續的生活就是宇宙，而所謂相續，無非是指六根對外界的探索（見分），繼而生起靜態影像（相分）的過程持續不斷。人若能放棄對我、法的執着，便能證得現量，梁先生又自創「第二步現量」，以它爲能泯除見、相二分，證得眞如本體，令唯識的形而上學得以成立的媒界，是梁先生對唯識學進一步發揮。相續、見分、相分、現量皆唯識宗詞彙，梁先生援用它們來說明生活，印證了他自己「以佛家思想裁量一切」的立場。要特別指出的是，梁先生在《唯識述義》中，曾表示唯識家認爲宇宙無實體可得，又認爲形而上學家對本體的演繹皆爲臆談，可見梁先生的思想在短時間內起了變化。**61**

四、對唯識宗三量說的修訂

　　《東西文化及其哲學》簡別西方、中國、印度文化的路向，集中比較它們的思想，以及跟思想相關的哲學和宗教。在談論之先，梁先生對其所用方法作出說明：

　　　　思想就是知識的進一步，觀察思想首宜觀其方法，所以
　　　我們要先爲知識之研究。我研究知識所用的方法就是根據於
　　　唯識學。所以我在講明三方面的思想以前，不能不先講明我

於形而上學的方法。」（同上，頁412）指出放下我法二執，便是唯識宗
證得宇宙本體的形上學方法。

61　《唯識述義》第一冊於1920年首次出版，《東西文化及其哲學》於1921
　　年印行第一版，前後相隔不足一年。

> 觀察所用的工具——唯識學的知識論；然後我的觀察乃能進
> 行。*62*

梁先生表示，要探究思想，就得先研究知識，進而聲言其研究知識的方法和觀察知識所用的工具，皆據唯識學而來，而梁先生所說的「方法」和「工具」，主要是指唯識宗的「三量」。

「三量」即現量、比量、非量，是唯識宗知識論的基本觀念，關乎知識的來源。梁先生在他三十歲前的幾部作品中，即《印度哲學概論》、《唯識述義》、《東西文化及其哲學》，都不同程度地剖析過三量。在《唯識述義》中，梁先生以現量為靜觀時最直接、最純粹的感覺。在《東西文化及其哲學》內，梁先生仍持相同意見，並用比喻作進一步說明：

> 卻是此處要聲明，感覺時並不曉得是什麼是茶味和白色，只有由味覺和視覺所得到茶或白色的感覺而無茶味或白色所含的意義——知茶味或白色之意義另為一種作用——所以「現量」的作用只是單純的感覺。*63*

所謂現量，好比喝茶時對茶味和茶的意義都未及認知，祇單純地感覺到茶的知識；又好比看到白布前，對白色和白色所含意義都未及認知，祇單純地感覺到白的知識。正如梁先生在《唯識述義》所說：

62　梁漱溟：《東西文化及其哲學》，頁 397。

63　同上，頁 397。

「現量非他，就是心裡未起瓶子的意思，乃至未起白的意思，極醇的感覺」。[64]

梁先生指出，現量是對「性境」的認識作用。根據唯識宗，性境就是可如實地被認識的對象。梁先生指出，作為性境得符合兩個條件，第一，要有影有質。以看見白布為例，白的感覺便是「影」，白布自身便是「質」。第二，影要如其質。如白布刺激人的視覺，令白的影像生起，而不是生起黑色的影像，就是影能如其質。梁先生又表示，現量所證得者為自相。他以白紙為例，指出人見一次白紙，便生起一次白的感覺，而每張白紙的白都是各自不同，祇是相似而已，可見現量所認識者為自相。

梁先生認為，單憑現量不足以構成知識，因它認識的影像雜多而零亂，所以必須有另一構成知識的條件，對這些影像作出整理，進而構成概念，這另一條件就是比量。梁先生在《唯識述義》中已表明，比量就是判斷與推理的作用，通過比量，人才能對紅、黃、藍、白、黑等作出比較，從而得出白色。在《東西文化及其哲學》中，梁先生指出比量就是理智，它能透過「簡」（分）、「綜」（合）的作用，來助人構成概念。梁先生以茶為例，指出「綜」的作用就是把不同的茶的特色綜合起來，如從種種的紅茶、綠茶、清茶、濃茶中抽出其共同意義，憑這意義，人便可認識茶。至於「簡」的作用，就是把茶和其他不是茶的東西，如：白開水、菜湯、油、酒等簡別出來，又或把茶和其他非茶之物的顏色作出區別，這樣，便能明白非茶之物與茶並不相干。

---

[64] 梁漱溟：《唯識述義》，收入《全集》（卷一），頁305。

　　梁先生又說，比量所認識的是「獨影境」。根據唯識宗，獨影境的特色為「有影無質」。梁先生又以茶為例說明：人心作茶之念時，即有茶之「影」像。此影像並非藉着客觀存在之茶生起，而是人心所構造。又因茶的影像是各種不同的茶所共有，可見比量所認識者為共相。

　　梁先生根據唯識學對現、比二量作出疏解，但他詮釋非量時，卻加入了自己的創見，他說：

> 　　但是我們所以不用「非量」，而用直覺者，因為唯識家所謂「非量」係包括「似現量」與「似比量」而言，乃是消極的名詞，否定的名詞，表示不出於現量比量之外的一種特殊心理作用，故不如用直覺為當。[65]

據唯識宗，「非量」包括似現量和似比量，即錯誤的現量和比量，它們不能成就知識，乃是消極的、否定的名詞。梁先生以直覺來代替它，強調其積極的、正面的作用，並說：

> 　　但是在現量與比量之間還應當有一種作用，單靠現量和比量是不成功的。因為照唯識家的說法，現量是無分別、無所得的；——除去影像之外，都是全然無所得，毫沒有一點

---

[65] 梁漱溟：《東西文化及其哲學》，頁 401。

意義：如是從頭一次見黑無所得，則累若干次仍無所得，這
時間比量智豈非無從施其簡、綜的作用？[66]

現量是單純的感覺，祇能呈現靜止的影像，對眼前事物的意義一無
所得。梁先生以漆黑爲例，指出現量無論面對漆黑多少次，對其意
義都祇會無所得，既無所得，比量的綜簡作用便無從發揮，知識因
此不能成立。梁先生繼續說：

　　所以在現量與比量之間，另外有一種作用，就是附於感
覺——心王——之「受」、「想」二心所。「受」「想」二
心所是能得到一種不甚清楚而且說不出來的意味的，如此從
第一次所得「黑」的意味積至許多次，經比量智之綜合作用
貫穿起來，同時即從白、黃、紅、綠……種種意味簡別清楚，
如是比量得施其簡、綜的作用。然後才有抽象的意義出來。
「受」、「想」二心所對於意味的認識就是直覺。故從現量
的感覺到比量的抽象概念，中間還須有「直覺」之一階段；
單靠現量與比量是不成功的。這個話是我對於唯識家的修
訂。[67]

要令比量綜簡的作用生起，就得有受、想二心所的作用。心所指附

66　同上，頁399。
67　同上，頁399-400。

屬於心的心理狀態，根據唯識宗，心所有六類五十一種[68]，其中的「受」指感受，而「想」指取像，即內心描繪外境的能力。受、想二心所能獲得現象的意味，如是，漆黑的意味得以被認識和累積，比量才能把漆黑與白、黃、紅、綠等色簡別出來，漆黑的抽象意義才得以成立。梁先生指出，這「受、想二心所對於意味的認識就是直覺」，而直覺又是由現量感覺到比量的抽象概念形成的必經階段，不可或缺。梁先生一再重申，以直覺取代非量，乃是他對唯識宗三量說的修訂。

直覺認識的是意味、趨勢或傾向，梁先生以書法為例說明。指出現量對書法的感覺祇是一橫一畫的墨色，未能體會其意味，比量亦無法施展其簡、綜的作用。要認識書法的美妙，便得靠直覺。

至於直覺所認識的境，就是帶質境。唯識宗以「帶質境」來稱呼非量的認識對象，其特質為「有影有質而影不如其質」，類似現今所謂的「錯覺」。梁先對以直覺代替非量，對「帶質境」作出如下說明：

> 帶質境是有影有質而影不如其質的。譬如我聽見一種聲音，當時即由直覺認識其妙的意味，這時為耳所不及聞之聲音即是質，妙味即是影……。譬如我們聽見聲音覺得甚妙，看見繪畫覺得甚美，吃糖覺得好吃，其實在聲音自身無所謂

---

[68] 六位五十一心所法分別為遍行類心所五種、別境類心所五種、善類心所十種、根本煩惱類心所六種、隨煩惱類心所二十種及不定類心所四種。受、想二心所屬遍行一類。

妙，繪畫自身無所謂美，糖的自身無所謂好吃；所有美、妙、好吃等等意味都由人的直覺所妄添的。所以直覺就是「非量」。[69]

梁先生以聲音爲例，解釋「帶質境」所以是「有影有質而影不如其質」：聲音本身是質[70]，妙味是影，聲音本身無所謂妙，人聽到聲音而感到妙，就是「影不如其質」。梁先生又以繪畫、糖果爲例，指出繪畫無所謂美，糖果無所謂好吃；人以畫爲美，以糖果爲好吃，與以聲音爲妙味一樣，都是直覺所添加。由這個角度看，直覺就是「非量」。

　　本書在討論《唯識述義》的內容時，指出梁先生認爲柏格森的直覺不如羅素所倡的理智可靠，而且直覺不是現量，又不能令比量發揮作用，可見梁先生對柏氏所說的直覺不甚重視。在《東西文化及其哲學》中，梁先生卻十分重視直覺。明顯地，兩個「直覺」的含義不同，柏氏的直覺乃是認識宇宙本體的唯一方法，梁氏的直覺則是現量與比量之間的橋樑，能使比量的綜、簡作用發揮出來，既是構成知識的必要條件，也是讓人從音樂、繪畫等事中體會美感的

69　梁漱溟：《東西文化及其哲學》，頁 400-401。

70　梁先生以「耳所不及聞之聲音即是質」，其意含糊，但他在後文說「至於直覺所認識爲帶質境，其意乃一半出於主觀，一半出於客觀，有聲音爲其質，故曰出於客觀，然此妙味者實客觀所本無而主觀之所增……」（同上，頁 400）。他明言「有聲音爲其質」，又以聲音爲客觀存在，明顯以聲音爲質。

認知功能。梁先生之所以重視直覺,無非因他要借用唯識宗三量說的架構和名詞,來申述自己對知識之所以構成的意見。

五、對以佛教為代表的印度文化路向的說明

梁先生借助唯識宗「三量」觀念,申明了自己對知識來源的看法。他在《東西文化及其哲學》的稍後部分,沿用三量的觀念,綜括中西印文化的不同特徵,他認為,西方文化着重理智的運用,即尚比量之活動;中國文化着重直覺的運用,即尚非量之活動,而印度文化則着重現量的運用,即尚純粹感覺之活動。[71]

梁先生明言印度重現量之路向將會是人類最後復興的文化,其重要性不容忽視,而他又一再表示,印度文化的代表就是佛教,故透過檢視梁先生對印度文化的討論,可得知他對佛教的看法。

---

[71] 梁先生認為西方、中國和印度文化有如下的不同:「(一)西洋生活是直覺運用理智的;(二)中國生活是理智運用直覺的;(三)印度生活是理智運用現量的。」(見氏著:《東西文化及其哲學》,頁485。)祇是梁先生對有關論述並沒有解釋,令後人難以明白,梁先生在《東西文化及其哲學》第三次重印時,亦發現了有關問題,並表示願意取消這段話:「這一段的意思我雖至今沒有改動,但這一段的話不曾說妥當。則我在當時已一再聲明:『這話乍看似很不通……但我為表我的意思不得不說這種笨拙不通的話;……』『讀者幸善會其意,而無以詞害意。』不料我一再聲明的仍未得大家的留意,而由這一段不妥當的說話竟致許多人也跟着把『直覺』『理智』一些名詞濫用誤用,貽誤非淺;這是我書出版後,自己最歉疚難安的事。現在更鄭重聲明,所有這一段話我今願意一概取消,請大家不要引用他或討論他。」(見氏著:〈《東西文化及其哲學》第三版自述〉,收入《全集》〔卷一〕,頁323。)

在《東西文化及其哲學》中，梁先生宣稱印度文化的成就都在宗教上，故他在講論印度文化前，先對宗教的特性作出討論。他指出，宗教是人類文化上很普遍的東西，祇是時人總愛以自己意思來解釋它，導致一般人對宗教都沒有清晰的理解，據梁先生，要理解宗教，不單要明白宗教爲何物，更要明白它的眞妄、利弊、以後能否存在等情況。梁先生決心要弄明白宗教的意義，他綜合所有宗教的共通地方，對宗教作出以下定義：

> 所謂宗教的，都是以超絕於知識的事物，謀情志方面之安慰勖勉的。[72]

梁先生又根據這定義，分析出宗教的兩個條件：

> （一）宗教必以對於人的情志方面之安慰勖勉爲他的事務；
> （二）宗教必以對於人的知識之超外背反立他的根據。[73]

梁先生認爲，所有宗教必定在情志上能安慰、勉勵人，而宗教的成立根據必定超越知識所能理解的範圍。

梁先生就第一項條件作出解說。他指出拜動物，如蛇、黃鼠狼等，又或把自然界事物神格化，如拜火神、河神等，皆爲低等宗教，至於敬拜上帝的基督教，則爲等次較高的宗教。祇是宗教無論等次

72　梁漱溟：《東西文化及其哲學》，頁417。
73　同上，頁418。

高低，其目的都離不開安慰人、勉勵人。當人供奉了這些神祇後，心裡總會感到安寧、舒泰。這感覺予人希望，令人能忍受生活中的種種困難，努力地活下去。就此而言，宗教爲人類生活所必須。

　　在解說第二項條件時，梁先生指出它同樣爲所有宗教所不可或缺。低等宗教視蛇、鼠爲神仙，膜拜火神、瘟神，高等宗教如基督教視上帝爲最終極的眞實。唯無論是蛇仙、鼠仙，以至上帝，他們的存在以及所擁有的特別能力，都超越了知識所能理解的範圍。正因宗教有非知識所能明白的一面，所以宗教有「超絕」和「神秘」的特質。梁先生對「超絕」作出如下說明：

　　　　所謂超絕是怎麼講呢？我們可以說就是在現有的世界之外，什麼是現有的世界呢？就是現在我們知識中的世界，──感覺所及理智所統的世界。宗教為什麼定要這樣呢？原來所以使他情志不寧的是現有的世界，在現有的世界沒有法子想，那麼，非求之現有世界之外不可了，只有衝出超離現有的世界才得勸慰了。……因此一切宗教多少總有出世的傾向──捨此（現有世界）就彼（超絕世界）的傾向。因為一切都是於現有世界之外別闢世界，而後藉之而得安慰也。「超絕」與「出世」實一事的兩面，從知識方面看則曰超絕，從情志方面看則曰出世。[74]

74　同上，頁 419。

「超絕」就是超離感覺及理智所關涉的現有世界。現有世界使人情志不寧,人力求超離它。宗教家看到人情志上這需要,於是藉對另一世界的嚮往來安慰人,所以宗教總有點出世傾向。梁先生又指出,超絕是從知識方面說,若從情志方面說,則稱爲「出世」。至於「神秘」的特質,梁先生有如下說明:

> 所謂神秘是什麼呢?大約一個觀念或一個經驗不容理智施其作用的都爲神秘了。……宗教爲什麼定要這樣呢?因爲所以使他情志不寧的是理智清楚明了的觀察。例如在危險情境的人愈將所處情境看的清,愈震搖不寧。……這時候只有掉換一副非理性的心理,才得拯救他出於苦惱。這便是一切神秘的觀念與經驗所由興,而一切宗教上的觀念與經驗莫非神秘的,也就是爲此了。[75]

一個經驗或觀念,是理智對之無法生起作用的,就是「神秘」。梁先生認爲,人情志的不寧,往往是因他能以理智清楚明白地觀察周遭之事,如人處身於險境中,若愈清楚明白眼前的危險,就會愈不安寧。要脫離這不安寧的感覺,就得以非理性的心理來面對,神秘觀念由是生起,並與宗教有密不可分的關係。

梁先生指出,超絕和神秘是宗教不可或缺的特質,再加上宗教的成立根據超乎知識,故可統稱宗教的特點爲「外乎理知」。梁先生在對宗教作出定義,指出其特質後,說:

---

[75] 同上,頁420。

宗教之為宗教如此如此，我們並不曾有一絲增減於其間。我們既明宗教之為物如此，夫然後乃進問：若此其物者在後此世界其盛衰存廢何如呢？我們還是要他好還是不要他好呢？……若問宗教後此之命運，則我們仍宜分為二題以求其解答：（一）人類生活的情志方面果永有宗教的必要乎？（二）人類生活的知識方面果亦有宗教的可能乎？[76]

當人明白宗教為何物後，便會進一步問，宗教在將來會繼續存在，甚至更盛行，還是會衰微下去，以至消亡？梁先生認為這問題可分開二方面來解答：（一）在情志上，宗教是否必要？（二）在知識上，宗教是否可能。

就情志方面，梁先生首先指出，古時的宗教信仰者皆情志薄弱，祇關切自己生存的問題。他們因應付不了自然界的種種現象，便以天、地、山、川、風、雲等為神祇，對之加以膜拜，無非為祈求福佑，消除災害。唯一旦人的知識增長，能征服自然時，情志自然轉強，自覺弱小的心態亦會改變，這時宗教信仰便會衰微。

有論者認為，人的情志需要宗教勤勉，因人往往自覺有罪，從而感到愧恨。由於人沒有方法和力量去除罪衍，放下愧恨之心，於是呼求上帝救拔。這些人相信上帝可以寬恕他的一切，助他過新生活。祇是梁先生認為，愧恨之心還不能令宗教成為真正的必須，因為上帝乃人幻想出來的東西，其實人祇是在自己安慰自己而已。

此外，有論者以為宗教令人情感豐富熱烈，生活勇猛奮發，能

促進犧牲、悲憫等高尚情志，但梁先生認爲這些情志並非祇有宗教才能給人，也不能令宗教成爲必要。他還指出這些情志是社會有病、社會制度不良，以及人力不能勝天時才有需要，換言之，這些情志並非永遠必要，宗教的必要若在此建立，必不能長久。

梁先生在檢討過一般人認爲宗教在情志上必要的原因，指出其不能成立後，才說出他認爲宗教在情志上眞必要所在。他認爲祇有這眞必要才能產生出眞宗教；就此他用了頗長篇幅，鋪述佛陀所關注的問題。佛陀出家前爲太子，在一次出門外遊時，遇上令他心情動搖，久久不能釋懷的人生問題，從而對人生產生疑問：

> 太子出游，看諸耕人，赤體辛勤，被日炙背，塵土坌身，喘呷汗流。牛麋犁端，時時捶搳，犁楅硎領，鞅繩勒咽，血出下流，傷破皮肉。犁揚土撥之下皆有蟲出，人犁過後，諸鳥雀競飛吞啄取食。太子見已，生大憂愁，思念諸眾生等有如是事。[77]

佛陀看見農人耕種時，赤着身子，被烈日曝曬，塵土蔽身，汗流浹背，氣喘如牛。這位被自然環境傷害的農人又在傷害牛，他用軛束縛牛，不時捶打牠，令牠皮開肉裂，又用鞅繩把牠勒至出血。可是，牛也間接地令蟲受到傷害，因牠把泥土翻開，令小鳥看見原本藏在泥裡的蟲，於是紛紛撲下，啄食牠們。人欺牛，牛令蟲被啄食的情景，令佛陀明白到眾生其實在互相殘害。梁先生描述佛陀的心情說：

77　同上，頁 427。

　　　像這眾生相殘的世界是他所不能看的，但是我們能想像
　　世界眾生會有不相殘的一天麼？這明明是不可能的。連自己
　　的生活尚不能免於殘傷別物，那鳥獸蟲豸本能的生活怎得改
　　呢？那麼，這樣世界他就不能一日居，這樣生活他就不能往
　　下作。他對於這樣生活世界唯一的要求就是脫離。[78]

梁先生認為，相殘之事是不會停止的，不單眾生會相殘，動物昆蟲
亦會相殘。相殘源自動物本能，永遠不會改變，佛陀不願看到這樣
的一個世界，也不願住在這樣的一個世界內，所以要求脫離。梁先
生接著說：

　　　我們試鑒定剖析他這種痛感或有沒有錯幻之處？有沒
　　有可以安慰之法？後此世界能不能使他不生此感？他實在
　　沒有錯幻之點可指，他出於吾人所不能否認之真情，頂多說
　　他要求過奢罷了。……並且這個是全無安慰之法的，客觀的
　　局面固無法改變，主觀的情志亦無法掉換轉移。……這個痛
　　感便是直覺（一切情感俱屬直覺），正以他出於直覺，而且
　　不攪理智之單純直覺，所以不可轉移不能駁回。若問他於後
　　此世界如何？我們可以很決斷不疑的明白告訴你，這種感情
　　頂不能逃的莫過於改造後的世界了！因為後此人類之尚情
　　尚直覺是不得不然……。[79]

78　同上，頁 428。
79　同上，頁 428-429。

佛陀因眾生互相殘害而感到悲痛，以致要求脫離世間，這是否合乎
人情？梁先生分開三方面來分析，第一，這種痛感有沒有錯誤及虛
幻的成份？第二，這種痛感有沒有方法可以得到安慰？第三，將來
的世界是否可不再生起這種痛感？梁先生表示，佛陀的痛感源於他
真實的情感，其他人不能否認，所以沒有錯誤與虛幻。梁先生又指
出，客觀上，眾生相殘的環境不會改變；主觀上，這痛感乃直接的
感覺，不帶理智成分，所以無法轉移，不能駁回，故也不能藉他人
的安慰而減輕。至於這種痛感可否在未來世界得到抒解，梁先生的
答案是否定的，據他的理解，將來世界會更尚情感，[80]由是佛陀這
種真情實感在未來必然會更受重視。梁先生繼續說：

80　梁先生認為，西洋文化重個人和理智的路已走到盡頭，不得不轉走中國人
　　的路，而中國的路向以尚情感為特色，故有「將來世界會更尚情感」的看
　　法。梁先生曾說：「以前所作的生活（指西洋近世），偏靠着理性，而以
　　後將闢的文化則不能不植基於這社會的本能之上……於是大提倡與以前
　　相反的學說。以前提倡個人的、為我的，計較利害的，現在完全掉換了；
　　他們宣言現代思想的潮流是倫理的色彩，不是個人主義。近世西洋文化的
　　發展都出於為我而用理智，而中國則為尚情毋我的態度，是已經證明的；
　　那麼這不是由西洋路子轉入中國路子是什麼？」（同上，頁 501-502。）
　　至於中國人尚情感的表現，梁先生有如下說明：「西洋人是要用理智的，
　　中國人是要用直覺的——情感的……在母親之於兒子。則其情若有兒子而
　　無自己；在兒子之於母親，則其情若有母親而無自己；兄之於弟，弟之於
　　兄，朋友之相與，都是為人可以不計自己的，屈己以從人的。他不分什麼
　　人我界限，不講什麼權利義務，所謂孝悌禮讓之訓，處處尚情而無我。」
　　（同上，頁 479）。

就是說人類陷於非生此感不可之地步，引入無可解決之問題以自困也。所以吾人對此只有承認其唯一「脫離」之要求不能拒卻。宗教自始至終皆為謀現前局面之超脫，然前此皆假超脫，至此乃不能不為真超脫真出世矣。宗教之真於是乃見，蓋以宗教之必要至此而後不拔故也。[81]

梁先生認為，未來人類必然會像佛陀一樣，深刻地體會到這痛感，故必然會被相關問題困擾，從而接受脫離世間為解決困擾的方法。由於這種脫離世間的要求發自真情實感，梁先生視之為真超脫，是宗教真必要的所在。相比之下，其他宗教皆為假超脫。

佛陀遇到相殘問題後，繼續遇到老、病、死的問題，梁先生綜合這三個問題的意思為「眾生的生活都是無常」，說：

他所謂老、病、死，不重在老、病、死的本身。老固然很痛苦的，病固然很痛苦的，死固然很痛苦的，然他所痛苦的是重在別離了少壯的老，別離了盛好的病，別離了生活的死。所痛在別離即無常也。[82]

梁先生認為，老、病、死之所以令人痛苦，不在老、病、死本身，而在於老別離了少壯的歲月，病別離了良好的身體，死別離了活着的日子。別離就是無常，是人痛苦的原因。

81　同上，頁429。
82　同上，頁429。

　　人不單因自己經歷老、病、死而痛苦，也會因看到親人、朋友、以至周遭眾生經歷老、病、死而痛苦。佛陀不能在這樣的世界生活下去，因此要求出世。梁先生認為佛陀這無常的感受也是印度人的普遍感受，他說：

> 　　印度人之怕死，非怕死，而痛無常也。於當下所親愛者之死而痛之，於當下有人哀哭其親愛之死而痛之，不是於自己未來之死而慮之，當他痛不能忍的時候，他覺得這樣世界他不能往下活……。[83]

印度人怕親愛之人死亡，也怕別人為其親人之死而哀哭，而所謂怕，其實是指對生命無常的悲痛，這悲痛強烈得令印度人不能忍受，故印度人常有出世之志。

　　梁先生進而指出，老病死所觸發的情感原來為人類所共有，祇不過在印度更加「擴充發達」而已：

> 　　吾固知若今日人類之老病死可以科學進步而變之也；獨若老病死之所以為老病死者絕不變，則老病死固不變也。若問後此世界此種印度式情感將若何？我們可以很決斷不疑的明白告訴你，那時節要大盛而特盛。我且來不及同你講人類生活的步驟，文化的變遷，怎樣的必且走到印度人這條路上來。我只告訴你，這不是印度人獨有的癖情怪想，這不過

83　同上，頁431。

> 人人皆有的感情的一個擴充發達罷了。除非你不要情感發
> 達，或許走不到這裡來，但人類自己一天一天定要往感覺敏
> 銳情感充達那邊走，是攔不住的。那麼這種感想也是攔不住
> 的，會要臨到大家頭上來。[84]

科學或許可以改善老、病的情況，又或推遲老、死的時間，但老、
病、死始終不會消失，為人不得不面對的事實。梁先生估計，印度
人因老、病、死而感到世界不能活下去的情志，將會在世界大盛，
因為人類必然會朝感覺敏銳，情感充實發達的方向發展，發展的結
果就是人會培育出印度人的感受。當人類有印度人的感受時，便會
遇到印度人的問題：

> 那麼這個問題便眼看到我們前面了，我們遇到這種不可
> 抗的問題沒有別的，只有出世。即是宗教到這時節成了不可
> 抗的必要了。如此我們研尋許久，只有這一種和前一種當初
> 佛教人情志上所發的兩問題是宗教的真必要所在，宗教的必
> 要只在此處，更無其他。[85]

要解決印度人的問題，就得出世，而出世正是宗教超絕的意義所
在。梁先生在此重申，印度人的問題，乃因眾生生活都是相殘、都

---

84 同上，頁432。
85 同上，頁432。

是無常而觸發，它使人有出世的要求，從而令宗教成為必要。梁先生繼續說：

> 宗教是有他的必要，並且還是永有他的必要，因為我們指出的那個問題是個永遠的問題，不是一時的問題。蓋無常是永遠的，除非不生活，除非沒有宇宙，才能沒有無常；如果生活一天，宇宙還有一天，無常就有，這問題也就永遠存在。所以我們可說宗教的必要是永遠的，我們前頭說過，宗教即是出世，除非是沒有世間，才沒有出世，否則你就不要想出世是會可以沒有的。[86]

祇要人活着，就必然會遇上無常的問題，所以無常問題是永遠的，祇要宇宙存在，無常問題就存在，宗教就有必要。換言之，祇要有世間，就有出世的要求。

梁先生就情志方面分析，指出宗教的必要後，隨即就知識方面分析宗教是否可能。梁先生早前已指出，宗教的特質為「超絕」和「神秘」，其成立的根據超越了知識所能理解的範圍，即梁先生所謂「外乎理知」。故表面看來，宗教與知識互不相容，以至不少近代學者認為隨着人類知識進步，宗教必然會消失。梁先生並不否認知識發達會對宗教構成致命威脅，並以西方基督教、回教為例，作出說明。他指出這兩個宗教皆有「外乎理知」之特點：

---

86 同上，頁 432-433。

例如信仰唯一絕對大神如基督教、天方教之類，其神之超出世間，迥絕關係，全知全能，神秘不測，就是他所要求的「外乎理知」之所在。……不過這所不知者，卻是宇宙的、人生的根本究竟普遍問題……譬如對於一切生命不知道他從何而來，忽生忽死，遭禍得福，不由自己，不知道何緣致此，便去替他下解釋而說為有上帝──造物主──了。[87]

基督教和回教都信仰一位超出世間、全知全能的神，這位神非人世間種種關係所能束縛，神秘莫測，符合宗教「外乎理知」的特點。梁先生指出，這種一神信仰源於人對宇宙、人生根本問題的無知，如人不知生命從何而來，不明白為何生死禍福皆不能自主等，為了解答這些問題，便不得不假立一位上帝。

祇是隨着人類知識增長，一神信仰受到嚴重威脅，其中不合理的說法，如上帝用六日創造世界，童貞女瑪利亞懷孕等，都不攻自破。梁先生又說：

這個神的觀念由實入虛，由呆入玄，別有所謂神學、形而上學，來作為宗教的聲援護符，宗教更不易倒。然而等到哲學上大家來酌問形而上學的方法的時節，雖然對於所不可知的一部分──宇宙之本體，已往的緣起，此後之究竟等等──仍是不能知道，但是宗教、神學、形而上學對於這些

問題皆為胡亂去說，卻知道了。於是到此際無論怎樣圓滑巧
妙，也不能夠再作宗教的護符，而途窮路絕了。[88]

梁先生表示，上帝觀念早已變得虛幻玄妙，它又與神學、形而上學
建立了密切關係，以致常人以宗教信仰為學問的一種，所以難以推
翻。祇是當人隨着知識進步，對形而上學的方法提出質疑時，便會
省悟到宗教、神學、形而上學對宇宙本體、萬物之開始、世界的終
結等問題的回答，皆胡言亂語。這時，神學與形而上學都不能再維
護宗教，宗教亦因此到了窮途末路。[89]

　　按照上述邏輯，知識發達後，宗教將無法圖存，但事實卻並非
這樣。梁先生特別以印度為例作出說明，指出在印度宗教又多又盛
行，而在眾多印度宗教中，最高明的就是佛教。梁先生指出佛教並
無上帝觀念：

　　　　而哲學所究討得的他就拿去實行，因他原是為實行而究
　　討的；所謂實行，即種種苦行瑜伽之類，這些都是因其思想
　　而各不同的；即至修證有得，則又宣諸口，還以影響於思想。
　　他是即宗教即哲學；即哲學即宗教的。這種情形他方那裡有

---

88 同上，頁 436。

89 形而上學討論的對象為宇宙第一原理，其涉及的範疇包括存有論、宇宙論
　　及神學，所以人類對它的質疑，必然會動搖宗教及神學之地位。事實上，
　　梁先生在《唯識述義》中，已指出在十六世紀前，西方人因不明白運用知
　　識的方法，所以總在胡亂地講形而上學。到十八、九世紀時，認識論興起，
　　形而上學便備受質疑。

呢？他因此之故，竟可以有持無神論的宗教；這在西方人聽了要不得其解的。數論、佛教反對宇宙大神的話很多很明白……就是其它如勝論宗、尼耶也宗、瑜伽宗等其有神無神也都難定，即神的觀念不廢，也不是他哲學中的重要觀念。**90**

梁先生首先指出，印度宗教與哲學的關係非常密切，其密切程度甚至可用「即宗教即哲學，即哲學即宗教」來形容。這種密切關係所以可能，是因印度人會把哲學研究的結果實行出來，而所謂實行，乃是指自苦、瑜伽（用呼吸使心念集中的方法）等宗教修行。當宗教修行有體悟時，印度人又會把這些體悟宣告出來，從而反過來影響他們的哲學思想。可見在印度，宗教與哲學總在互相影響，這令好些印度宗教，如數論、佛教等，着重哲學思辯，反對假立一位上帝，因而成為無神論的宗教。言下之意，佛教並不像基督教、天方教（伊斯蘭教）般，設立一位「外乎理知」的上帝，故其地位不會因知識發達而動搖。梁先生其實早於《唯識述義》內，已指出佛教具有出世及不設立上帝的特點，故其地位不會因哲學與科學的發展而動搖，可見他一直視佛教要比其他宗教高明。之後，梁先生又繼續把佛教和印度其他宗教作出比較，說：

印度的許多宗教還是在人類知識方面說不過去的，惟一無二只佛教是無可批評確乎不拔的。因為這許多宗派無論如何高明，卻仍不出古代形而上學模樣，對那些問題異論齊

---

90 梁漱溟：《東西文化及其哲學》，頁 437。

> 興，各出意見；其無以解於妨難而不能不倒，蓋不待細說了。
> 惟佛教大大與他們兩樣：蓋他們都要各有所說，而佛教在小
> 乘則雖有所說卻不說這件事，在大乘則凡有所說悉明空義，
> 且此空義蓋從確實方法而得。空義，佛教之所獨也，自佛而
> 外，無論印度乃至他方，無不持有見者，則其所見，悉不
> 能安立。*91*

印度許多宗教皆不容於知識，因它們都囿於形上學的窠臼，對終極
真實提出種種意見，屬「有」所見，相反，佛教並沒有對形上實體
提出意見，小乘的注意力並不在此，而大乘所有的論說，皆在闡明
空的意義，教人要「無」所見。既無所見，自然不會因提出形上見
解而與知識衝突。

佛教另一個與知識無衝突的原因，就是它「外乎理知而又不外
乎理知」：

> 這時候得到一個巧合，就是「外乎理知」實成其為外乎
> 理知而又不外乎理知：於情志方面外乎理知的傾向要求固然
> 申達，而又於知識方面之不容超外的傾向要求也得申達，互
> 不相礙。*92*

---

91 同上，頁 437。
92 同上，頁 437-438。

佛教要求出世，在情志上傾向外乎理知明顯不過，然而，佛教在知識上卻沒有「超外的傾向」。梁先生解釋說：

> 宗教所獨，實在超絕，然超絕實無論如何不能逃理智之批評而得知識方面之容納。今佛家此方法乃得其解法之道……蓋一個感覺即自現一影像，所謂現前世間即在於此，遂若世間不出現前，以不能超感覺而有故也。欲超現前必超影像，然何有非影像者，於是超絕為妄想。惟此根本智實證真如遠離能所取，才沒有影像，乃真超出現前了。[93]

按常理來說，宗教超絕的特質，必然不容於知識，是理智的批評對象。可是，佛教卻可被知識容納。按佛教唯識宗的理解，現前世間由影像組成，影像則由感覺而來，對一般眾生來說，影像是不能超離的，所以超絕為妄想，但這並不表示它為不可能。當智者修習佛法的根本智，並因此證得真如本體時，他就能超離影像世間。這真如本體不屬世間，所以知識對它起不了作用。

　　觀乎梁先生的解釋，與他之前講述二步現量的意見有不少互相呼應之處。上文已指出，梁先生根據唯識宗的說法，認為人的感官在我法二執的驅使下，向外界不斷探索，而感官探索的對象，就是第八識所變現的影像。人若能徹底放棄我法二執，便可證得第二步現量，這現量能止息影像的生起，並證得真如體。結合梁先生兩段

93　同上，頁 438。

文字的意思,放棄我法二執便可證成第二步現量,這現量其實就是
根本智。[94]

現量證得真如,正是佛法沒有外乎理知的關鍵:

> 真如之體不屬世間,知識不及,是為超絕,而又現量所
> 得,初亦不妨說為仍在知識範圍。[95]

據梁先生,真如本體不屬世間,有情不能憑知識來認識它,故可說
它是超絕的。可是,真如可被現量證得,而現量屬唯識宗知識論之
範疇,故可說真如能被知識所容納,梁先生便是據此認為佛教教學
「外乎理知而又不外乎理知」,可與知識相容。

依上述梁先生的分析,佛教能滿足人情志的要求,同時不違知
識,故可在未來繼續存在。可是,近世以來文化的發展似乎不利宗
教的生存,因為人類的知識不斷進步,對於宗教不合理性的地方,
輒加批評。同時,人的情志亦轉強不少,對自然採取征服態度,以
致毋需宗教的安慰勸勉。梁先生並不認為這些因素會令宗教衰亡,
相反,他認為人類情志不安的情況將會愈來愈嚴重,因為當人類文
化不斷進步,把現實生活問題都解決後,便不得不面對情志的問
題。梁先生認為,情志問題是高層次的問題。他曾以人能否改善物
質世間,來衡量人的意欲是否能得到滿足。他就此把意欲分為三個
層次:

---

94 根本智是指證得究極真理的智慧,又稱正智、真智、無分別智。
95 梁漱溟:《東西文化及其哲學》,頁 438。

（一）可滿足者此即對於物質世界——已成的我——之
奮鬥；[96]這時只有知識力量來不及的時候暫不能滿足，而本
是可以解決的問題。[97]

第一個層次是對外在物質界的意欲。梁先生相信，物質世界是可被
改善的，人在物質世間中感到不滿足，乃是知識仍未發達的結果，
祇是這情況不會持續很久，祇要人的知識有所增長，這層次的意欲
便可得到滿足。梁先生認為此層次要處理的為「人對物的問題」。

梁先生在講述這層次的情況時，以人有飛到天上的意欲為例，
指出這意欲當初得不到滿足，乃因人當時的知識有所不及，及至人
的知識增長，發明了飛機，意欲便得到滿足。

第二個層次是對別人的意欲。這意欲的滿足與否不可確定：

（二）滿足與否不可定者：如我意欲向前要求時為礙的
在有情的「他心」，這全在我的宇宙範圍之外，能予我滿足

---

96 梁先生以「已成的我」為物質世界的代表，此外，他亦提及「現在的我」
及「前此的我」，前者顧名思義，是指欲改變現狀的自我，後者是妨礙我
作出改變的狀況，是器世間的代表，人若要改變現狀，就得對它作出變換。
他如此說：「因為凡是『現在的我』要求向前活動，都有『前此的我』為
我當前的『礙』，譬如我前面有塊石頭，擋着我過不去，我須用力將他搬
開固然算是礙，就是我要走路，我要喝茶，這時我的肢體，同茶碗都算是
礙；因為我的肢體，或茶碗都是所謂『器世間』——『前此的我』——是
很笨重的東西，我如果要求如我的願，使我肢體運動或將茶碗端到嘴邊，
必須努力變換這種『前此的我』的局面……。」（同上，頁378。）

97 同上，頁380。

與否是沒有把握的。[98]

梁先生以要求別人不要恨自己爲例，指出人縱然誠懇地求人原諒，但也不一定能改變別人的心意，令對方不再懷恨。在這情況，人的意欲能否得到滿足，全在乎別人的心意，自己完全不能作主。梁先生認爲此層次要處理的爲「人對人的問題」。

第三個層次是對生命規律的意欲。這意欲不可能被滿足：

> （三）絕對不能被滿足者：此即必須遵循的因果必至之勢，是完全無法可想的。[99]

若意欲與生命因果定律不符合，必然得不到滿足。梁先生以要求不會老、不會死，花開不會凋爲例，說明凡違背生命因果定律的事，皆爲不可能。梁先生認爲此層次要處理的爲「人對自己的問題」。

情志問題是高層次的問題，因它與宗教問題息息相關。梁先生說：

> 人類是先從對於自然界要求物質生活之低的容易的問題起，慢慢解決移入次一問題，愈問愈高，問到絕對不能解決的第三問題為止。我們試看印度人──尤其是原來的佛教人──所問的問題，不就是第三問題嗎？他要求生活。而不

98　同上，頁380。

99　同上，頁380。

要看見老病死，這是絕對做不到的，別的問題猶可往前奮
鬥，此則如何？他從極強的要求碰到這極硬的釘子上，撞到
一堵石墻上，就一下翻轉過來走入不要生活的一途，以自己
取銷問題為問題之解決。此非他，即我們前面所列人生之第
三路向是。……而印度人則走第三路向而於第三問題大有成
就者——成就了宗教和形而上學。**100**

梁先生認為人會由低層次的問題開始發問，逐層上移，直至第三層
次的問題為止。這第三層次的問題，就是印度人，亦即佛教徒所特
別關注的問題。印度人要求生活而不要經歷老、病、死，這要求與
生命因果律違背，是絕對做不到的。要解決這問題，就祇得不要生
活，好把問題取銷，這正是文化第三路向的精神所在。梁先生強調，
祇有第三路向才能回應第三層次問題，而印度人所走的正是第三路
向，他們以不要生活的方式，來回應第三層次問題，從而成就了形
而上學和宗教。

至於印度人為何特別關注第三層次的問題，梁先生有如下解
釋：

大約印度當時因天然賜予之厚，生活差不多不成問題，
他們享有溫熱的天氣，沃腴的土地，豐富的雨量，果樹滿山，
谷類遍地，不要怎樣征服自然才能取得自己的物質需要，而

100　同上，頁 439-440。

　　且天氣過熱也不宜於操作；因此飽足之餘，就要問那較高的
　　問題了。*101*

印度的自然環境優越，令當地人不愁生活，加上天氣過熱，不宜工
作。所以印度人在飽足之餘，把心思都放在精神生活上，從而想及
這高層次的問題，結果產生了印度文化。

　　梁先生寫《東西文化及其哲學》時，正值西學大量湧入中國，
當時的新派學者主張全盤西化，舊派則大力反對，主張復興儒學，
雖然二者的立場不同，但其注意力都集中在中、西文化的比較上。
雖然當時有佛化派的出現，但祇是「範圍較小的一種風尚」。梁先
生卻能在中、西文化外，特別留意印度文化，是當時文化討論的一
個突破。梁先生日後憶述《東西文化及其哲學》的產生背景時，說：

　　　　這恰值新思潮（「五四」運動）發動前夕。當時的新思
　　　潮是既倡導西歐近代思潮（賽恩斯與德謨克拉西），又同時
　　　引入各種社會主義學說的。我自己雖然對新思潮莫逆於心，
　　　而環境氣氛卻對我講東方古哲學的無形中有很大壓力。就是
　　　在這壓力下產生出我《東西文化及其哲學》一書。這書的內
　　　容主要是把西洋、中國、印度不相同的三大文化體系各予以
　　　人類文化發展史上適當的位置，解決了東西文化問題。*102*

101　同上，頁 440。
102　梁漱溟：〈我的自學小史〉，頁 698。

又說：

> 民國六年，我應北京大學校長蔡孑民先生之邀入北大教
> 書，其時校內文科教授有陳獨秀、胡適之、李大釗、高一涵、
> 陶孟和諸先生。陳先生任文科學長。茲數先生即彼時所謂新
> 青年派，皆是崇尚西洋思想，反對東方文化的。我日夕與之
> 相處，無時不感覺壓迫之嚴重……。我應聘之前，即與蔡陳
> 兩先生說明，我此番到北大，實懷抱一種意志一種願望，即
> 是為孔子為釋迦說個明白，出一口氣。[103]

五四前夕，倡導民主與科學的新思潮深深地影響着青年學人，梁先
生在北大的同事，如陳獨秀、胡適等，就是當時的新青年派，他們
崇尚西洋近代思想，反對東方文化。梁先生選擇在北大講授東方哲
學，要為孔子和釋迦說個明白，其行為與當時學風背道而馳，令他
感到極大壓力。祇是這個態度和決心，令他特別關注佛教所代表的
印度文化，又使他着力澄清了印度文化在人類文化發展過程中的位
置，為時人所未留意。

又，當時雖然有某些學者注意佛學，但他們講述佛學時，往往
未能正視其特點所在：

> 由此看來，印度人的出世人生態度甚為顯明實在不容否
> 認的。而中國康長素、譚嗣同、梁任公一班人都只發揮佛教

> 慈悲勇猛的精神而不談出世，這實在不對。因為印度的人生
> 態度既明明是出世一途，我們現在就不能替古人隱諱，因為
> 自己不願意，就不承認他！[104]

正如梁先生所說，當時的學者們如譚嗣同（1865～1898）、梁啓超等，一往強調佛教慈悲勇猛的精神，卻忽視了佛教出世的取向，梁先生沒有像他們一樣，爲了回應時代的需要，而漠視佛教的核心主旨，其眼光確有過人之處。

在指出佛教的出世意義後，梁先生更進一步，聲言佛教文化就是印度文化的代表，其特點之一就是問及高層次的問題，而高層次問題在現世是無法解決的，所以印度文化祇能走出世的第三路向：

> 走這條路的人……遇到問題他就想根本取銷這種問題
> 或要求。這時他既不像第一條路向的改造局面，也不像第二
> 條路向的變更自己的意思，只想根本上將此問題取銷。……
> 凡對於種種欲望都持禁欲態度的都歸於這條路。[105]

第三路向的特點就是反轉向後，把問題取消，而所謂取消問題，其實就是否定欲望。這路向與中西文化所走的路向都不同，卻祇有它才能解決「眾生生活都是無常」的問題，令宗教成爲眞可能和眞必要，梁先生對佛教的推崇於此可見一斑。

104　梁漱溟：《東西文化及其哲學》，頁394。
105　同上，頁381-382。

　　此外，本書在分析《唯識述義》時，已指出梁先生以東方文化
爲古化，西方文化爲現代化，而在晚清開始，西方對中國步步進迫，
令中國人不得不變，於是逐有東方化是否要被廢絕的問題。梁先生
在《東西文化及其哲學》中，才對這問題作出明確的交待。他說：

　　　　西洋文化的勝利，只在其適應人類目前的問題，而中國
　　文化印度文化在今日的失敗，也非其本身有什麼好壞可言，
　　不過就在不合時宜罷了。人類文化之初，都不能不走第一
　　路，中國人自也這樣，卻他不待把這條路走完，便中途拐彎
　　到第二路上來；把以後方要走到的提前走了，成爲人類文化
　　的早熟。……印度文化也是所謂人類文化的早熟，他是不待
　　第一路第二路走完而徑直拐到第三路上去的。……他的問題
　　是第三問題……，而最近未來文化之興，實足以引進了第三
　　問題，所以中國文化復興之後將繼之以印度化復興。[106]

西方文化之所以能壓倒東方文化，祇因它向前要求的路向能回應人
類當時面對的問題，而東方文化之所以被迫得無立足之地，祇因它
未能切實回應時代的需要。梁先生認爲東方文化之所以如此，並不
是它不濟，而是它早熟，中國文化在第一路向未走完時，就走上了
持中、調和的第二路向；印度文化則走上了轉身向後，把問題取消
的第三路向。梁先生又相信，隨着文化的發展，中國文化將會復興，

---

[106]　同上，頁 526-527。

取代西方文化的位置，[107]而印度文化亦會在中國文化復興後復興。由此可見，梁先生最終還是以佛教所代表的印度文化，為人類最後的歸宿，其論說間接地反映了他對佛教的認同。

本章在開始時已指出，《東西文化及其哲學》是一本站在儒家本位說話的著作，是梁先生思想由佛轉儒後的首部作品。因此，不少學者在討論是書時，都集中講述梁先生對儒家的看法，以及文化三路向的特色。

祇是本章早在第三節內，已引用梁先生晚年接受訪問的內容，指出他歸心佛家的立場一直都沒有變，變的祇是其生活態度而已。故此，探討梁先生在《東西文化及其哲學》中對佛家義理的看法便有其重要性。本文首先指出，《東西文化及其哲學》旨在討論文化問題，而梁先生選擇以佛家思想來裁量文化，過程中大量運用了唯識宗的詞彙，並指出了證成唯識宗形而上學的方法。之後，他運用唯識宗的三量觀念，對知識之所以構成作出討論，並對三量說作出修訂。最後，梁先生指出印度文化就是人類文化最後的歸宿，而印

---

107 梁先生認為當人達到改造自然世界的目的後，便會把注意力由人對物質轉移到人對人，亦即由求外在環境的改造轉移到內在心態的改變：「（西洋人）總是改造外面的環境以求滿足，求諸外而不求諸內，求諸人而不求諸己，對着自然界就改造自然界，對着社會就改造社會，於是征服了自然，戰勝了權威，器物也日新，制度也日新，改造又改造，日新又日新，改造到這社會大改造一步，理想的世界出現，這條路便走到了盡頭處！……固謂改造到這一步無可更改造，亦謂到這一步將有新問題，這個辦法不復適用。蓋人類將從人對物質的問題之時代而轉入人對人的問題之時代……。」（同上，頁494。）這種注意力的改變，代表由西方的第一路向轉入中國的第二路向。

度文化就是佛教文化。根據梁先生的分析，世界眾多宗教中，祇有佛教才真正合乎人情志上的需求，又可被知識容納，而它所要處理的，乃是最高層次的問題，佛教的獨特性於此表露無遺。由此可見，《東西文化及其哲學》討論佛教的地方甚多，又不乏獨到之處，而梁先生對佛教的讚譽與認同亦明顯可見，祇是學者們大都集中討論是書對儒家的論述，以致對與佛教有關的討論未有深究。

第六章　鄉村建設背後的儒家情懷與佛家精神

一、梁漱溟從事鄉建之因

《東西文化及其哲學》於一九二一年出版，梁先生是年廿九歲，學者們一致認為，該書是梁先生思想由佛轉儒的標誌，這是因梁先生曾明言自己在廿九歲後便轉向儒家。梁先生四十二歲時，於鄒平的演講便清楚說明這一點：

> 關於我的人生思想之轉變或是哲學的變化，可分為三期。第一時期為實用主義時期，從十四五歲起至十九歲止，以受先父之影響為多。第二時期即為上文所講之出世思想歸入佛家，從二十歲起至二十八九歲止。在此時期中一心想出家做和尚。第三時期由佛家思想轉入儒家思想，從二十八九歲以後，即發表《東西文化及其哲學》一書之際。在此三個時期中，令人感覺奇巧者，即是第一個時期可謂為西洋的思

想，第二個時期可謂為印度的思想，第三個時期可謂為中國的思想。[1]

梁先生把自己一生思想分為三個時期，第一期為十四、五歲至十九歲，這期間因受父親影響，偏向實用主義，即以是否有好處來衡量人或事的價值，[2]梁先生把自己此時對事物的看法歸入西洋思想內。第二期為二十歲至二十九歲，這時梁先生歸心佛家，發表了《究元決疑論》、《印度哲學概論》、《唯識述義》三部與佛學有關的著作，故以此時為印度思想時期。第三期為二十九歲以後，這時梁先生的思想轉向儒家，即以中國思想為主導。《東西文化及其哲學》就是這時期的作品，是書雖然以佛家思想來裁量文化，又用唯識宗的三量來研究和觀察知識，而且用了不少篇幅來講述印度文化的特點，但全書仍以儒家思想為中心，梁先生說：

> 我轉變之後，即發表《東西文化及其哲學》一書，在此書最後所下之結論，我認為人類的最近的未來，是中國文化

1　梁漱溟：〈自述〉，收入《梁漱溟全集》（卷二）（濟南：山東人民出版社，2005），頁9。

2　梁先生曾表明，當時以有沒有好處來衡量一件事的價值標準，他說：「約十四歲光景，我胸中已有了一價值標準，時時用以評判一切人和一切事。這就是凡事看它於人有沒有好處，和其好處的大小。假使於群於己都沒有好處，就是一件要不得的事了。掉換來，若於群於己都有頂大好處，便是天下第一等事。以此衡量一切並解釋一切，似乎無往不通……，恰與西洋這些功利派思想相近。」（見氏著：〈我的自學小史〉，收入《梁漱溟全集》〔卷二〕，頁679-680。）

的復興。書中讚揚孔子闡明儒家思想之處極多。[3]

《東西文化及其哲學》對中西印文化作出分析，得出了中國文化將會復興的結論。書中又用了極多篇幅，來讚揚孔子和闡明儒家思想，可見此時期的梁先生，對儒家思想確實推崇備至。

梁先生不單在思想上服膺儒家，也在行動上有所配合。梁先生一生，最能體現儒家匡時濟世思想的行動，莫過於他努力推動的鄉村建設，他努力推動鄉建的原因是：

> 我的問題雖多，但歸納言之，不外人生問題與社會問題兩類。……我今日所提倡並實地從事之鄉村運動，即是我對於中國政治問題的一種煩悶而得來之最後答案或結論。[4]

梁先生經常思考人生問題和社會問題，而鄉村建設運動乃是他多年來思考社會問題，特別是政治問題而有的答案。

他又指出，就是自己在歸心佛法的一段時間內，也沒有停止對社會的關心：

> 我二十歲至二十四歲期間，即不欲升學，謝絕一切，閉門不出，一心歸向佛家，終日看佛書。在此時期內自己仍然

3　梁漱溟：〈自述〉，頁11。
4　同上，頁15。

關心中國問題，不肯放鬆，不肯不用心想。[5]

梁先生憶述當時自己雖然閉門讀書，一心向佛，但仍對中國的問題十分關心。

梁先生對政事關心的態度，促使他對民國初年社會混亂的局面作出思考，最後，他想到了以鄉村自治的方法來改變當時的社會：

> 民國初年之後，國事日非，當時我並不責難某一個人或是少數人，我唯有深深嘆息，嘆息着中國人習慣與西洋政治制度之不適合。此時我已不再去熱心某一種政治制度表面之建立，而完全注意習慣之養成。⋯⋯當我注意到養成新政治習慣時，即已想到「鄉村自治」問題。此中過程頗明顯，因為我心目中所謂新政治習慣，即團體生活之習慣，國家為一個團體，國家的生活即團體的生活。要培養團體生活，須從小範圍着手，即從鄉村小範圍地方團體的自治入手，亦即是由近處小處短距離處做起。[6]

民國初年，社會極度混亂，一般人都因此而責難軍閥，但梁先生並沒有把責任歸咎於少數人，他指出，國人一直以為學習西方政制就是救國之道，祇是中國學習西洋已久，但國家還混亂不堪，他認為，

5　同上，頁17

6　同上，頁21。

這是因爲中國人與西洋人的習慣不同故。梁先生所謂的「習慣」，就是路向、生活及思考方式[7]，既然中西方的習慣不同，中國要自救，整個國家就得有新的政治習慣。梁先生認爲，這新的習慣應由較小的團體入手，而這小團體就是鄉村，鄉村自治的概念由是生起。梁先生認爲鄉建極其重要，他說：

> 我所主張之鄉村建設，乃是解決中國的整個問題，非是僅止於鄉村問題而已。建設什麼？乃是中國社會之新的組織構造（政治經濟與其他一切均包括在內），因為中國社會的組織構造已完全崩潰解體，捨重新建立外，實無其他辦法。[8]

中國在政治、經濟等各方面都已崩潰，要把它們重建過來，就得透過鄉村建設，因鄉建不單能解決鄉村問題，也能解決整個國家的問題。

　　基於以上認識，梁先生認爲鄉建乃歷史潮流：

---

[7] 梁先生如此說明習慣：「我之看一個人，就是一團習慣，一個社會（不論是中國社會，意大利的社會乃至於其他的社會）什麼都沒有，亦不過是一團習慣而已。中國社會之所以成為中國的社會，即是因為中國人有中國人的習慣。人類之生長，即習慣之生長……吾人一舉一動、一顰一笑，皆有其習慣；所謂『習慣』，換言之即是『路子』。譬如我寫字，我有我的習慣，有我的路子，一提筆即是如此。……中國人一向就是『那麼來』，有他那種習慣，有那樣路子；而他的路子與西洋人本不相同。」（同上，頁20）。梁先生明言習慣就是路向，而中國的路向又與西洋不同，從例子可見，習慣乃是指思考及生活方式。

[8] 同上，頁31。

　　我敬聆各方面的報告，得有一個很好的啟發，即是今日
社會中有心人士從四方八面各不同的方向，無一不趨歸一
處，即是趨歸於鄉村建設……不論他們辦事業的最初動機，
在救人，在提倡識字，在訓練工商業應用人材，在研究學術，
在鄉村自救（或自衛），而演變結果，皆歸到鄉村建設來，
均認定於此處着手，方始根本有辦法。……我們與其說鄉村
建設運動是人為的，真不若說是自然而然的；我們與其說鄉
村建設運動倡導於我，不如說是歷史的決定。**9**

梁先生在聆聽過不同機構、組織的報告，發現它們最初成立的動機
雖然各有不同，但最後都必然歸於鄉村建設一途，梁先生因此認爲
鄉村建設乃歷史大潮流，是自然而然的大趨勢。

二、梁漱溟投身鄉建之經過

　　一九二四年，梁先生辭去北大教席，並接受教育家王鴻一
（1874-1930）邀請，轉往山東曹州辦學。**10**王鴻一等人當時的理

9　同上，頁 33-34。

10　梁先生自言辭去北大教席，是因要實踐自己的教育理想：「那時因為在教
　　育問題上我有了新的認識，而這種新的認識是當時的北京大學以至於其他
　　學校所無法實施的。……我辦學的動機是在自己求友，又與青年為友。所
　　謂自己求友，即一學校之校長和教職員應當是一班同志向、同氣類的，彼
　　此互相取益的私交近友，而不應當是一種官樣職務關係，硬湊在一起。所
　　謂與青年為友，含有兩層意思，一是幫着他走路，二是此所云走路不單是

想，是把曹州中學轉型為曲阜大學，並以專門研究中國學術與文化為辦學宗旨。梁先生對曹州中學進行了不少改革[11]，但最後還是因山東政局突變而不得不放棄。

曹州辦學的失敗，對梁先生造成很大打擊，他希望用儒家精神改造青年人的願望落空了，遂於一九二五年，帶着失望和抑鬱，回到北京隱居，並編輯父親遺稿。因後有十多位曹州中學的學生追隨而至，梁先生便在什剎海租了一所房子，與學生們同住共讀。值得一提的是，梁先生在此期間以「朝會」的形式講學，所謂「朝會」，就是梁先生與學生們在天未亮時起床，在屋外團坐，由梁先生講授心得體會，又或大家不說話，只在反省自己。[12]梁先生十分喜愛這形式，甚至認為這種反省是「生命中最可寶貴的一剎那。」[13]

指知識技能，而是指學生的整個的人生道路。而當時的學校教育，至多是講習一些知識技能而已，並沒有顧及到學生的全部人生道路。……為了實踐我這些對教育問題的新認識，新設想，我決定離開北京大學，自己試辦學校。」（見汪東林：《梁漱溟問答錄》〔香港：三聯書店，1988〕，頁49-50。）

11　這些由梁先生策動，最為後人津津樂道的改革主要有二項，第一是把劃一收費的做法取消，改為按學生家庭狀況來收費，令家境清貧的學生也有讀書機會。第二是讓學生多做打掃、燒水等零碎工作，目的是改變某些學生「肩不能挑，手不能提」的不良風氣。

12　梁先生十分喜愛朝會的教學方法，後來他在河南、山東從事鄉建時，也一直堅持下來，他在朝會中的即興講話亦被編為《朝話》一書，並於 1937 年出版，之後多次重印。

13　梁先生說：「在我們團坐時，都靜默着，一點聲息皆無。靜默真是如何有意思啊！這樣靜默有時很長，最後亦不一定要講話，即使講話也講得很

　　一九二六年，國民黨北伐，當時梁先生的好友李濟深（1885-1959）、陳銘樞（1889-1965）等，都一再勸他南下參加革命工作，祇是梁先生沒有答應。梁先生憶述箇中原因時，說：「他們說我不應該關起房門，高談哲學。蓋其時方以曹州辦學失敗回北京，謝絕各方邀聘，與一班青年朋友閉戶共讀。然在我怎能去呢？」[14]不久，北伐大軍攻佔武漢，這勝利令全國震動，但之後形勢逆轉，武漢軍人反對蔣介石（1887-1975），陳銘樞武漢戍衛司令的地位不穩，共產黨的興起等，都令梁先生感觸良多，有所覺悟：

> 　　我們至此方才恍然，我們幾十年愈弄愈不對的民族自救運動，都是為西洋把戲所騙……殊不知西洋戲法，中國人是要不上來的。……本來在我們過去幾年的懷疑煩悶中，亦不是沒有一點正面的積極的自己所見；譬如民國十二年春間我在山東曹州中學的講演，就已提出「農村立國」的話。這意思在我心裡萌芽得頗早……[15]

梁先生認為過去幾十年中國所推動的民族自救運動，都主張向西方學習，但其實西洋的路並不適合中國。中國要自救，就得從中國「以

少。無論說話與否，都覺得很有意義，我們就是在這時候反省自己，只要能興奮反省，就是我們生命中最可寶貴的一剎那。」（見氏著：《朝話》，收入《全集》〔卷二〕，頁 40-41。）

14　梁漱溟：〈主編本刊（《村治》）之自白〉，收入《全集》（卷五），頁 11。

15　同上，頁 14-15。

農立國」的處境來思考。梁先生早在一九二三年就已留意這個課題，而有關的思考正是鄉村建設的濫觴。

　　一九二七年，梁先生決定南下，並向當時出任粵軍總參謀長的李濟深提及他的期望。他憶述道：

> 　　這年底，李任潮再請我出鄉，我返廣州與他徹夜長談。我說：中國在最近的未來，將不能不是分裂的小局面，而在每個小局面中握有權力的人，下焉者便禍於地方，上焉者或能作些建設事業，這都不是我期望於你的，我所期望的是你能替中國民族在政治上、經濟上開出一條路來。如何開這條路，則我所謂「鄉治」是已。任潮先生表示同意我在廣東試辦「鄉治」。[16]

梁先生認為軍閥割據的情況會繼續，雖然有些軍閥或會為地方帶來建樹，但絕不能把中國的前途寄予在他們身上。要在政治上和經濟上開出一條路來，就得推行鄉治。梁先生繼續說：

> 　　所謂「鄉治」，包括後來的「村治」、「鄉建」，都是我辦教育思想的發展，即講學、搞學問要與做社會運動合而為一，不是單純地在課堂上講哲學，書齋裡做研究，而是有言又有行，與社會改造溶為一體，打成一片。[17]

16　汪東林：《梁漱溟問答錄》，頁 52。
17　同上，頁 52-53。

無論是鄉治、村治或是鄉建，都是指講學、做學問和社會運動合一的模式。這模式的特點為走出書室，以行動改造社會。

梁先生走出書室，貢獻社會，正是他被譽為「最後一個儒家」[18]、「行動的儒者」的原因之一。[19]

梁先生在一九二八年的一次演講中，說明了鄉治的重要性，以及自己籌辦鄉治的原因：

> 所謂鄉治者，是我認為我們民族前途的唯一出路；因為構成中國社會的是一些農村。大家每以為先要國家好，才得農村好；這實在是種顛倒的見解。其實是要農村興盛，全個社會才能興盛；農村得到安定；全個社會才能真安定。設或農村沒有新生命，中國也就不能有新生命。我們只能從農村的新生命裡來求中國的新生命；卻不能希望從中國的新生命裡去求農村的新生命。我的所謂鄉治，就是替農村求新生命的方法。……今年四五月間，我在建設委員會曾有一請辦「鄉治講習所」的提案。因為已經得了李主席的同意，所以在政

---

18 艾愷（Guy S. Alitto）教授說：「為什麼稱梁漱溟為『最後的儒家』。在近代中國，只有他一人保持了儒者的傳統和骨氣。他一生的為人處事，大有孔孟之風；他四處尋求理解和支持，以實現他心目中的為人之道和改進社會之道。」（見氏著：《最後的儒家──梁漱溟與中國現代化的兩難》〔南京：江蘇人民出版社，2003〕，中文版序言，頁3。）

19 韋政通稱梁先生為「一個行動而思考的儒者」，他說：「他是一個行動底人物，他也是為行動而思考。在行重於知這一點上，他是當代新儒家中，最能相應原始儒家精神的人。」（見氏著：《儒家與現代中國》〔台北：東大圖書，1984〕，頁219。）

治分會沒有通過以前，我就從事預備；來接辦一中，亦即與
此有關。**20**

梁先生指出，一般人以爲國家能帶動農村，所以國家好，農村便會
好，這其實是個誤會。眞正的情況是：農村才是帶動國家的火車頭，
當農村興盛、安定，國家才會跟着興盛、安定。鄉治之所以重要，
因它能爲農村帶來新生命，從而令中國也可得到新生命。梁先生開
辦「鄉治講習所」的提議得到李濟深同意後，他便隨即出任廣州第
一中學校長，爲鄉建工作準備。

後來，梁先生撰寫了《請辦鄉治講習所建議書》，報請國民黨
中央政治會議和廣州政治分會，要求開展鄉治的工作，可是，政
府內部對他的建議書遲遲未有回覆，後來雖然表示同意，但梁先
生認爲有關當局只是勉強應承，缺乏誠意，因此決意暫時放下鄉
建的工作，改爲到全國各地考察，以增加自己對鄉建的認識。直
至一九二九年的秋天，梁先生才到河南村治學院任教務主任，同
年十二月，村治學院招生，梁先生正式投身鄉村建設工作。

三、梁漱溟對中國社會的分析

梁先生一九二八起投身鄉建的工作，直至一九三七年，抗日
戰爭爆發才告終。梁先生從事鄉建差不多十年，期間有關鄉建的

---

20 梁漱溟：〈抱歉──苦惱──一件有興味的事〉，收入《全集》（卷四），
　　頁 840。

著作包括：《中國民族自救運動之最後覺悟》、《鄉村建設大意》、《鄉村建設理論》、《答鄉村建設批判》等，這些著作的觀點包括：中國不可跟隨西方走的因由，鄉村破壞的原因，鄉村建設的必須，中國社會結構的特色，村學的意義與結構等。

　　梁先生在《鄉村建設大意》中，分析中國社會與西方社會的不同時，指出中國社會缺乏團體生活，主要原因就是中國沒有宗教這種團體組織。至於其餘原因，分別為：中國的經濟生產形式屬小農制和手工業，中國過去一直沒有遇上國際競爭，所以國家無須緊密團結在一起等。此外，梁先生又指出，中國人零零星星的各自經營，根本無法與其他國家整體地、有組織地經營相比，以致經濟一蹶不振，因此他認為必須從建設鄉村入手，讓國人學習團體生活。換言之，鄉村建設的目的，就是創造注重團體生活的新文化。梁先生強調，這種創造得以中國老道理為根據，而中國的老道理，就是人生向上和重視倫理情誼。

　　梁先生對人生向上有如下說明：

> 　　何謂人生向上？人生向上就是不以享福為念，而懼自己所作所為有失於理。如古人所說的「食無求飽，居無求安，敏於事而慎於言，就有道而正焉」。所謂飽，所謂安就是人生幸福；所謂有道，所謂正就是人生之理。人生之理不假外求，就存乎人類自有的理性。理性雖自有，每借一個更有理性的人，即所謂「有道」之指點而得省悟開發。故人生向上

必尚賢尊師。*21*

人生向上就是不把人生目的放在飽食、安居等享受上，而是放在對
人生之理的追求上。人生之理存於人類自有的理性內，每借賢德之
士指點而得省悟，故要人生向上，必須尚賢尊師。

　　至於倫理情誼，梁先生說明如下：

　　　　總之，因情生義，大家都在情義中；大家從情分各盡其
　　義，這便是倫理……所以必須彼此有情，彼此有義，有情有
　　義，方合倫理，方算盡了倫理的關係。倫理關係怎麼講？就
　　是互以對方為重，彼此互相負責任，彼此互相有義務之意。*22*

倫理的根據就是人與人之間的情，人因情而盡義，以致彼此皆有情
有義。簡言之，以對方為重，彼此盡責任與義務，就是倫理。

　　在《鄉村建設理論》中，梁先生對倫理情誼有進一步說明：

　　　　人類情感中皆以對方為主（在欲望中則自己為主），故
　　倫理關係彼此互以對方為重；一個人似不為自己而存在，乃
　　彷彿互為他人而存在者，這種社會，可稱倫理本位的社會。*23*

---

21 梁漱溟：《鄉村建設大意》，收入《全集》（卷一），頁 660。

22 同上，頁 659。

23 梁漱溟：《鄉村建設理論》，收入《全集》（卷二），頁 168。

梁先生發揮以對方為重的觀念，指出以對方為重即為對方為主，甚至認為個體是為他人而存在。梁先生稱有這種看法的社會為「倫理本位的社會」。

此外，梁先生又在是書中，指出中國社會沒有階級對立，按他的意思，西方的地主與農奴，資本家與工人，構成了階級對立，而中國的士農工商皆為職業，不是階級，他如此說明西方社會之特徵：

> 在一社會中，其生產工具與生產工作有分屬於兩部分人的形勢——一部分人據有生產工具，而生產工作乃委於另一部分人任之；此即所謂階級對立的社會。[24]

至於中國社會之特徵則為：

> 生產工作者（農民、工人）恆自有其生產工具，可以自行其生產。各人作各人的工，各人吃各人的飯，只有一行一行不同的職業，而沒有兩面對立的階級。所以中國社會可稱為一種職業分立的社會。在此社會中，非無貧富、貴賤之差，但升沉不定，流轉相通，對立之勢不成，斯不謂之階級社會耳。[25]

梁先生認為，西方所以有階級對立，因為資本家擁有工產工具，可

24　同上，頁170。
25　同上，頁171。

以剝削工人。祇是中國的農民與工人，都擁有簡單的生產工具，能自行生產，因此皆可自給自足，所以說中國「有一行一行不同的職業，而沒有兩面對立的階級」，是一個「職業分立」的社會。在這社會中，貧富貴賤的情況皆有改變的可能，階級對立無法形成。

中國社會雖無階級對立，但卻正在崩潰邊沿。一方面，這固然是因西方勢力入侵後，中國在外交、軍事和經濟上連連失敗的結果。另一方面，五四期間，全盤西化論蔚為風尚，國人重視以個人為本位的西方思想，講求倫理關係的儒家思想無法立足，導致傳統中國社會急速崩潰。此外，中國傳統思想早已變得手段化、形式化，如國人已忘了人與人之間的尊重與敬愛是雙向的，以致視子一定要孝，婦一定要貞的單向模式為必然，這令中國當代知識份子厭棄本身文化，也加速了傳統社會及價值觀的瓦解。有見及此，梁先生認為要從鄉村入手，重新建設中國社會。

梁先生上述對中國社會的分析，同樣在他之後的《中國文化要義》中出現。梁先生於一九四二年開始寫作是書，一九四四年時因國難而輟筆，[26]兩年後又重新執筆，最後於一九四九年完成。在是書中，梁先生一針見血地指出，中西文化的分水嶺在宗教問題，西方社會以基督教信仰為中心，中國社會以周孔教化為中

26　1944 年，日軍侵華期間，梁先生終日為國事奔走，因而停止寫作。抗戰勝利後，他又成為中國民主同盟（民盟）秘書長，參與國共和談，直至1946 年，國共會談失敗，梁先生隱居在重慶北培勉仁學院，才重新寫作是書。

心，前者帶來了集團生活，後者帶來了倫理本位的生活。[27]基督教之所以帶來團體生活，因在一神信仰下，所有信眾皆以上帝為父，人人如兄弟姊妹般相親相愛，並且同以超脫世俗為人生目標。結果，一個超家族的團體——教會，便組織起來。

另一方面，中國因以周孔教化為中心，所以特別重視倫理關係，而欠缺宗教組織。梁先生於書中闡述了自己對倫理的體會，他說：

> 倫者，倫偶；正指人們彼此之相與。相與之間，關係遂生。家人父子，是其天然基本關係；故倫理首重家庭。……吾人親切相關之情，幾乎天倫骨肉，以至於一切相與之人，隨其相與之深淺久暫，而莫不自然有其情分。因情而有義。……倫理關係，即是情誼關係，亦即是其相互間的一種義務關係。倫理之「理」，蓋即於此情與義上見之。更為表示彼此親切；加重其情與義，則於師恆於「師父」，而有「徒子徒孫」之說；於官恆曰「父母官」，而有「子民」之說；

27　梁先生說：「以我所見，宗教問題實為中西文化的分水嶺。中國古代社會與希臘羅馬古代社會，彼此原都不相遠的。但西洋繼此而有之文化發展，則以宗教若基督教者作中心；中國卻以非宗教的周孔教化作中心。後此兩方社會構造演化不同，悉決於此。周孔教化『極高明而道中庸』，於宗法社會的生活無所驟變（所改不驟），而潤澤以禮文，提高其精神。中國遂漸以轉進於倫理本位，而家族家庭生活乃延續於後。西洋則由基督教轉向大團體生活，而家庭以輕，家族以裂，此其大較也。」（見氏著：《中國文化見義》，收入《全集》〔卷三〕），頁53。

於鄉鄰朋友，則互以叔伯兄弟相呼。舉整個社會各種關係而一概家庭化之，務使其情益親，其義益重。**28**

「倫」指人與人之間彼此交往的關係，而最基本的交往，必在家人之間，所以倫理關係第一個重視的對象，就是家庭。人與人的交往由家庭開始向外展開，當人與家庭以外之人建立了情義，即表現了倫理之「理」。「理」可遍及各種人際關係，並將之家庭化，如稱教導者為師「父」，稱受教者為徒「子」徒「孫」；又如稱關心人民的統治者為「父母」官，被統治者稱為「子」民等，都是「理」的表現。

與講述鄉建的幾本書不同，梁先生在《中國文化要義》中，講述中國倫理本位的特質，乃是要突出中國文化的優點，他說：

於此，我們必須指出：人在情感中，恆只見對方而忘了自己；反之，人在欲望中，卻只知為我而顧不到對方。前者如：慈母每為兒女而忘身，孝子亦每為其親而忘身。夫婦間、兄弟間、朋友間，凡感情厚的必處處為對方設想，念念以對方為重，而把自己放得很輕。所謂「因情而有義」之義，正從對方關係演來，不從自己立場出發。後者之例，則如人為口腹之欲，不免置魚肉於刀俎；狎妓者不復顧及婦女人格，皆是。人間一切問題，莫不起自後者——為我而不顧人；而

---

28 同上，頁81-82。

> 前者——因情而有義——實為人類社會凝聚和合之所托。古
> 人看到此點，知道孝悌等肫厚的情感要提倡。*29*

倫理關係令人活在情感中，以致以對方為重而忘了自己，如慈母會
為了兒子而忘記自己，孝子亦會為了母親而忘記自己。這種重對
方，輕自己的感情在夫婦、兄弟、朋友間常常可見，可稱之為「因
情而有義」。相反，若人只看重自己而不顧對方，必然會引起社會
問題，如狎妓便是一種不尊重對方的行為。因此，以對方為重，講
情義的倫理關係，必然會加強社會凝聚力，促進人與人之和諧，中
國先賢因此特別重視孝悌等情感的提倡。

　　梁先生在《中國文化要義》中，亦重覆了職業分途的觀點，即
中國無階級對立，只有士、農、工、商不同的職業。梁先生又在
是書中，特別指出中國在政治上沒有階級的特點。他認為，中國
的官吏來自民間，故必同情普羅大眾，而且他們亦深諳只有愛民
如子，才能令天下太平的道理，故不會造成政治上的階級對立。
他又說：

> 而況作官的機會，原是開放給人人的。如我們在清季之
> 所見，任何人都可以讀書；任何讀書人都可以應考；而按照
> 所規定一一考中，就可作官。這樣，統治被統治常有時而易
> 位，更何從而有統治被統治兩階級之對立？*30*

29　同上，頁91。

30　同上，頁152。

又說：

> 　　所以近代英國是階級對立的社會，而舊中國卻不是。此
> 全得力於其形勢分散而上下流通。……所不同處，就在一則
> 集中而不免固定，一則分散而相當流動。為了表明社會構造
> 上這種兩相反之趨向，我們用「職業分途」一詞來代表後者，
> 以別於前之「階級對立」。[31]

在中國，人人都可以有讀書和參與科舉考試的機會，只要考中，便
可作官，成為統治者，換言之，被統治者可隨時成為統治者，由是
統治者與被統治者的對立無法形成。梁先生稱中國這種流動的社會
特質為「職業分途」，以與西方的「階級對立」分別出來。

　　《中國文化要義》不單分析了中國社會的特質，也用了不少篇
幅，指出中國沒有科學的流弊。梁先生認為造成這流弊的原因，是
中國人看重人與人的關係，不會把人當物來看待，學問專在講求修
己安人，故發展不出科學來。總言之，《中國文化要義》分析了中
國社會之特質，指出了中國社會之問題與優缺點，是梁先生對中國
社會與文化長期思考的結果。

四、鄉建背後的出家精神

　　梁先生二十九歲以後，開始認同儒家匡時濟世的思想，認為

---

31 同上，頁156。

儒家入世的精神才是當時社會所需。這精神推動他離開北大，走進鄉村，立志改造崩潰中的中國社會。對中國社會的關心，促使梁先生撰寫了《鄉村建設大意》、《鄉村建設理論》、《中國文化要義》等書。當檢視這些書籍的內容時，不難發現，其中有不少重覆的論點，梁先生解釋說：

> 在內容上不少重見或復述之處，此蓋以其間問題本相關聯，或且直是一個問題；而在我思想歷程上，又是一脈衍來，盡前後深淺精粗有殊，根本見地大致未變。……要認識中國問題，即必得明白中國社會在近百年所引起之變化及其內外形勢。而明白當初未曾變的老中國社會，又為明白其變化之前提。現在這本《中國文化要義》，正是前書講老中國社會的特徵之放大，或加詳。32

梁先生要討論的是中國社會的問題，這些問題互有關連，又或根本是同一個問題，而他的思想又前後一致，所以同一論點會於不同時期的作品中重現，只是時代不同，討論的深淺亦有不同。梁先生指出，明白中國傳統社會的特徵，才能認清中國近百年來所面對的問題，這就是《鄉村建設大意》、《鄉村建設理論》等書都在講傳統中國社會特徵的原因，而《中國文化要義》的出現，無非為更深入、更詳細地討論這些特徵。

梁先生投身鄉村建設工作，又透過分析中國社會的特徵，探究

---

32 〈中國文化要義・自序〉，頁 3-4。

中國社會的問題，都是儒家入世、濟世精神的呈露。梁先生此時歸心儒家，其作品鮮有談及佛家義理，因此，本書只點出梁先生此階段作品的重心，以一窺其思想大要，而不作詳細討論。

特別值得一提的是：梁先生在一次名為「以出家的精神做鄉村工作」的講話中，曾表示鄉村工作的精神與出家的精神無有分別，他說：

> 真正的和尚出家，是被一件生死大事，打動他的心肝，牽動他的生命；他看到眾生均循環沉淪於生死之中，很可憐的，所以超脫生死，解決生死，遂拋棄一切，不顧一切。現在我來作鄉村運動，在現在的世界，在現在的中國，也是同和尚出家一樣。我同樣是被大的問題所牽動，所激發；離開了朋友，拋棄了親屬，像和尚到廟裡去般的到此地來。因為此事太大，整個的佔據了我的生命，我一切都無有了，只有這件事。……在佛家原是為眾生，悲憫眾生，為眾生解決生死；這種不忘眾生，念着眾生的心理，作鄉村運動的人，應當仿效。[33]

一個人若被眾生在生死海中沉淪的苦況所打動，以致生起救渡眾生的悲願，便會有拋棄一切，不顧一切出家的行動。同樣，梁先生投身鄉村建設，乃是被中國前途問題牽動的結果。為了建設鄉村，梁先生離開了朋友與親人，走到窮鄉僻壤去，情況就像和尚拋棄一

切，到廟裏去出家一樣。梁先生又認爲，鄉村建設者應該學習佛家悲憫眾生，不忘眾生的情懷來工作，可見他是以出家情懷來投身鄉建工作的。學者們大都認爲，梁先生受儒家入世精神的影響，所以投身鄉建工作，卻少有人提及，梁先生建設鄉村的舉動，其實亦是出家精神的展現。

第七章 從《人心與人生》分析晚年梁漱溟對佛教的肯認

一、《人心與人生》遲遲未能動筆之因

民國初年，軍閥混戰，政局動盪，傳統價值觀面臨前所未有的衝擊。梁先生認為，中國要自救，必須先由農村開始，再由農村帶動國家，發展工業，建立新的經濟結構。[1]於是，梁先生在一九二

---

1 梁先生說：「農業是比較可以活動的。因為我們在農業上根基厚，要翻身，這裡比較是個憑藉。頭一樣，工業生產的要件是資本（指機器及一切設備）；農業生產的要件是土地。土地在我們是現成的；資本是我們所缺乏的。第二樣，工業生產需要人工少，農業生產需要人工多。人工在我們是現成的；工業上所需動力是不現成的。第三樣，工業生產需得找市場；不要說國外市場競爭不來，就國內爭回市場來說，一則適值中國人購買力普遍降低，二則正在外國人傾銷政策之下，恐怕很少希望。農業生產極富於自給性，當此主要農產品還不能自給時，似乎不致像經營工業那樣愁銷路。總之，當前的問題，既在急需恢復我們的生產力，增進我們的生產力；而農業與工業比較，種種條件顯然是恢復增進農業生產力切近而容易。」（見氏著：《鄉村建設理論》，收入《全集》〔卷二〕〔濟南：山東人民出版社，2005〕，頁 504-505。）

七年到廣東，實驗他的「鄉治」計劃。所謂鄉治，即「從鄉村自治入手，改造舊中國」（後來改稱爲「鄉村建設」）。梁先生曾到不同地方考察鄉村工作的情況，[2]以更深入地明白鄉建的問題和困難。一九三一年，三十九歲的梁先生於山東鄒平縣推動鄉建工作，直至一九三七年，抗日戰爭爆發爲止。

雖然日軍入侵，令鄉建工作停止，但梁先生卻沒有停下來，他到處呼籲國人團結抗日，並發表了〈我們對時局的態度〉、〈我們如何抗敵〉、〈怎樣應付當前的大戰〉等文章，闡明自己對抗戰的看法，如要進行持久抗戰，組織農民抗敵等。此外，梁先生於一九三五至一九三七年間，應邀四出到各地講學，主題包括鄉村建設、中國文化、抗戰策略等。

自從日寇侵華後，梁先生便爲國事四出奔走，一九三七年，四十五歲的梁先生以鄉建派代表的身份，[3]參加了國防最高會議參議會，與各界人士共商抗日大計。一九三八年，梁先生被委任爲國民參政會的駐會委員，向政府提出種種施政建議。一九四一年，四十九歲的梁先生創立了「中國民主政團同盟」，目的爲平衡國共兩方勢力，並促進兩黨和解。

---

2 梁先生先後考察過黃炎培領導的中華職業教育社在江蘇昆山縣徐公橋進行的鄉村改進實驗，晏陽初領導的中華平民教育促進會在河北定縣進行的平民教育實驗，以及閻錫山在山西進行的村政運動。

3 當時除了梁先生外，還有不少人推動建設農村的運動，如陶行知、晏陽初、黃炎培、江問漁、俞慶棠等，他們都透過興辦教育、改良農業、流通金融、提倡合作等方法，以復興農村經濟，並實現「民族自救」。這些人皆被稱爲鄉建派。

　　一九四一年九月，梁先生在香港創辦《光明報》，旨在宣傳同盟的政治主張，建立海外言論陣地。可惜在同年十二月，日軍攻入香港，梁先生在日軍追逼下，祇得逃回桂林。逃亡過程中，梁先生曾被匪徒持刀威脅，又遇到日軍戰機及軍艦襲擊，險死還生，抵達桂林後，梁先生對自己能化險為夷感慨殊深，遂執筆寫成〈香港脫險寄寬恕兩兒〉。梁先生在信中說：

　　　　前人云：「為往聖繼絕學，為來世開太平」，此正是我一生的使命。《人心與人生》等三本書要寫成，我乃可以死得；現在則不能死。又今後的中國大局以至建國工作，亦正需要我；我不能死。我若死，天地將為之變色，歷史將為之改轍，那是不可想像的，萬不會有的事！[4]

梁先生強調自己的使命就是繼承先賢之學，而方法就是寫成《人心與人生》等書。由於這使命甚為重要，所以書未寫成，自己就不能死。[5]

　　之後數年，梁先生一方面積極地為中國民主政團同盟作宣傳及招攬會員，一方面推動地區性的抗日工作。一九四四年，中國民主政團同盟改名為「中國民主同盟」（民盟），去掉政團二字，無非

4　梁漱溟：〈香港脫險寄寬恕兩兒〉，收入《全集》（卷六），頁343。
5　梁先生也在信中，為自己的生命賦予文化意義，又把自己一生與儒學的前途連繫起來，後人亦因此評定他為當代新儒家學者之一，有關論述，可參本書導論。

爲吸納更多無黨派人士，而民盟也成了國共以外的第三勢力。當時五十二歲的梁先生被推選爲民盟的中央常務委員兼國內關係委員會主任，之後更接任爲秘書長。這些身份令梁先生在抗日勝利後，仍得爲中國問題操心，如參加政治協商會議及國共會談等，都是明顯的例子。

梁先生在一九四五年時，因感自己在政治上的努力徒勞無功，一度淡出政壇，但一九四九年，中華人民共和國正式成立後，因毛澤東禮遇有加，常邀自己到家中作客，暢談時局，[6]故在一九五零年，內戰結束後，便又開始積極參予政府工作和政協會議。祇是好景不常，一九五三年，六十一歲的梁先生於全國政協第十九次常委擴大會中，批評共產黨沒有照顧農民利益，形容城市人生活在九天，農民生活在九地，結果被毛澤東及黨員們公開批評。梁先生因此決定閉門思過，拒絕出席政治會議和活動，也很少公開說話。然而，淡出政壇的日子，正好給予梁先生寫作的空間，他於一九六零

---

[6] 在 1953 年之前，毛澤東每一、二個月便約梁先生談話，梁先生印象較深的有六次，第一次是 1950 年 3 月 12 日晚，毛澤東邀請梁先生參加政府工作，但被婉拒。第二次是同年 9 月 23 日晚，梁先生向毛澤東匯報了他到山東、河南和東北農村考察的結果。第三次是同年 10 月 25 日，梁先生向毛澤東表明反對中共派兵參加朝鮮戰事。第四次是 1951 年 9 月 3 日晚，梁先生向毛澤東講述了西南方土改的情況。第五次發生在 1951 年，日期不詳，梁先生向毛澤東討教馬列思想，毛主席向他講述了中共的總綱領與總方針。梁先生聽後，心誠悅服，認爲中共領導下的中國，前景必然一片光明。第六次是 1952 年 8 月 7 日，梁先生要求到蘇聯做研究，但毛澤東拒絕了。

年正式動筆寫作《人心與人生》。

　　一九六六年，文化大革命爆發，七十四歲的梁先生慘被批鬥，書稿亦被紅衛兵抄走。然而，梁先生就在這期間，憑記憶寫成了《儒佛異同論》，接着又寫《東方學術概觀》。一九六八年，梁先生被劃成右派，每天都要掃街、勞動。然而，隨着文化大革命愈鬧愈烈，批鬥的項目愈來愈多，梁先生因而被忽略了，無人再批、再鬥，可以潛心寫作。一九七三年，江青（1914～1991）策動「批林批孔」運動，但梁先生堅持「不批孔，但批林」，結果又引發另一次共產黨對他的批判。[7]黨人對他批判十多個月後，其立場仍然沒有改變，上級認為他是個不會悔改的反動份子，與他糾纏下去並無意義，結果對他的批鬥便不了了之。此後，四人幫下台，國家開始對文革的錯誤作出翻案，梁先生才得以過較為平靜的日子，《人心與人生》亦最終於一九七五年完成。

7　梁先生憶述道：「從 3 月而 4 月，而 5 月、6 月、7 月，大抵均在學習批孔，實際上無非對我的批判鬥爭，此不細述。先則每周四次會，後減為三次。八月份因天熱，又減了一次。在此時期，本小組而外，各學習組均對我們進行背靠背批判。預先宣佈九月將召開五個學習小組聯席批林批孔大會。此會於 9 月 10 日、20 日、21 日連續開會，先後發言者 14 人，均從批林批孔入手，集中批判我。最後一次大會宣佈，月內各組可就大會批判發言自行座談兩次。在本組 9 月 23 日會上，召集人曾徵問我對幾次大會有何感想，我答云：『三軍可奪帥也，匹夫不可奪志。』……『匹夫』就是獨自一個，無權無勢。他的最後一着只是堅信他自己的『志』。甚麼都可以奪掉他，但這個『志』沒法奪掉，就是把他這個人消滅掉，也無法奪掉！」（見汪東林：《梁漱溟問答錄》〔香港：三聯書店，1988〕，頁 193-194。）

　　縱觀梁先生發表《東西文化及其哲學》後，便積極投身鄉建及政治，以致無暇寫作。事實上，梁先生早在一九二六年便以「人心與人生」為題，於北京西郊大有莊向朋友和學生作出演講。一九二七年，北京各大專院校的學生會聯合舉辦寒假學術講演會，梁先生受邀發表演說，他以相同題目作了一次歷時一個月的演講。一九三四年，他又以同一題目在山東鄉村建設研究院向研究部師生演講。這三次演講皆有記錄，可見梁先生早就有意寫作《人心與人生》，他亦在一九二六年及一九五五年兩度寫作是書的序言，祇是始終沒有正式動筆。一九四一年，梁先生從香港逃亡回桂林途中，險死還生，在這情況下，他仍掛記著《人心與人生》，甚至表明書未成，自己不能死，可見是書的重要。梁先生在解釋為何遲遲沒有動筆時，指出《人心與人生》關注的為人生問題，而日本入侵以後，自己忙着關注中國問題，人生問題這種沒有時間性的研究便自然地被放在一旁。[8]

　　一九五三年以後，梁先生淡出政壇，才有機會執筆寫作。梁先生於一九六零年正式動筆撰寫《人心與人生》，一九六六年，梁先

8　梁先生說：「我一生心思力氣之用恆在兩個問題上：一個是人生問題，另一個可說是中國問題。不待言，《人心與人生》就是屬於人生問題一面的。而自從 1931 年的『九一八』事件後，日寇向中國進逼一天緊似一天，直到『七七』而更大舉入侵，在忙於極端緊張嚴重的中國問題之時，像人生問題這種沒有時間性的研究寫作之業延宕下來不是很自然的嗎？」（見氏著：〈《人心與人生》自序〉，收入《全集》〔卷三〕，頁 526-527。）

生寫成是書的一至七章，可惜書稿在文革期間被抄走，[9]後來書稿雖獲發還，但梁先生又往往忙於寫作其他文章，以致一直拖至一九七五年才能完成寫作，並在一九八四年自資出版。由梁先生於一九二六年立意寫作《人心與人生》，到是書的出版，前後歷時長達五十八年，梁先生晚年接受艾愷訪問時，表示是書十分重要：

> 我做了什麼工作？我就是寫了那一本《人心與人生》。假定說在學術方面我有貢獻，也就是有成就吧，那就是那本書，《人心與人生》這書。我盡我的頭腦、精力發揮，把我所能做的在學術思想方面的就是那本書，《人心與人生》。[10]

9　根據梁先生的回憶，以及許多記述梁先生生平的資料，都表示《人心與人生》的手稿在文革時被紅衛兵抄走。但根據梁先生兒子的憶述，事實並非如此：「《人心與人生》半部手稿雖說被抄去，起初一段時間，其實近在咫尺。他（按：指梁先生）此時住在小南屋，而手稿就在北屋地上。這是父親講給我聽的。紅衛兵沒有將手稿隨其他物品一並裝車運走（這是萬幸）。紅衛兵撤走，那一摞紙赫然放在地板上。自此，時時在他的目注『守護』之下。開門的鑰匙是在一位姓韓的民警手裡，他對這位民警說：那一摞稿紙對我來說非常重要，它對別人沒有用，能夠還給我嗎？民警說：自己的責任是看守這屋子不讓人進來，沒有權力動這裡的東西，但是他可以注意着不讓人隨便拿走。」（見梁培恕：《梁漱溟傳——我生有涯願無盡》〔香港：明窗出版社，2001〕，頁450-451。）

10　艾愷採訪，梁漱溟口述，一耽學堂整理：《這個世界會好嗎：梁漱溟晚年口述》（上海：東方出版中心，2006），頁127。

梁先生當時已是八十八歲高齡，他回望自己一生，認為自己在學術方面的貢獻和成就，就是寫了《人心與人生》，又指出是書乃他絞盡頭腦，耗盡精力的成果。

二、寫作原因及重點所在

在經歷過動盪的時局和人生的種種起跌後，梁先生仍然堅持寫作《人心與人生》，必然有他特別的理由。梁先生在《人心與人生》最後的〈書成自記〉短文中，就舉出了兩個原因：

> 若問其何以於自己所不能勝任的學術上根本性大問題——人心與人生——竟爾勇於嘗試論述者，則亦有故。第一，年方十六七之時對於人生便不勝其懷疑煩悶，傾慕出世，尋究佛法。由此而逐漸於人生有其通達認識，不囿於世俗之見，轉而能為之說明一切。環顧當世，此事殆非異人任。第二，生當世界大交通之世，傳來西洋學術，既非古人囿於見聞者之所及，抑且遭逢世界歷史大變局、祖國歷史大變局的今天，亦非生活在幾十年前的前輩人之所及。當全人類前途正需要有一種展望之際，吾書之作豈得已哉！[11]

梁先生表示自己對與人心和人生相關的學術研究並不熟悉，但仍勇

11　梁漱溟：〈人心與人生·書成自記〉，收入《全集》（卷三），頁771-772。

敢地堅持寫作，不怕貽笑大方，一方面因為自己自少便研習佛法，對人生有通達的認識和獨到的見解，非時人所能及，故說明相關問題的責任祇能由他來承擔。此外，當時西學大量湧入中國，中國政局亦經歷了空前的變化，這形勢非前人所能預計和理解。要在這新形勢下展望將來，他不得不寫《人心與人生》。此外，梁先生又說：

> 在講儒家倫理思想中，輒從我自己對人類心理的理解而為之闡說。此種闡說先既用之於《東西文化及其哲學》，其中實有重大錯失，此番乃加以改正。其改正要點全在辨認人類生命（人類心理）與動物生命（動物心理）異同之間。此一辨認愈來愈深入與繁密，遂有志於《人心與人生》專書之作。*12*

梁先生在寫《東西文化及其哲學》時，按照當時自己對人類心理的理解，來講儒家倫理思想，後來發現這些理解多不正確，欲藉寫作《人心與人生》以作糾正。至於糾正的重點，要為辨認人類生命與動物生命的不同。

梁先生在《人心與人生》的開始就指出人跟動物的不同所在：

> 講到人，離不開人心。要必從人心來講，乃見出人類之首出庶物。非然者，只從其機體構造、生理運行乃至大腦神

---

12 同上，頁 770。

　　經活動來講，豈非基本上曾無以大異於其他許多高等動物乎？[13]

從身體構造、生理運行，大腦神經活動來說，人與其他高等動物，如猴子等並無基本分別，梁先生認爲二者主要不同地方，乃在於人有心。

　　梁先生又指出，人心的活動是透過日常生活的語默動靜表現出來，換言之，「人心」是透過「人生」來表現。梁先生認爲，人生不單是指生命個體，也泛指社會群體。雖然動物也有其社會，但它與人類社會有莫大分別：

　　　蜂蟻有社會，顧其社會內部結構、職分秩序一切建築在其身之上。說身，指其生來的機體暨本能。人類生命重在其社會生命之一面，曾不異乎蜂蟻也。顧所以形成其社會者，非同蜂蟻之在其身與身之間，而寧在人心與心之間焉。試看蜂蟻社會唯其從先天決定者如是，故其社會構造形態乃無發展變化，而人類不然。人類社會自古及今不斷變化，形態構造隨時隨地萬千其不同。[14]

梁先生以蜂、蟻爲例，指出動物社會結構和秩序建基於先天生理本能，其特徵爲缺乏變化。與動物不同，人類社會的基礎乃在人心，

13　梁漱溟：《人心與人生》，收入《全集》（卷三），頁538。
14　同上，頁539。

其特徵為不斷變遷。

梁先生以人心的特徵為「能靜」，意即在面對問題時，懂得猶豫思考，保持冷靜，從而得以擺脫本能的約束，從事理智的活動。相反，動物缺乏能靜的特點，蜂蟻等節肢動物更祇懂依循本能生活，故欠缺理智。[15]

人心這能靜的特徵，亦是人自覺的來源，梁先生說：「自覺與心靜是分不開的。必有自覺於衷，斯可謂之心靜；唯此心之靜也，斯有自覺於衷焉。」[16]言下之意，自覺與心靜是一事之兩面，有自覺即心靜，心靜即有自覺。

至於何為自覺，梁先生指出，人在聽到聲音時，知道自己聽到什麼聲音；人在說話時，知道自己在說什麼，這就是自覺。此外，人知道自己動念，又知道自己對動念一事有所知，也是自覺的表現。

梁先生非常重視自覺，以自覺為心之本質。[17]他指出人類自覺的發揮可分為外、內兩方面。自覺向外發揮即生命向外，其活動必然與外物相對，梁先生稱之為「有對性活動」，其特點在於以利用與反抗的態度來對待外物。這態度發展下去，形成了制宰外物的知

---

15 梁先生引用科學家對黑猩猩莎立的研究，指出牠雖有學習數學的能力，卻不能安靜，所以祇能認識至數字五。他又引用科學家對印度獼猴栗齊之研究，指出栗齊看到在玻璃瓶內的花生米時，祇會嘗試咬開瓶子，而不懂把瓶子倒轉過來，以取出花生米。雖然科學家在牠面對屢試示範，但牠始終不能領悟，從而證明了動物不能安靜。

16 梁漱溟：《人心與人生》，頁 587。

17 梁先生說：「吾書開宗明義曾謂：人之所以為人在其心；而今則當說：心之所以為心在其自覺。」（見同上，頁 593。）

識，人類就是憑這些知識來主宰大自然。自覺向外的生命以西洋學術爲代表，以其對自然界的控制與利用最爲顯著。

　　至於自覺向內發揮，即生命向內，反省自身，則爲東方文化的特長。

> 　　（一）當人心轉而向內以發揮其自覺性也，或以身內氣血運行（這裡屬植物性神經系統本來自覺隱昧的）爲自覺對象，求其深造於運用自如者，此即中國道家功夫。[18]

當人觀察自己內心，發揮其自覺性，又或以自己氣血運行情況爲觀察對象，並對這情況作出控制，便產生了道家功夫。與西洋學術相反，東方文化的其中一個特點，就是「與物無對」，梁先生對此如下說明：

> 　　無對者，謂超離乎利用與反抗而歸於渾全之宇宙一體也。前不云乎「當人類生命從動物式本能解放出來，便豁然開朗通向宇宙大生命的渾全無對去」⋯⋯正以人類生命自始便打開了通向宇宙生命的大門；不過一般說來，人生總在背向大門時爲多耳。其嘿識乎自覺而兢兢業業正面向着大門而生活，由有對通向無對，直從當下自覺以開拓去者，則中國儒家孔門之學也。[19]

18　同上，頁 663。
19　同上，頁 663。

所謂「無對」，就是不以利用與反抗的態度來對待外物，故能與萬有相感通，從而達至「宇宙一體」的境界。人若能從動物本能中解放出來，就可達至此境界，而儒家所強調的內省能力，能使人突破動物本能，讓人從「有對」通向「無對」。

佛家作為東方學術的一門，也表現出這「無對」的特點；祇是跟儒家不同，它是從否定人生、超越人生的觀點達至無對：

> 儒家始終站在人生立場上，而印度佛家則否定人生，超越乎人生立場，皈依乎無對，轉從無對來引導（有對中的）一切眾生。**20**

否定人生意謂俗世的人生並無價值，超越人生意謂從更高的角度看人生時，人所追求的事物應在塵世以外。既然今生今世並無價值，有情自然不會執着外物，從而能達至「與物無對」的境界。

梁先生藉講解自覺，帶出西方文化、東方文化，以至道、儒、佛之學的特色。他又進一步指出，學術旨在解決人生種種問題，而因應人生問題的不同，便有不同的學術。梁先生認為人生問題可分為三大類：

> 人生蓋有性質不相同的三大問題：1.人對物的問題；2.人對人的問題；3.人對自身生命的問題。問題淺深次第昭然

---

20 同上，頁 663。

　　可睹。……儒家之學適應於人生第二問題；佛家之學適應於
　　人生第三問題……*21*

梁先生又在《人心與人生》其他地方，進一步說明這三類問題的特
點：

　　第一問題是人對於物的問題，為當前之礙者即眼前面之
　　自然界；——此其性質上為我們所可得到滿足者。

　　第二問題是人對於人的問題，為當前之礙者在所謂「他
　　心」；——此其性質上為得到滿足與否不由我一方決定者。

　　第三問題是人對於自己的問題，為當前之礙者乃還在自
　　己生命本身；——此其性質上為絕對不能滿足者。*22*

人生三大問題即人對物的問題，人對人的問題，以及人對自身的問
題。第一類問題關乎自然界對人心的障礙。這障礙可通過改造客觀
環境，改善物質世界而得到解決，故此梁先生認為，人類解決第一
類問題的意欲可得到滿足。西方文化藉科學方法，來克服大自然對
人的限制，便最能表明箇中道理。第二類問題關乎其「他」人的「心」
對自己的心的障礙，因人不能控制「他」人的「心」的看法，故人
類解決第二類問題的意欲可否得到滿足，為不可確定。中國的儒家

21　同上，頁 664-665。
22　同上，頁 728-729。

特別關注人倫關係，又注重「反求諸己」、「盡其在我」的自省功夫，讓個人能調節自己心理，以獲得內心的滿足，便是要解決此問題。第三類問題關乎自我生命對自己的心的障礙，人雖不想經歷老、病、死，但生命總不能避免老、病、死，故人類解決第三類問題的意欲不可能得到滿足。印度的佛家視老、病、死為生命不可抗拒的困局，欲以出世的方法擺脫這困境，便是要回應這問題。

梁先生認為這三類問題自淺至深依次漸進，以第三問題為最終極，故西方文化、中國儒家文化及印度佛教文化有層層遞進的關係，當中又以印度文化最圓滿。值得一提的是，梁先生早在《東西文化及其哲學》中，已談及過這三類問題，又就解決這些問題的意欲可否得到滿足作出討論，從而突顯了西方、中國、印度三大文化生活取向的不同。他在《東西文化及其哲學》中指出，西方文化以意欲向前要求為其根本精神，特徵為征服自然，旨在解決人對物的問題。中國文化以儒家為代表，以意欲持中調和為其根本精神，特別重視安分知足的生活，強調人際間之融洽，旨在解決人與人的問題。印度文化即佛教文化，以意欲反身向後為其根本精神，特徵為要生活而不要老、病、死，但這是不可能的，故它只得以不要生活，以把問題取銷的方法來解決人與自身的問題。梁先生又指出，印度文化會繼中國文化之後復興，可見梁先生對世界文化三路向的理解，多年來都沒有改變過。

三、大乘佛教為最圓滿的出世法

在《人心與人生》較後部分，梁先生用了不少篇幅來講述宗教，其中又以佛教着墨最多。

梁先生認爲宗教信仰對人類社會極其重要，它雖然不能作爲食物或飲料，以維持人的生命，卻能令人精神安穩，生活安心，他認爲宗教有下列兩項特質：

> 甲，宗教在人的理智方面恆有其反智傾向即傾向神秘超絕，總要在超知識、反知識之處建立其根據；

> 乙，宗教在人的情感意志方面恆起着慰安勖勉作用，俾人們感情動搖，意志頹喪者，重自振作生活下去。如所云安心立命者是。[23]

宗教第一項特質爲反智，即傾向神秘超絕。第二項特質爲安慰勉勵人，使人重新振作，生命得到安頓。他進而指出宗教的主旨爲出世：

> 宗教者出世之謂也。方人類文化之萌而宗教萌焉。方宗教之萌而出世之傾向萌焉。[24]

23　同上，頁 704。
24　同上，頁 705。

梁先生明確地表示，宗教就是出世。人類文化出現之際，就是宗教生起之時，而出世傾向亦同時萌生。梁先生早在《東西文化及其哲學》中，就已力言宗教必然具有出世傾向，[25]可見梁先生一直都視宗教的眞義爲出世間。

　　梁先生在《東西文化及其哲學》中，曾把宗教分爲低級和高級，前者指膜拜動、植物及大自然的信仰，後者指敬拜上帝的基督教。此外，他又於該書中，以佛教爲印度，以致人類最高明的宗教。在《人心與人生》中，梁先生根據宗教出世之表現，區分宗教爲初級、高級、最高級三層次：初級宗教即常途所謂多神教，其崇信對象或爲族姓祖先，或爲鄉邦神祇，或爲山水之神。這些神祇大部份源於人的虛構幻想，人們崇信它們無非爲要除禍得福。高級宗教即常途所謂一神教，它以主宰世界的獨一上帝爲崇信對象。除了基督教和天主教外，伊斯蘭教亦屬高級宗教。梁先生表示，這些宗教宣揚平等博愛，鼓勵信徒犧牲自我，捨身赴義，注重貞潔，重視哲理思維，比多神教更能發揮人類生命卓越偉大的精神，也更能表現人類慧悟的能力。祇是一神教宣說神創造宇宙，梁先生視此爲假設虛想，超越了知識所能理解的範圍，仍帶有迷信成份。

---

25 梁先生在《東西文化及其哲學》中寫道：「宗教爲什麼定要這樣呢？原來所以使他情志不寧的是現有的世界，在現有的世界沒有法子想，那麼，非求之現有世界之外不可了，只有衝出超離現有的世界才得勸慰了。……因此一切宗教多少總有出世的傾向──捨此（現有世界）就彼（超絕世界）的傾向。因爲一切都於現有世界之外別闢世界，而後藉之而得安慰也。『超絕』與『出世』實一事的兩面，從知識方面看則曰超絕，從情志方面看則曰出世。」（見《全集》〔卷一〕，頁419。）

　　至於最高級宗教，梁先生以佛教為其代表。他指出，多神教及一神教皆有外在崇信對象，以致其追隨者予人智力不足，心靈脆弱的印象。由於人的生命具有向上奮進，自強不息的可能，故不會以相信多神教或一神教為滿足。梁先生就此舉出佛祖釋迦牟尼為例，以資說明。釋迦本為太子，生活豐足，又享家室之樂，卻為了尋找人生問題的答案，毅然出家，這正是生命向上奮進的表現，也是宗教出世間精神的發揮，其中並不涉及迷信成份。梁先生又澄清佛陀旨在教人出世，而不在導人厭世：

> 　　更深一層言之，從乎向上心而否定人生志切出世者宜為正信而非迷信了。然人的欣厭好惡皆根於俱生我執而來。此與生俱來的深隱我執（不是現於意識上的分別我執）完全是迷妄的，其由此而來的厭離世間之念同屬迷妄也何疑？[26]

若出世的志向源自厭惡之情，這依然是一種我執，乃屬迷妄之事。梁先生接着引用佛教的觀點解釋云：

> 　　眾生與佛原自無別，其別只在迷與悟之間而已。然迷妄豈有實在性？譬如迷於東西方向者，東西何嘗為之易位？眾生自性是佛，固未嘗以迷而改；一朝覺來，依還是佛。問題

26　梁漱溟：《人心與人生》，頁 712。

只在無始以來習氣重重，積習難返耳。出世之念仍身處迷
中……。*27*

根據佛教，眾生即佛，二者的分別祇在一念的或迷或悟。迷妄並非
實在，並不會影響眾生的本性。如有人迷路，不辨東西，但東、西
方向並不會因此而改變；同樣道理，眾生即佛這事實不會因我執所
生起的迷妄而改變，眾生一旦覺悟，依然是佛。雖然無始已來的習
氣令人難以覺悟，但眾生在迷妄中仍可有出世之志，由是觀之，迷
妄的世間可以是證悟佛果的道場。

梁先生對佛教的出世間義極其欣賞，透過對比大乘和小乘佛教
的特色，強調究極的出世間法唯在大乘佛教處才可找到：

> 圓滿的出世法唯於佛教大乘見之……須知出世是佛教
> 小乘，偏而未圓；大乘菩薩「不捨眾生，不住涅槃」出世了
> 仍回到世間來，宏揚佛法，利濟群生，出而不出，不出而出，
> 方為圓滿圓融。*28*

小乘佛教教人出離現前世間，以證得涅槃，梁先生認為其教學法仍
有偏執，其「出世」並不圓滿。大乘佛教教人不要住着一己的涅槃，
在出世後還要回到世間，宏揚佛法，普渡眾生。梁先生認為這種由
大乘所弘揚，「出而不出，不出而出」的「出世」精神，才是最圓

27　同上，頁 712。
28　同上，頁 716。

滿、最圓融。要特別指出的是，梁先生在《東方學術概觀》這部晚年作品中，也對大乘的出世間法予以盛讚，認為儒家屬世間法，其關注層面為無常的世間，而佛教的關注層面超出了世間，但出世間又能回到世間來，是究竟的教學法，梁先生晚年明顯再次對佛教作出了肯定。

《人心與人生》十分重視出世間法，特設專節，通過對比世間和出世間，力言出世間為最究極真實，是眾生通過實踐所可以證悟的，其說明主要以大乘唯識宗的教說為根據，反映了梁先生以「圓滿的出世法唯於佛教大乘見之」的觀點，以及他對唯識宗的尊崇。依梁先生的理解，「世間」包括宇宙的一切生物和無生物，它們不斷生滅變化，即哲學家所說的「現象」；「出世間」是世間得以存在的依托，它無生無滅，即哲學家所說的「本體」。現象與本體屬不同層面，卻不可截然二分，它們既「不一」又「不異」。梁先生就此引述佛教「即一切法」而「離一切相」的說法作為印證：

> 現象、本體可以分別言之，而實非二事，是即不一又不異矣。世間、出世間即哲學家所說現象與本體也。現象是生滅的，本體則無生滅可言。從乎佛家言語，「即一切法」而「離一切相」，那便是出世間了。[29]

梁先生認為，不生不滅的出世間「本體」，為最終極的真實，眾生

29　同上，頁 716-717。

可以通過實踐佛家的瑜伽功夫，斷除一切執取而體證：

> 出世間者：從乎佛家逆着生機體向外逐物之勢的瑜伽功
> 夫，斷離二取……，萬象歸還一體（宇宙本體、空無一切相），
> 生命卒得其解放，不復沉淪在生死中之謂也。**30**

有情如能體證這出世間本體，便能從生死世間中超脫出來，生命亦
得以釋放。

　　然而，眾生迷妄，視生滅的世間為外在的、固定的，並以此為
理由，認為世間不可以出離，進而認為出世間為不可能。梁先生坦
言此乃誤解，他引用佛教依、正二報的觀念，指出生物為「正報」，
無生物為「依報」。**31**正報和依報都是因業報而產生，並非不能改
變和超離。

　　梁先生又指出，萬象紛紜的世界皆因我執而來，而人類的我執
比動物更活躍，乃因人具備了了別粗顯外境的前六識，及執第八識
為我的第七識所使然。而第六及第七識皆為出世間的障礙：

> 生命從最低級升達最高級如人類生命者，其我執乃最活
> 躍，最頑強。活躍者，其顯露於第六意識上的分別我執也；
> 頑強者其隱伏恆轉無已之俱生我執則在第七識緣第八識

---

30 同上，頁 722。

31 正報為有情依過去善惡業而感得的身心生命，泛指眾生世間；依報為身心
所依止的外在環境，泛指國土世間。二者合稱二報。

上，人雖沉睡若死，或大腦震傷悶絕，而其體內生理活動不停息者，為此俱生我執在也。如佛家所說，由我執有「煩惱障」，由法（物）執有「所知障」。二障原於二執，於是而有變生萬象的能取、所取那二取。破二執、除二障，斷二取，便從生死無休中超脫出來。……佛家瑜伽工夫要在消除妄情，轉識而成「智」。[32]

第六識能生起分別我執，第七識執取第八識帶來俱生我執，[33]而我執又引起煩惱障。[34]有情不單有我執，還因執萬法為實有而有法執，法執能引起所知障。[35]此二障又能衍生能取與所取，前者指認識的主體，後者指被認識的對象，二者合起來，便成萬象紛呈的世間。換言之，只要破二執、斷除二障與二取，便能證得出世間。而唯識宗教人以瑜伽功夫，說明轉識成智的可能[36]，因此，出世間絕非不可能之事。

　　此外，梁先生引述唯識宗的「四種真實」，來支持他認為出世

32　梁漱溟：《人心與人生》，頁 723。

33　因種種虛妄分別而執自我為真實，又或分別我能行惡行善，並進而生起執着，是為分別我執，這種我執屬後天所起。妄執由五蘊假合而成的身體為有主宰義的實體，是為俱生我執，這種我執與生俱來，屬先天所有。

34　貪瞋癡等諸惑煩擾有情身心，障其涅槃之果，便是煩惱障。此障專指有情心理上的迷惑。

35　貪瞋癡等諸惑為愚癡迷闇，為有情菩提妙智的障礙，是為所知。此障專指有情在知解上的迷惑。

36　轉捨有漏的心識為無漏的智慧，是唯識宗成佛的方法。

間較世間眞實的觀點。「四種眞實」的「眞實」,無非指了無虛妄的眞理,有關分類出自唯識宗的權威作品《瑜伽師地論》,它們自下至上,分別爲「世間極成眞實」、「道理極成眞實」、「煩惱障淨智所行眞實」、「所知障淨智所行眞實」。按「世間極成眞實」的觀點,世間萬象皆有分別、對立的概念,如地不是火,苦不是樂等。這些概念能建立世間生活,是科學的基礎,可加以承認。按「道理極成眞實」的觀點,理性知識能藉觀察現象來理解事物內部的關聯,一切科學研究之結果都不能超出其範圍,故眞實不虛。

依梁先生的理解,第一、二種眞實屬世間層面,它們的提出,顯示了唯識宗肯定「世間」的理性知識,具有某程度的眞實性:

> 上列兩項皆屬世俗眞實性,蓋在俱生我執之妄情的生活中,各有其效用而不虛,便且以眞實許之也。但惜世人多從第六意識所起分別法執、分別我執的作用上慣常地加重了執着之勢,違遠事物眞際,使得貪、瞋、痴的煩惱轉陷益深,以致造作出許多愚蠢、罪惡來。[37]

理性知識在世俗生活中確有其效用,故論主認許它們爲「眞實」。可惜世人多依其執取的習慣,執着這兩種眞實,以至知識越多,煩惱也越多,甚至做出種種惡業來。

至於第三種和第四種眞實,皆屬出世間層面,依梁先生理解,

---

37 梁漱溟:《人心與人生》,頁725。

各種深層的我執和我見產生「煩惱障」，眾生若將之斷除，便能令
真理顯露，亦即能體證「煩惱障淨智所行真實」。各種法執產生「所
知障」，眾生若將之斷除，便可證得真如，亦即能體證「所知障所
行真實」：

> 四者所知障淨智所行真實——此即佛家所說「真如」、
> 「法性」，如我領會即是宇宙本體。淨除法執之為障蔽，乃
> 臻斯境。**38**

梁先生強調，「所知障所行真實」所證成的真如即上文所說的「宇
宙本體」。

梁先生又引用《瑜伽師地論》「有及非有，二俱遠離」二語，
申示第四種真實為遠離空有二邊所達致的絕對真實境界。這種境界
非哲學思維所能完全理解，必須經由實踐才能領會：

> 乃至說到「有及非有，二俱遠離」，信非思議所及。這
> 是一點。再一點，這全然不是哲學思辨的極致——那是被斥
> 為戲論的——而是實踐出世，出世的實踐。**39**

總的來說，《人心與人生》談論佛教，指出佛教志切出世，不涉迷
信，是最高級的宗教，它所代表的印度文化，會在未來復興，成為

---

38 同上，頁 726。
39 同上，頁 727。

世界文化的主流。梁先生在其他早年著作內，如《東西文化及其哲學》等，早已提出過類似論點。至於《人心與人生》談論出世間時，以「出世間」為指宇宙最究極的本體，亦即佛教所說的眞如。這使人想起梁先生最早期著作《究元決疑論》。該書的「究元」部分，便是談論宇宙本體的問題，當中指出宇宙本體就是西方哲學家魯滂所說的以太，亦即佛教性宗所說的如來藏眞心，佛教相宗所說的眞實性。此外，《人心與人生》着力突顯出世間和世間的不同，強調出世間道是切實可行的，這也跟《究元決疑論》有相近之處。《究元決疑論》乃梁先生年青時站在佛教立場寫作的書，書中高舉出世間為佛陀立教主旨，又以出世間為人生的歸依，強調凡夫斷除妄念，證得眞實為一件可能的事。後來，梁先生轉入儒家，寫成《東西哲學與文化》，於書中對孔子「剛」的人生態度特別讚揚。中國變色後，梁先生曾一度認同社會主義，對共產黨領導寄予厚望，**40**從而予人不再認同佛家的印象。可是在《人心與人生》這晚期作品

---

40 梁先生於 1951 年的政協全國委員會中，曾表示共產黨能改善社會狀況，領導有方，值得信從：「我過去對任何事情都喜歡有自己的意見，而且自信很強。但在事後證明，共產黨的領導卻是正確的；我的意見並沒有對。兩年來，無論對內對外，我們國家在共產黨領導下都搞得很好，一天比一天好。特別是社會風氣的變好，幾乎多數人都表現了他們的積極性和創造性，是較比某些具體成績更重要的。因為這證明路子對了。路子對了是產生那些具體成績的根本。我到此時再不能不相信共產黨。因此我現在要聲明，今後在政治上我將信從中國共產黨的領導。」（見氏著：〈信從中國共產黨的領導並改造自己〉，收入《全集》〔卷六〕，頁 891-892。）

中，梁先生透露了自己對佛教出世間義的嚮往，這顯示了他晚年時心態上的改變，他在《人心與人生》中說：

> 道德唯在人類乃有可言，為其唯一能代表向上奮進之宇宙本性以貫徹乎爭取主動、爭取自由靈活也。……比至社會主義世界革命，達成全人類大解放，社會上自覺自律成風，呈現了真道德，卻總不出乎世間法。世間法者，生滅法也；生滅不已，不由自主。[41]

又說：

> 任何事物有生即有滅，有成即有毀，地球且然，太陽系且然，生活於其間的人類自無待言矣。然人類將不是被動地隨地球以俱盡者。人類將主動地自行消化以去，古印度人所謂「還滅」是也。此即從道德之真轉進於宗教之真。道德屬世間法，宗教則出世間法也。宗教之真唯一見於古印度早熟的佛教之內，將大行其道於共產主義社會末期，我之測度如此。[42]

梁先生指出，儒家特別重視人倫道德，又以高舉道德為人類向上奮進，爭取自由靈活精神的體現，可見梁先生對儒家之肯定。此外，

---

[41]　梁漱溟：《人心與人生》，頁 768-769。

[42]　同上，頁 744。

梁先生又對社會主義作出頌揚，以其能使群眾變得自律，令社會呈現真道德。可是他又指出，道德及社會主義都是世間法，其特點為有生有滅，不由自主。同樣，地球以至太陽系亦屬世間法，都會有毀滅的一天。祇是梁先生相信，人類不會被動地隨地球毀滅而毀滅，而是會主動地令自己「消」失「化」除。他表示，這種消化就是印度人所說的還滅，佛家所說的成佛。梁先生把人類這終極歸向形容為「從道德之真轉進於宗教之真」，更預言「宗教之真唯一見於古印度早熟的佛教之內，將大行其道於共產主義社會末期」。言下之意，佛教將會在未來復興，甚至比儒家思想及共產主義更為人接受。梁先生先對道德及共產主義作出褒揚，後又指出佛教將會比它們更盛行，這遠象的提出，可見他在一直堅信自己早年提出的人生三路向說，亦反映了他在經歷了人生起跌和種種政治風波後，對唯識宗和出世間義再次重視起來。

第八章　梁漱溟晚年對儒、佛二家的論述與比較——疏解《儒佛異同論》

一、寫作背景

一九五三年，梁先生在全國政協第十九次常委擴大會議中，批評共產黨不顧農民利益，引來毛澤東及黨員們的批評後，便決定閉門思過，淡出政壇。政治上的失意令梁先生可專心寫作，如他在一九二六年立意寫作的《人心與人生》，便是在他不問政事後才有動筆的機會。除此書外，梁先生在晚年也寫了二部論及佛教的作品，分別爲《儒佛異同論》及《東方學術概論》。此二書雖有部份觀點與其早年著作雷同，但也有不少創新地方，殊堪留意。[1]

一九六六年，在政治上保持緘默的梁先生，正專心寫作《人心

---

[1] 梁先生晚年也在期刊上發表大量文章，當中有些以佛教爲主題，如一九七八年的〈佛法與世間〉、〈佛法大意〉、〈原始佛教三法印〉等。這些文章篇幅短小，而且屬概論性質，無詳細討論的必要。

與人生》時，文化大革命爆發了。八月廿四日，紅衛兵來到梁先生的家。根據《梁漱溟年譜》的記載，紅衛兵到達後，便「開箱、倒櫃，翻抽屜、撕字畫、砸古玩、燒圖書……梁氏三代的藏書、明清名家法繪、從戊戌維新到東西文化論戰的各家手札等文物古籍，在院子裡燒了好幾天。」[2]紅衛兵不時對梁先生進行批鬥，抄走《人心與人生》、《儒佛異同論》、《東方學術概觀》等手稿，又把梁夫人打至重傷。[3]後來，紅衛兵佔據了梁先生與夫人居住的地方，勒令他倆遷到堆放雜物的小房子內，並要求他們每天早上掃街及清理廁所，梁先生當時已七十四歲，祇能勉強支持着。晚上，梁先生又得交待一生「罪行」，面對着一疊白紙，他如此想：

> 該砸的都砸了，該燒的都燒了，該鬥的也鬥了，只有人還在。我自信墨寫的字可以燒掉，但人的思想是燒不掉的。那麼我成天面壁而坐，為甚麼不能重新提筆呢？於是從 1966 年 9 月 21 日開始，在沒有一本參考書的情況下，憑着記憶，我動手寫作《儒佛異同論》，每天寫一千多字……[4]

2　李淵庭、閻秉華編，梁漱溟親修：《梁漱溟年譜》（北京：群言出版社，2009），頁 262。

3　梁先生在 1975 年給田慕周的信中提及夫人受傷的情況：「……內人被捶打以致脊背血透內衣，被拉去開鬥爭大會，我未被打而亦罰跪一次。」（見《全集》〔卷八〕〔濟南：山東人民出版社，2005〕，頁 183。）

4　汪東林：《梁漱溟問答錄》（香港：三聯書局，1998），頁 180。

梁先生認爲物件可被砸碎，書信可被燒毀，身體可被鬥垮，但人的思想是燒不掉的，既然自己天天對着牆壁無所事事，於是提筆寫作，把自己的思想留下來。九月廿一日開始，[5]梁先生在沒有一本參考書的情況下，憑着記憶把被抄走的《儒佛異同論》再寫出來。

二、儒佛二家對生命看法之異同

《儒佛異同論》分三篇，共萬多字，前二篇着力分析儒佛之同與不同，第三篇闡釋儒家非宗教的原因，並藉此比較儒佛二家的本質與旨趣，其中不乏真知灼見，甚具討論價值。梁先生在第一篇開始，便提出他對儒佛異同這課題的基本看法：「儒佛不相同，只可言其相通耳。」[6]所以說儒佛「不相同」，是因它們的立足點明顯有別：

> 儒家從不離開人來說話，其立腳點是人的立腳點，說來說去總還歸結到人身上，不在其外。佛家反之，他站在遠高於人的立場，總是超開人來說話，更不復歸結到人身上——

5　梁先生在《儒佛異同論》的附記中，表示在9月6日寫完是書第一篇，但翻查梁先生的日記，最早提及《儒佛異同論》的日期為9月24日，再加上《梁漱溟問答錄》所說，動筆日期為9月21日，故本書認為《儒佛異同論》的寫作應始於9月下旬。

6　梁漱溟：《儒佛異同論》，收入《全集》（卷七），頁154。

歸結到成佛。前者屬世間法，後者則出世間法，其不同彰彰
也。[7]

儒家學說的立足點是人，無論怎樣說來說去，最終也歸結到人身
上，故屬世間法。佛教的立足點遠高於人，其學說歸結處為成佛，
屬出世間法，兩家之不同昭然可見。儒佛之所以「相通」，因二家
同樣關注人類內在生命的修養，跟着力理解外在世界的西學明顯有
別。梁先生強調儒佛二家同為「生命上自己向內用功進修提高的一
種學問」，[8]並疏解如下：

> 敢問兩家相通之處其可得而言之耶？曰，是不難知。兩
> 家既同為對人而言其修養，則是必皆就人類生命所得為力者
> 而說矣。其間安得不有相通處耶？且生命本性非有二也。生
> 命之所貴在靈活無滯；滯而不活，失其所以為生命矣。生命
> 之所貴在感應靈敏，通達無礙。有隔礙焉，是即其生命有所
> 限止。進修提高云者正謂順乎此生命本性以進以高也。兩家
> 之所至，不必同，顧其大方向豈得有異乎？譬如孔子自云：
> 「七十從心所欲不逾矩」，而在佛家則有恆言曰：「得大自
> 在」……善學者蓋不難於此得會通焉。[9]

7　同上，頁 154。

8　同上，頁 154。

9　同上，頁 154-155。

眾生生命皆有窒礙、有限制，唯有順着生命本性來進修，才能突破
限制，生命才可無拘無束。有見及此，儒佛二家皆以人的修養為主
旨，注重內在生命的提升，而生命的提升，必以「靈活無滯」、「感
應靈敏」、「通達無礙」為方向，意謂理想的生命當靈動活潑，無
有窒礙。梁先生以孔子的「七十從心所欲不逾矩」來類比佛家的「得
大自在」，視這兩句話同為形容生命突破限制後的境界，以突顯儒
佛二家相通之處。**10**

三、儒佛二家對苦樂看法及修養工夫之異同

《儒佛異同論》第二篇對第一篇所勾勒儒佛異同的看法，作出
進一步申述。梁先生針對歷來不少儒者祇看見二家「相通」之處，
而不能辨別它們立說方向根本「不相同」，作出澄清。他首先指出，
作為儒家世代相傳之心要的《論語》，開首即出現「悅樂」二字，
其後「樂」字更是層出不窮，可見儒家以「樂」為生命本質。相反，
作為佛教大乘教學精粹所在的《心經》（Prajñāpāramitā-hṛdaya-
sūtra），在其短短二百多字的篇幅中，「苦」字便出現了三次，而

---

10 「從心所欲不逾矩」，意謂孔子的內心欲求皆合乎禮儀，沒有超越規矩法
　　度。相反，一般人的感性欲求，必不合乎規矩禮儀。孔子之所以能如此，
　　因其內心盡是仁義之性，故其視聽言動，皆能踐仁盡性。孔子隨心之所欲
　　而行，正好體現了生命最大的自由。佛家的大自在指絕對的自由，無任何
　　拘束的解脫境界。要達至這境界，有情得徹底斷除煩惱，並充份體現自我
　　的佛性。「從心所欲不逾矩」與「大自在」都是體現自我本性後，所達至
　　的自由境界。

且不見「樂」字，可知佛家以「苦」為生命本質。梁先生解釋儒佛二家之所以有如此差別，乃因人生有兩面和兩極的不同。所謂「兩面」的不同，是指人類生命有近於動物的一面，也有高於動物的一面。所謂「兩極」的不同，是指人可從遠高於動物的一面，開出無限發展的可能性，表現為崇高偉大之人生，這種人生有樂在其中；也可從近於動物的一面，發展出下流、頑劣、奸險等性格，表現為暗淡齷齪的人生，這種人生甚至比動物更不如，沉淪於其中者將不能自拔。兩面與兩極相互關聯，但並不相等，人類有近於動物的一面，不等於生活上必然表現出低極；人類有高於動物的一面，也不等於生活上必然表現出高極。在分析過兩面與面極後，梁先生表示，人高於動物的一面，以及由此發展出的高極人生，乃儒家成立之基礎；人近於動動的一面，以及由此發展出的低極人生，則為佛教所關注。

梁先生繼而說明何謂苦樂：

> 扼要言之：樂寄於生命流暢上，俗說「快活」二字，實妙得其旨。……反之，苦莫苦於深深感受厄制而不得越。厄制不得越者，頓滯一處，生命莫得而流通暢遂其性也。[11]

生命流暢便能帶來快樂，生命受厄制便帶來痛苦。厄制即生命停滯不前，不得暢旺。其實習儒者的生活未嘗沒有苦，祇是他們的注意

11　梁漱溟：《儒佛異同論》，頁 157。

力並不在此：

> 為儒學者，其生活中非不有種種之苦如一般人所有，第
> 從其學力苦而不至於厄耳。學力更高，其為感受當然又自不
> 同焉。宋儒有「尋孔顏樂處」之說，明儒有「樂是樂此學，
> 學是學此樂」之說，不亦可為很好佐證之資乎。[12]

習儒之人亦會經歷一般人的痛苦，祇是儒家着力向內用功，以致生
命不會受到苦之厄制，如宋儒的「尋孔顏樂處」，明儒的「樂是樂
此學，學是學此樂」，皆為明顯例子。至於佛家，則特別關注人生
種種困厄：

> 起惑，造業，受苦三者相因而至，密切不可分。自佛家
> 看來，人生是與苦相終始的。正以人之生也，即與缺乏相伴
> 俱來。缺乏是常，缺乏之得滿足是暫。缺乏是絕對的，缺乏
> 之得滿足是相對的。缺乏不安即苦（苦即缺乏不安），必缺
> 乏而得滿足乃樂耳。[13]

佛家視人生為一苦海，起惑、造業、受苦接踵而來。人生離不了苦，
因人一出生，便有缺乏，其間縱使得到滿足，也祇能維持一段短時
間，相反，因缺乏而感到不安，卻是常有的情況，這就是苦。

12　同上，頁157。
13　同上，頁158。

梁先生進而根據佛家義理，說明苦的源頭：

> 苦樂實起於貪欲；貪欲實起於分別執着。——內執着乎
> 我，外執着乎物。厄制之勢蓋在物我對待中積漸形成。它成
> 於積重難返之慣性上，一若不可得越者；然果我執之不存
> 也，尚何厄制可言乎？[14]

人的痛苦源自貪欲，貪欲又源自我法二執。由於人內執着我，外執着物，形成物我對立之形勢，人生之厄制由此而來。反過來說，眾生若能放棄我法二執，厄制便會自行消解。梁先生繼續根據唯識宗的說法，鋪述「我執」：

> 我執有深淺二層：其與生俱來者曰「俱生我執」，主要
> 在第七識（末那識）恆轉不捨；其見於意識分別者曰「分別
> 我執」，則存於第六識（意識）上而有間斷。自非俱生我執
> 得除，厄制不可得解。色、受、想、行、識五蘊（總括着身
> 心）實即生命之所在；它既從我執上以形成，而在眾生亦即
> 依憑之以執有我。必「行深般若波羅密多」，「照見五蘊皆
> 空」，乃「度一切苦厄」者，正言其必在我執之根除也。[15]

我執可分爲「俱生我執」及「分別我執」，前者指第七末那耶識執

14　同上，頁158。
15　同上，頁158。

取第八識爲實我，爲先天之我執，其作用無有間斷。後者指第六識執取前五識爲自我，爲後天之我執，其作用並非相續無間。梁先生特別重視俱生我執，認爲把它斷除後，厄制才可解除。至於斷除我執的方法，就是運用般若智，觀照組成個體生命的五蘊爲空。

　　佛教對我法二執帶來的困厄有深切體會，因而特別重視破執的功夫，這也解釋了爲何佛家的修養功夫跟儒家不同：

> 　　孔門毋意、毋必、毋固、毋我之訓，有合於佛家破我法二執之教義，固可無疑；然其間之有辨別亦復昭然不掩。……兩家同爲在人類生命上自己向內用功進修提高的一種學問。然在修養實踐上，儒家則篤於人倫，以孝悌慈和爲教，盡力於世間一切事務而不息；佛徒卻必一力靜修，棄絕人倫，摒除百事焉。問其緣何不同若此？此以佛家必須從事甚深瑜伽功夫（行深般若波羅密多），乃得根本破除二執，從現有生命中解放出來，而其事固非一力靜修，棄絕人倫，摒除百事不可也。儒家所謂「四毋」既無俱生執、分別執之深淺兩層，似只在其分別意識上不落執着，或少所執着而已。在生活上儒者一如常人，所取、能取宛然現前，不改其故。蓋於俱生我執固任其自然而不破也。[16]

孔子教導弟子要杜絕四種毛病，分別是：不主觀猜度，不絕對肯定，

16　同上，頁 159-160。

不拘泥固執，不自以爲是。這「四毋」的教導與佛教破我法二執的教義契合，顯示二家皆重視向內用功。祇是在實踐上，二家明顯不同。梁先生指出，儒家重視人倫關係，教人孝悌慈和等德目，其投入世間的教學特色就此表露無遺。相反，佛家不談人倫關係，也不關注世間事務，祇重視瑜伽的靜修功夫，認爲這是破除我法二執，使人從生命中解放出來之方法。至於儒家四毋的功夫，在佛家看來，祇能使人減少執着，未能破除俱生我執。

　　梁先生用佛家詞彙來說明儒家思想，指出儒家「不破俱生我執而俱生我執卻不爲礙者，正爲有以超越其上，此心不爲形役也。」[17]言下之意，儒家可不受俱生我執所限制，因它着力培育善良之本心，當此心主宰人的生命時，與動物無異的形體機能便無從運作，人因此能處處爲他人着想，甚至慷慨就義。梁先生就此指出儒佛二家在修養實踐上之不同，說：

> 　　佛家期於「成佛」，而儒家期於「成己」，亦曰「成己、成物」，亦即後世俗語所云「作人」。作人祇求有以卓然超於俱生我執，而不必破除俱生我執。此即儒家根本不同於佛家之所在。[18]

佛家的目標是成佛，它教人破除我法二執，特別是俱生我執。儒家的目標是「作人」，祇求超越俱生我執，而不必破除它。梁先生強

17　同上，頁 160。
18　同上，頁 160。

調這是「儒家根本不同於佛家之所在」。

　　《儒佛異同論》第二篇大部分篇幅，都用在彰示儒佛學說根本方向的「不同」，祇是在該篇結束前，梁先生表示，儒佛二家都要求修習者體證宇宙本體，可是，不少先哲未能區分二者之不同，致生混亂：

> 佛家旨在從現有生命解放出來，實證乎宇宙本體，如其所云「遠離顛倒夢想，究竟涅槃」（《般若心經》文）者是。……儒家固不求證本體矣，但若於本源上無所認識徒枝枝節節繩勉於人事行誼之間，則何所謂「吾道一以貫之」乎？故「默而識之」是其首要一着，或必不可少者。「默識」之云，蓋直透本源，不落能取所取也。……宋明以來之儒者好言心性、性命、性天以至本心，本體……如是種種，以是有「性理之學」之稱……頃所云迷離混淆於兩家之言者皆出在此時。不唯在思想上迷混已也，實際功夫上亦有相資為用之處。**19**

佛家旨在教人超脫現有生命，證得宇宙本體，若用《心經》的話來說明，就是要遠離世間種種虛妄的見解，並證得涅槃。儒家與佛家之不同，在於它並不要求修習者體證宇宙本體。然而，梁先生指出，習儒者若祇關注人倫修養之事，而對宇宙本體毫無認識，則孔子所

19　同上，頁 161-162。

說的「吾道一以貫之」便不能成立。按梁先生的看法，孔子早就提出了宇宙本體的觀念，又要求修習者「默識」之。[20]後來的宋明儒更好談性命、本心、本體，從而發展出「性理之學」，此學認為人心人性乃天道本體之呈現，反過來說，人心人性可體證天道本體，與佛教證得宇宙本體的說法相似，容易令人混淆。梁先生明言儒佛二家皆注重體認宇宙本體的功夫，可「相資為用」，行文間流露了對這種功夫的欣賞。

四、儒佛二家的世間法

《儒佛異同論》的第三篇，着力解明儒家非宗教之因。根據梁先生在是書的定義，宗教特別關注禍福、生死、鬼神等事，這些事一方面牽動人的情志，令人不安，另一方面，這些事神秘難知，非

20　「默而識之」出自《論語・述而篇》，全句是「子曰：『默而識之，學而不厭，誨人不倦，何有於我哉？』」根據李澤厚的譯本，這句話的意思是：「默默地把各種知識、技能記在心裏，學習而不厭煩，教導人而不疲倦，除這三者外，我還有什麼呢？」至於「吾道一以貫之」則出自《論語・里仁篇》，全句是「子曰：『參乎！吾道一以貫之。』曾子曰：『唯。』子出，門人問曰：『何謂也？』曾子曰：『夫子之道，忠恕而已矣。』」孔子向曾子表達自己的道是貫通一致的，曾參認為孔子這道就是忠和恕。根據《論語》，「默而識之」及「一以貫之」都與宇宙本體無關，後儒受禪宗影響，認為「本體無聲無臭，故孔子始終唯默」（王夫之《讀四書大全》），才把孔子的話與宇宙本體連起來。梁先生根據後儒的詮釋，把「吾道一以貫之」理解為天道與人事行誼相貫通，又視「默而識之」的對象為宇宙本體。

人的理智所能明白。宗教的功用在於安慰人的情感，勖勉人的意志。然而，孔子對怪、力、亂、神之事不多言，主張以禮樂來穩定人生，[21]重視理性等，[22]都證明儒家非宗教。梁先生又說：

> 「儒教」或「孔教」之名，自不宜用。我一向只說「周孔教化」，以免混淆。……論周孔之用心，如我淺見，其務於敦厚人情風俗（仁）而亟望人們頭腦向於開明，遠於愚蔽（智）乎？[23]

正因儒家非宗教，所以梁先生不會稱之為「儒教」或「孔教」，而稱之為「周孔教化」。梁先生認為，孔子推行教化的原因，無非是要移風易俗，廣施仁教，並令人思想開明，避免愚昧之事。由此可見，儒家並無宗教成份，故梁先生說：「佛家為世界最偉大宗教之一，而儒家則殊非所謂宗教，此其異也。」[24]又說：

---

21 根據梁先生的見解，孔子明白人需要宗教，但社會自發的宗教活動弊害甚多，於是借用周公留下來的禮樂制度，令宗教活動合理化，並收穩定人生，回應社會需要之效。

22 在《論語》中，宰我曾問孔子為何要守喪三年，孔子反問他父母死後，吃白米飯，穿花緞衣，是否心安。宰我回答說：「心安」，孔子就不再與他爭論，任由他自行決定守喪之期。梁先生以此為例，指出孔子容許後輩隨意與他就禮儀之內容作出討論，藉此引導學生反省，並自行決定應做的事。梁先生盛讚這種做法為「偉大可貴的人類理性精神」，相反，宗教往往視神職人員的話為神聖不可侵犯，可見儒家非宗教。

23 《儒佛異同論》，頁169。

24 同上，頁162。

　　　　在社會生活方面，佛家是走宗教的路，而儒家則走道德
　　的路。宗教本是一種方法，而道德則否。道德在乎人的自覺
　　自律；宗教則多轉一個彎，俾人假借他力，而究其實此他力
　　者不過自力之一種變幻。[25]

儒家走道德的路，佛家走宗教的路，道德靠人的自覺自律來維持，
宗教靠「他力」來成立。所謂他力，無非指一位超越的上帝，梁先
生認為他力由「自力」變化而來，所謂上帝，祇不過是人類自我完
美化的投射。

　　就佛家作為宗教一事，梁先生又有進一步發揮。他表示，佛教
經過不同時代，不同地域的流傳，以致教學內容多樣化，結果產生
了種種方便法門。為了分別這些不同法門的高下，佛教內部遂出現
了判教之說。然而，佛教法門雖多，卻不礙其建立單一的教學旨趣，
梁先生說：

　　　　從其為一大宗教來說，則方便法門廣大無量而無定
　　實。……由是須知佛教實是包涵著種種高下不等的許多宗教
　　之一總稱。人或執其一而非其餘，不為通人之見也。……蓋
　　即著重在其雖多而不害其為一。此一大旨歸如何？淺言之，
　　即因勢利導，俾眾生隨各機緣得以漸次進於明智與善良耳
　　（不必全歸於出世法之一途）。……儒佛本不可強同，但兩

_____

25　同上，頁169。

家在這裡卻見其又有共同之處。*26*

佛教建立眾多不同法門，無非要引導根器不一的眾生，使他們的智慧逐漸增長，本性日趨善良，此旨趣與儒家「敦厚人情風俗」、「遠於愚蔽」的教化目的無異，故說二家「又有共同之處」。

要特別指出的是，梁先生表明佛教的旨趣，「不必全歸於出世法之一途」，這令人想起他在《究元決疑論》中所說的「順隨世間義」。「世間」指種種方便法門、思想與學說，能助有情證成「出世間義」。晚年的梁先生在《儒佛異同論》中，重申了隨順世間義為佛教之特色，宣稱佛教教學「不必全歸於出世法」。梁先生在一九七八年發表的短文〈佛法與世間〉，對這觀點有更詳盡的說明：

> 佛法並不否認人生價值，並沒有脫離世間生活的說法。相反地，要投身於世間，滲透於世間，而求世間本質上的變革……大乘佛法在發起善法欲，即是淨化人生的願望，累積功德，逐漸解決矛盾，以開出轉依的途徑，能轉化世間即是出世。*27*

佛法沒有否定人生，也沒有脫離世間，而是要投身於世間，大乘佛法最能表明這特點，因它旨在淨化人生，開出轉依的途徑。按大乘的看法，轉化世間就是出世。梁先生又說：

26　同上，頁170。

27　梁漱溟：〈佛法與世間〉，見《全集》（卷七），頁454。

> 諸行無常，諸法無我，涅槃寂靜，是所謂三法印；違失
> 於此基礎。便不是佛法。但若不更進一層，翻過身來，菩薩
> 不捨眾生，不住涅槃，又非究竟勝義。*28*

一般人都以涅槃為佛教終極目標，但梁先生並不同意，按他的理解，菩薩為普渡眾生，不惜從涅槃境界回到世間，才是佛法的終極意義所在。

　　梁先生晚年時，在不同作品中再三強調佛法不離世間，有儒家入世之用，可見梁先生此時再次對佛家表示認同。

28　同上，頁 454。

第九章　《東方學術概觀》談佛教和東方學術

一、東方學術的特點

　　《東方學術概觀》寫成於一九七五年，梁先生八十三歲時，乃梁先生最後一部具體地論及佛教的專著。根據正文前的一小段憶述文字，是書早於十多二十年前寫成，祇是梁先生翻看時，發現文筆軟弱無力，於是在寫完《人心與人生》後，重新改寫，以簡明切當，幫助讀者明白儒、佛、道三家東方哲學之特色爲宗旨。[1]《東方學術概觀》共六章，第一章爲緒論，第二章論孔門之學，第三章論道家之學，第四章論佛家之學，第五章論學術內涵，而所謂學術，無非指儒、佛、道三家教學之內容，第六章論學術分類，把儒、佛、

---

[1] 梁先生在正文前寫道：「《東方學術概觀》初草約兩萬字，着筆大約在十數年乃至二十年前。今從篋中檢出審視，覺其文筆軟弱無力。蓋亦識力不足之徵。1975 年《人心與人生》一書寫出後，決計從新改作。」（見氏著：《東方學術概觀》，收入《全集》〔卷七〕〔濟南：山東人民出版社，2005〕，頁 324。）

道三家一併歸入「修持涵養」類。就此六章的編排而言，梁先生刻意把儒、佛、道三家並舉，顯示他視三家為東方學術的代表。

　　根據梁先生的見解，生物界中，祇有人具有創造能力，而所謂創造，指的乃是人向上之念。這種創造可以分外內二方面，外面指外間事物之發展與成就，內面指內部生命力（心）的增強與開展，東方三家之學，皆注重後者：

> 所謂存乎內的開展者，即為其心日造乎開大、通透、深細、敏活而映現之理無盡。東方古人之學蓋正是致力乎此理的開展，或云心的開展也。[2]

梁先生稱三家這種內在開展的學問為「修持涵養」之學，其特點如下：

> 此特指反躬在自己身心生活上日進於自覺而自主，整個生命有所變化提高的那種學術。其中有知識，有思想，卻主要得之向內的體認，還以指導乎身心生活。因其學問大有別於處理外在事物者，從而名之曰修持，曰涵養，曰證悟。[3]

這種學問促使人對自己的身心活動有所反省，以致自覺能力日漸提升，可以主宰自己生命，進而令生命有所提升。它包括知識與思想，

2　同上，頁 365。
3　同上，頁 366-367。

卻是以體認內在生命爲旨歸，跟注重外在事功的學問有別，梁先生名之日「修持」、「涵養」、「證悟」。三家除了注重內在修持涵養外，還有另一特點：

> 儒、佛、道三家之學均貴踐履實修，各有其當真解決的實在問題，非徒口耳三寸之間的事。不掌握此點，不足以言三家之學。[4]

三家皆不尚空談，又同樣重視實踐和修行，故能針對實際生活問題，提供解決方法。

二、佛教學說的特質和對性相二宗的評價

《東方學術概觀》第四章的題目爲「佛家之學」，是章專門評價佛教學說，在啓始時便把佛家學說和儒道二家對比，以突顯佛教學說的特質所在：

> 儒家蓋不妨謂曰心學，道家蓋不妨謂曰身學；前者側重人的社會生命，後者之所重則在人的個體生命。佛家怎樣呢？此須分兩層來說。第一，前兩家均屬世間法，佛家則出世間法也。世間者生滅相續，遷流不已，而出世間便是超脫

4　同上，頁364。

> 乎生滅，正不妨看做彼此相反。第二，寂滅是求者，佛家小
> 乘，未云究竟；大乘菩薩不住涅槃，不捨眾生，留惑潤生，
> 乘願再來，出世間又回到世間；出而不出，不出而出。[5]

無疑，儒、道、佛三家都注重實修，不過它們修持的對象、範圍、
歸向皆有別。儒家以心為修持對象，側重社會生活；[6]道家以身為
修持對象，側重個體生命。[7]又兩者雖然有上述的分別，但都同屬
「世間法」，關注的主要為「生滅相續，遷流不已」的無常世間事
情；佛教則相反，是以超脫無常世間，證悟寂滅的涅槃為旨歸，乃
是「出世間法」。然而一往追求寂滅者，乃是小乘，亦並非佛教終
極理想的教學形態。根據梁先生，大乘菩薩「不住涅槃，不捨眾生」，
既出世間，又回到世間來，方為究竟。

就大乘與小乘之不同，梁先生在第四章中，又有進一步的說明：

> 大乘所不同於小乘者，就是對於一切分別的否定，首先
> 是世間出世間的否定。《般若心經》所以說「無苦、集、滅、

5　同上，頁349。

6　梁先生認為儒家注重自我反省，「時時改過自新，從自己再體察人情來解
　　決社會問題。」（同上，頁327。）又表示儒家所說的心，就是人的良知，
　　孔門之學就是要此心長明。

7　梁先生認為人的消化系統，血液循環系統等，無時無刻都在運行着，故被
　　稱為自主神經，人的自覺對它們好像毫無控制能力似的。道家功夫就是要
　　通過大腦來恢復人的自覺性，讓人能掌控自主神經，故說道家之學側重個
　　體生命。

道」者即在此。大乘教正是在小乘教的基礎上百尺竿頭更進一步，所必不可少的一大翻案也。*8*

大乘之所以不同小乘，因它否定一切分別，如小乘對世間和出世間作出了明顯的區分，但大乘卻對這種區分加以否定。《心經》說「無苦、集、滅、道」，意謂屬世間範疇的苦、集二諦，與屬出世間範疇的滅、道二諦，大乘皆予以否定。梁先生高度讚揚大乘否定一切分別的精神，坦言它要比小乘教理進步，是必不可少的「翻案」。

梁先生強調大乘對小乘的翻案必不可少，他指出，一切無常生命現象皆源於眾生對自我的執着，自我為妄情，執着自我就是佛教所說的「無始無明」，也是生滅不已的世間法的源頭。有情常以世間法為真實，因此佛陀設教，啓始即指出色、受、想、行、識五蘊皆因我執而來，屬世間法；眾生若能破我執，明白沒有主宰義的我，便能體證出世間。祇是我執雖破，仍存五蘊生滅、染淨、增減之分別，也還是一種執着，故大乘佛教更進一步，以般若智觀見五蘊皆空，進而否定世間與出世間的隔別，證得超越一切分別相的究竟涅槃。

隨着大乘佛教的發展，出現了性、相二宗，前者以中觀學派的清辨、智光為代表，後者以唯識學派的護法、戒賢為代表。兩宗各有不同主張，互相對抗，並發展出複雜理論系統。梁先生指斥二宗

---

8 同上，頁 350。

乖離了佛家「從世間生命解放出來」的主旨，[9]對相宗異常重視的
因明學，梁先生表示它即是形式邏輯，它處理的要爲「循從人們頭
腦習於分別執取而發展出的思辨軌則」[10]，與佛家離言破執的教學
宗旨相距甚遠。至於相宗奉爲經典的《成唯識論》與《成唯識論述
記》，梁先生認爲其所陳義理內容「非盡本乎定慧內證，而多來從
頭腦思維」[11]，故價值不高。可是梁先生並沒有全盤否定相宗教學
的價值：

> 　　現在看來，佛家之學設若無法相唯識之一派展現於世，
> 唯獨般若明空，殆難啟後世學術界之迷濛。往世瑜伽師靜中
> 之所諦察與現代科學家之所發明多有互資印證者，誰能不承
> 認佛學之爲實學。[12]

性宗偏重發揚「空」的道理，不能推動學術發展，相反，相宗注重

9　梁先生認爲佛教各宗互相論辯，各宗也因此發展出自己的教理。可是，這
　　些教理往往與佛陀設教之旨相違，他說：「佛教在釋迦說法四十餘年之身
　　後，曾隆盛一時，而卒歸衰落。蓋此文化早熟成品處於廣大社會環境中，
　　其影響於環境社會者終不敵其所受環境之影響。歷時愈久而彌甚。影響最
　　大者即染受各宗教間彼此辯論之風而相率趨於頭腦思辨之業，有失佛法固
　　有根本之學。根本之學在六波羅密……從世間生命解放出來。不此之務，
　　而相尚以理論之精，理論之圓。……大乘佛教由是歧爲性、相二宗派。」
　　同上，頁351-352。
10　同上，頁352。
11　同上，頁352。
12　同上，頁352。

邏輯思維和名相分析，其立論有不少可與現代科學互相印證地方，因而在注重實學的當代學界，受到廣泛的重視。

此外，唯識學在修行上注重瑜伽功夫，修習者被稱爲瑜伽師，他們能對眾生迷妄的生命作出剖析說明。梁先生自言未能實踐瑜伽之學，但根據自身體驗及古書（主要是窺基的《成唯識論述記》）記載，對迷妄的生命仍有一點體會。首先，他指出眾生皆具我法二執，能取所取，它們是世間森然萬象得以生起之因，也是生命之本源。之後，梁先生對我執之由來作出解說，他根據唯識宗的教說，直言第七末那識無間斷地以第八識爲思量對象，並加以計取，是爲我執。先天而有之我執名曰俱生我執，只要人的壽命仍在，俱生我執就不會消失，就是在悶絕位中，它仍然存在。我執又包括對感情意志的偏執，唯識宗稱之爲「心所有法」，其中又以四煩惱（我痴、我見、我慢、我愛）爲最根本。它是人生煩惱的根源，與佛經所說的「無明」性質一樣。

我執依於法執，而執五蘊爲實有乃法執其中一種表現。因此，要破我執，就得先以般若智來觀照五蘊皆空，破去法執。交待過破除我法二執的方法後，梁先生又聲言，我法二執生起時，能取所取也同時出現，它們爲識所變，就如眼前白色爲眼識所變，舌上甜味爲舌識所變一樣。引伸來說，六根向外探求，六塵就是回答，祇是六塵爲幻妄，並不眞實。

眾生生命因二執、二取、四煩惱而變得迷妄，故佛教旨在教人從迷妄生命中解放出來。梁先生引用《楞嚴經》「歇即菩提」的話，指出解放之先，有情得從迷妄中靜歇下來，而靜歇的第一步，就是能以純感覺，即現量來觀察外物。梁先生以白色爲例，直言初步的

現量生起時，「方覺方白，相續而轉，才生即滅，不覺不白」，[13] 即人可憑感覺見到白色，但白色好比電影中的一個定格，並無連貫性，生起後瞬即消滅，一旦感覺停止，白色便不再出現。若人能有更深入的靜歇，則現量生起時，祇會有純感覺而看不到白色，因白色乃眼根向外探求的回答，靜歇時探求止息，探求的回答自然不會出現，二執二取隨之斷除，迷妄的生活亦可止息。[14]

　　此外，要脫離迷妄的生命，有情也得修習六波羅密（布施、持戒、忍辱、精進、禪、智慧）。由於梁先生以佛教的基本立說方向爲「出世間」，故在談論六波羅密時，特別強調智慧波羅密所代表的空觀的重要性：

　　　　佛家之學在修習六波羅密，一名六度，即是度脫生死之學，生死之本在我執，唯修習此六者可以破除。第一，布施，要在破除慳吝習氣。於內執我，向外貪求，是慳吝習氣的由來。破我執莫要於破貪吝。學者應盡一切可能而施捨之，乃至不惜身命。第二，持戒，要在戒除殺、盜、淫、妄諸般惡行，對治貪嗔痴三毒，不種惡因，不招惡果。第三，忍辱，要在對治我慢，遠離我見，不起嗔恚，減除根本煩惱。第四，精進，從上布施，持戒，忍辱三項以至第五禪定功夫皆當出之精勤勇猛，力行不息。第五，禪定，要在摒絕雜念，入於

13　同上，頁 356。

14　梁先生在《東西文化及其哲學》中已探討過有關問題，詳見本文第五章第三節。

凝靜專一之境，寂而照，照而寂。第六，智慧波羅密即般若
波羅密，空一切相，無二無別。要必以此通貫乎前之五項；
若離此空觀，一一皆難免因藥成病。[15]

梁先生明言六波羅密旨在破我執，我執被破後，修習者即可超脫生
死。首三項波羅密分別破除與我執有密切關係的慳吝習氣，三毒，
我慢、我見等事，第四、五項波羅密從正面指導人勇猛精進，摒除
雜念，以超脫我執。然而，這五項波羅密，以至一切佛教的修行法
門，都不能違離第六智慧波羅密「空一切相，無二無別」的「出世
間」宗旨，不然祇會加深修行者的執着。

在第四章結束時，梁先生談及佛教對言說的態度，強調佛教具
有不執着世間言說，但也不捨棄世間言說的特色：

佛法雖統以破執為歸，而自有其緩急次第，方便區處。
唯以化度眾生而言說，其言無意於通玄而用心於導愚。化度
固要於開明，而導愚宜有方便。由是隨緣應機，教法遂有層
次類別。質言之，佛法中固不建立迷執即所謂宗教式之信仰
者以增益眾生之執取，而次第開導猶不無宗教式信仰之遺
留。逐漸蛻化以至於無執。觀其改革之點，宗教式信仰之精
神全亡，根本已摧，而安俗順序之迹又般般可考。凡本土固

15　同上，頁 356-357。

有之思想、學術、傳說、風俗，習慣皆一意容留而不相犯。[16]

無疑，佛教是以破執爲宗旨，不像世間一般宗教，設立種種教條，徒增眾生的執取。然而，佛教要化度眾生，而眾生的根器和生活背景不一，爲了配合他們的需要，佛教安設了種種「安俗順序」的法門。這些法門高底層次不同，有些表面看去與一般世間宗教教條類同，甚至是沿襲自民間的風俗習慣，祇要有助眾生度脫，佛教都可以「一意容留而不相犯」。這種不捨世間言說的方法，叫人想起梁先生在《究元決疑論》中所說的「隨順世間義」，它不單指佛陀設立的種種方便法門，也泛指各種世間思想與學說，眾生隨順這些世間法，或修行、或學習，最終必然會明白出世間才是解脫之道。

三、從人生三大問題到佛道的異同

梁先生在《東西文化及其哲學》和《人心與人生》內，都闡發了學術旨在解決人生問題，而人生問題可分爲三大類的想法。第一類問題爲人對物的問題；第二類問題爲人與人的問題；第三類問題爲人對自身的問題。《東方學術概觀》在開始時便談到這三類問題，說明前一類問題的解決如何引致後一類問題的出現：

16　同上，頁 357。梁先生在述及佛家對言說的態度時，引用了自己早期作品《印度哲學概論》中的文字，本引文就是出自該書。

　　人類求生存有資於身外之物，頭腦心思一般地總是向外用去，解決其生活所需物質問題。此問題我說為人生第一問題。第一問題者，人對物的問題也。人的頭腦心思為此而用，則其勢所產生而發達的學術主要便在此一方面，近代西洋是其顯例。在第一問題之下，從乎社會生產力的發展推進着社會向前發展，這就是馬克思所闡說的社會發展史。社會發展端在分工，是有階級分化，而終歸於消泯階級社會主義社會。人類生活便從第一問題轉入性質不同的第二問題。第二問題者，人對人的問題也。……而其主要問題卻轉在人與人如何得以和衷共濟，彼此無忤。一向多為對外物的認識利用的學術，卻疏忽於認識人類自己者，將不能不反躬以求體認此身此心而得其善自調理涵養之道。學術界風尚將一變，而學術途徑別闢，無可疑也。*17*

人類若要生存，就必須依賴身外之物，所以人總在思考如何獲得、運用外在生活物資，從而出現第一類人對物的問題。*18*梁先生指出，西洋文化就是處理第一類問題的明顯例子。他援引馬克思的學

17　同上，頁 325-326。

18　梁先生在《東方學術概觀》的較後部份，對第一問題作出補充說明：「人對物的問題。以人必資於物以生活，面前自然界種種乃首先為其經驗對象，從而成就得種種知識以至高深學術。」（見氏著：《東方學術概觀》，頁 359。）

說，[19]指出尋求解決這問題的方法，會推動社會生產力發展，促進
生產分工，從而帶來階級分化。根據馬克思的理論，階級最終會消
失，社會主義社會隨之出現。這時，人的注意力會從第一類問題轉
移到第二類問題，即人對人的問題。這是因爲當人對物的問題解決
後，人會發現一直沒有好好認識人類自己，從而努力自我反省，涵
養身心，並且思考與人和睦相處之道。[20]至於人如何從關注第二類
問題，轉移到關注第三類問題，梁先生說：

> 在第二問題愈來愈得到解決之下，人類生活自將大不同
> 於今天紛爭鬥毆的世界，殆吾古人所稱大同之世，太平之世
> 者。然其生活境界遂爲優美盡善矣乎？否，不然！正在如此
> 生活中，客觀條件更無任何問題存在，人們乃始於煩惱在自
> 身，初不在外，大有覺悟認識，而求解脫此生來不自由之生
> 命焉。人生從第二問題於是轉入第三問題，而出世之學將爲

19　中國自晚清開始，便戰亂不休，最後全憑階級鬥爭理論才能建立一個穩定
　　的政權，這令梁先生間接接受馬克思學說。此外，梁先生看到共產黨發動
　　農民的力量，打走國民黨，農民也有衝勁地幹活，比自己的鄉建還要成功，
　　於是認真閱讀馬列主義作品。也因此，在他晚年作品中，常有引用馬克思、
　　恩格斯、毛澤東等人的言論。

20　梁先生在《東方學術概觀》的較後部份，也對第二問題作出補充說明：「人
　　對人的問題。人在從事生產和生活中，彼此離開不得，是有群居之大小集
　　體組織（家庭、社會等），其間如何乃得相安相處，自是一大問題不同於
　　前者。」（見氏著：《東方學術概觀》，頁359。）

人所講求，又無可疑也。[21]

當人與人和衷共濟，融洽相處，進入大同之世，一切外在條件更無任何問題時，人才會醒悟煩惱的根源並非在外，而是在人自己，遂要求從自身不自由的生命中解脫出來，第二類問題因此會轉到第三類問題。[22]而要克服第三類問題，就祇有出離世間。

上述《東方學術概觀》關於人生三大問題及人類關注轉移的說明，早見於《東西文化及其哲學》。又《東方學術概觀》繼而談到因關注的轉移而產生的三期學術文化：

> 人生問題在轉變，心思集中的對象在轉變，則學術內容和途徑必且隨之以變。在第一問題之下，人類將成就其第一期的學術文化，在第二問題之下，人類將成就其第二期的學術文化，在第三問題之下，人類將成就其第三期的學術文化。

> 然而性質上屬於第二期的儒家之學，性質上屬於第三期的佛家之學，性質上介於第二期與第三期之間的中國道家之學和印度的瑜伽學，卻遠在古中國古印度分別出現了。我故

21　同上，頁 326。

22　梁先生在《東方學術概觀》的後部份，再度提及第三問題，只是內容與之前相同。他說：「人對自己的問題……外在問題解決了……人便發現煩惱非從外來，而有以解脫此生來不自由的生命，體現乎自由，這是種徹究宇宙生命的學問。」（同上，頁 359。）

　　五十多年來提出並堅持中國印度各為人類文化早熟之說。[23]

引文第一節提出人生三類問題成就人類三期文化，第二節把儒家、佛家之學分屬人類文化的第二期、第三期，由於它們早在古中國和古印度出現，故梁先生視之為「人類文化早熟」的產品，這些論點在梁先生先前著作中一再出現，並無新意。較具創意的是第二節提及道家之學，梁先生指出它「性質上介於第二期與第三期之間」，可見道家義理與佛家義理有相近的地方，具比較的價值。

　　事實上，《東方學術概觀》述及三大問題及其回應時，一再把道家之學跟佛家之學連說，對兩者作出比較，有關討論見於第三及第五章：

　　　　道家佛家皆可目為改造自己生命之學。所不同者：佛家
　　　　為徹底出世之學，直從世俗生命解脫出來，實證乎不生不滅
　　　　的無為法；道家雖違遠世俗，卻未超生滅，終屬有為法。[24]

又說：

　　　　因其對於人世間顯示消極，近乎出世矣，而仍處在生滅
　　　　遷流中，終未超出來，屬於佛家所謂有為法，非所謂無為

23　同上，頁326。
24　同上，頁363。

無漏者。[25]

佛道二家皆以改造自我生命爲目的，但仍有明顯的不同。佛家要求修習者「直從世俗生命解脫出來」，證成不生不滅的無爲法，故是徹底的出世之學。道家對世間持消極態度，故要求修習者遠離它，[26]換言之，修習者仍在生滅世間內，「終未超出來」，故道家之學在佛教眼中，仍屬有爲法。

梁先生述及道家特色時，特別重視它對身體機能的統馭，他說：

> 譬如大軍作戰，在最高統帥部下之有後方勤務部。後勤業務甚繁，其進行均不待統帥之指揮。身內飲食消化、血液循環，等等一切無時不在運行中，各有司其事者，因而亦稱自主神經。其特徵在機械化，彷彿亡夫自覺（吾人意識所不及）。道家功夫一言以蔽之，即通過大腦恢復其自覺性能是已。能自覺，便能自主而自如。[27]

人體內部的功能，如消化及血液循環等，無時無刻都在機械地運行

25　同上，頁 341。

26　在第三章中，梁先生曾比較儒道之不同，云：「孔子關心當世政教，汲汲遑遑若不容己；而老子反之，隱遁幽棲，竟莫知其所終。」（同上，頁339）道家不關心政教，而老子更選擇歸隱，都是道家對世間持消極態度的表現。

27　梁漱溟：《東方學術概觀》，340。

着，自覺好像毋從介入似的，其情況就好像軍隊後勤部毋需上級指
示，也會自行運作一樣。道家功夫之特色，就是恢復大腦的自覺性
能，進而統轄體內機能。梁先生繼而指出，自覺能力又有強弱之分：

> 吾人凡有所感受無不伏有自覺在……感受從內部上達
> 大腦者，因內部生理過程一向不入於意識而鄰於機械，其自
> 覺便一般微弱不明。……然而微弱不明的沉潛自覺，猶是自
> 覺也；身心內外上下是統一的，未嘗隔絕也；人能轉移其向
> 外馳騖之心而向內默默體認自身生理之運行，於隨順之中有
> 逆溯之意，自覺性能便得發展，轉暗弱而為明。*28*

人有感受就有自覺，祇是身體內部運作傾向機械化，不涉自覺意
識，以致其感受縱使傳至大腦，也不會產生強烈的自覺。但梁先生
認為，人若能把追逐外物的注意力轉而至體認內部生理的運行，着
力回溯體內功能運行之規律，自覺能力就會由弱轉強，這正是道家
功夫的要旨所在：

> 道家之改造自己生命也，要在從人身內鄰於機械化的日
> 常生理活動（飲食消化排泄、氣血循環運行），藉取微弱的
> 自覺而益開拓之，取得生活上某些自主、自如。其生命自是
> 高出尋常人一格，若與佛家意趣接鄰，實又遠遜之也。*29*

28　同上，340。

29　同上，頁363。

道家旨在開拓微弱自覺力，令其轉強，使人可統轄自己身體機能，在生活中有自主能力。這樣的生命，當然要比一般人優勝。

基於這種認識，梁先生認爲中醫源自道家，又認爲在大腦啓發人的自覺後，人才能找到經脈和穴位所在，針灸亦因此而可能。[30] 梁先生雖然肯定道家爲中醫的源頭，並力言道家之學能使人在生活上有自主能力，但在書中其他地方，他更多的是褒佛貶道，如第五章中就如此說：

> 人對自己生命的問題兼括着自身和自心。道家之學可謂爲身學……；佛家則渾括身心，其密宗修法便包括有身學在內，其禪宗則有一超直入以徹究生命本原者，更以漸修卒成其學。[31]

如前所述，佛道二家皆以改造自我生命爲目的，而自我生命又包括身學和心學兩方面。道家集中處理身學一面，而佛家卻能處理身學和心學兩方面，如密宗的「三密」修行方法，旨在令修習者與大日

---

30 梁先生強調針灸只能由道家功夫處來，西方醫學不能發明這方法：「針灸必選取穴位，穴位分佈本於經絡學說，而經絡脈路是修道家功夫者通過大腦啟發植物性神經系統的自覺性能而認識出來的，在西方科學家之所爲生理解剖中卻尋之不見。……蓋西學本於察物，是向外看的，而古道家則在自己生命上用功夫，是向內的，各走一路也。」（同上，頁343。）

31 同上，頁363-364。

如來互相感應，[32]屬身學範疇；禪宗講究不立文字，直指本心，以探究生命本原，屬心學範疇，可見佛家比道家更全面。梁先生又說：

> 真正從人生第三問題而來的學術在佛家，不在道家。處在生滅不休的世間而志慕乎不生不滅，信為突出不群。人類前途其必出於此者，宇宙生命自始就在爭取靈通自由，不達最後最高之自由不止也。然出世間法卒歸於出而不出，不離世間而有出世間，突出不群者仍回到群眾中來。[33]

真正能回應第三類問題的學術為佛家，不是道家。根據梁先生，佛教在生滅的世間中，追求不生不滅的出世間，這正是人類最高最後之自由，也是佛教能回應第三類問題的關鍵。而修習佛教者在出世間後，又回到世間來，這出而不出的精神，正是佛家比其他學術高明的地方。

此外，梁先生在第三章，述及道家特色時，也表達了道家不比印度宗教高明的看法：

> 古印度宗教繁興，各教派各有其瑜伽或曰禪定功夫，與中土道家相類似，或且高深過之，其志趣切出世而終落於有

32　三密指身、口、意三密。身密指動作，包括毋陀羅（結手印）、禪坐等。口密主要指念咒（陀羅尼）。意密就是觀想曼荼羅（畫有佛、菩薩、諸天等圖像的壇場圖畫）。

33　梁漱溟：《東方學術概觀》，頁364。

為法，無足以言出世（生滅）者，亦同於道家。[34]

印度各教派皆有其獨特的瑜伽或禪定修行功夫，它們所追求的境界往往要比中國道家的境界爲高。祇是其中有一些未能完全出離生滅世間，仍屬有爲法的教學系統，其境界與道家爲相同。梁先生一向以佛教爲出世間法，故在他心中，佛教的境界必然要比道家爲高。

至於佛道二家追求的境界有何不同，梁先生在上述引文的最後，加入了一個註釋加以說明：

> 中土所稱爲神仙者，相當於佛典所云欲界天。其色界天，無色界天境界遠爲高深，似未聞此土道家書典言之。[35]

又說：

> ……則中土神仙似止於「欲界天」之範疇，似緣中國人缺乏印度人志求寂滅之風尚，以故不能深入。[36]

飛升成仙爲道家終極的追求境界，但梁先生指出，道家的神仙祇屬

---

34 同上，頁341。
35 同上，頁341。
36 同上，頁347。

佛教所說的欲界，即三界中最低的界別，[37]是具有婬欲、情欲、色欲和食欲的眾生所居之地。至於較高妙的色界和無色界，道家的著作並無提及，可見道家最理想的人格，仍然被情欲所困，十分有限，究其原因，無非是因中國人欠缺印度人追求寂滅的精神。

梁先生在《東方學術概觀》中，多次提及大乘出世間又回到世間來的精神，並對之作出褒揚，其實他早在《究元決疑論》、《東西文化及其哲學》及《人心與人生》中，都曾表明了相同的態度。此外，他稱許相宗闡述的邏輯思維和對名相的分析，可與現代科學互相印證，又從不同方向，說明佛家比道家高明的原因，可見在梁先生心中，佛教的地位極爲崇高。

---

37 三界分別為欲界、色界和無色界。欲界屬最低界域，是具有種種情欲的眾生所居之地。色界在欲界之上，是遠離婬欲與貪欲的眾生所居之地，由於此界眾生具有清淨色質，故稱色界。無色界是最高的界域，居於此界的眾生已超離了物質性的身體，唯以心識住於深妙之禪定，故稱無色界。

第十章　梁漱溟思想歸宗何處

　　梁漱溟先生在五四反傳統風潮期間，力排眾議，作《東西文化及其哲學》一書，高揚儒家文化，又認為中國文化將會復興，故學界一直視他為當代新儒家的開山祖。梁先生也是三十年代「鄉村建設」運動的推動者之一，學者們普遍視「鄉村建設」為梁先生實踐儒家精神的具體表現，故又尊稱梁先生為「行動的儒者」。然而，梁先生早年醉心佛學，晚年又常在著作中稱揚佛教，因此，梁先生歸宗儒家還是佛家，早就吸引了不少學者作出探究。有關論文大致分為兩種進路，一、對梁先生自言歸宗何處的言論作出分析。[1]二、探討梁先生對儒佛二家之看法，然後再作說明與比較。[2]以上兩種進路皆以梁先生的著作為分析重點，無疑有可取之處，只是除此以外，要明白梁先生思想歸宗所在，也可從他的一生經歷來了解，因其思想之轉變，與自身經歷及時局之變化有莫大關係。事實上，梁先生在不同的人生階段，對儒佛二家均有不同看法，而且前人也未

1　此進路的代表作有熊呂茂、丁小紅：〈是佛家還是儒家——梁漱溟的思想歸宿辯析〉，《湘潭師範學院學報》第 20 卷第 4 期（1999 年 8 月）。

2　此進路的代表作有 Meynard, Thierry, "Is Liang Shuming Ultimately a Confucian or Buddhist?" *A Journal of Comparative Philosophy*, Vol. 6. 2,（Jun 2007）.

嘗系統地整理梁先生後半生與佛教的關係，故按其人生階段來審視其思想變化，可說全面而可靠。

梁先生自言其思想可分為三個時期：

> 關於我的人生思想之轉變或是哲學的變化，可分為三期。第一時期為實用主義時期，從十四五歲起至十九歲止，以受先父之影響為多。第二時期即為上文所講之出世思想歸入佛家，從二十歲起至二十八九歲止。在此時期中一心想出家做和尚。第三時期由佛家思想轉入儒家思想，從二十八九以後，即發表《東西文化及其哲學》一書之際。在此三時期中，令人感覺奇巧者，即是第一個時期可謂為西洋的思想，第二個時期可謂為印度的思想，第三個時期可謂為中國的思想。[3]

梁先生第一期思想由十四、五歲起至十九歲止，這時因受父親影響，思想傾向實用主義，以西洋思想為主導。第二期思想由二十歲至二十八、九歲，這時他渴望出家，歸心佛法，以印度思想為主導。二十八、九歲以後屬第三期思想，這時傾向儒家，以中國思想為主導，代表作為《東西文化及其哲學》。

上述梁先生對自己思想的分期見於他三十四歲時的講稿，他在七十七歲時，又發表了〈自述早年思想之再轉再變〉一文，仍把自

3　梁漱溟：〈自述〉，收入《全集》（卷二）（濟南：山東人民出版社，2005），頁9。

己思想分為三期，故不少學者亦根據他的自述，以儒家思想為其生命的歸宿。

　　梁先生第一期傾向實用主義，第二期歸入佛家思想，本書已在第一章有所交待。至於梁先生之所以由佛轉儒，以致有第三期思想，本書亦已在第五章中作出解說。因此，本章旨在提要鉤玄地指出梁先生三期思想轉變之關鍵與脈絡，並着力突顯這些轉變與其心態和時局之關係，進而找出梁先生最終歸佛還是歸儒。

一、第一期實用主義思想

　　梁先生受父親梁濟影響，幼年思想傾向實用主義。梁濟是光緒年間舉人，他認為中國積弱，被列強侵凌，乃因中國人不講實學，不做實事：

> 　　尋中國所以積弱不振，父謂是文人之所誤。「文人」指讀書人居於社會領導地位而什九唯務虛文，不講實學。說話，不說實話（虛誇）；作事，不做實事，循此不改，不亡其國不止。反觀西人所以致富強者，豈有他哉，亦唯講實學，辦實事而已。東鄰日本蕞爾小國，竟一戰勝我者，亦唯其步趨西洋求實之效耳。凡此「實學」「實事」之云，胥指其用實用者。此種實用主義或實利主義，恆隨時見於吾父一言一行之間，而在我繞膝趨庭日夕感染中。此即此期思想形成之由來。[4]

4　梁漱溟：〈自述早年思想之再轉再變〉，收入《全集》（卷七），頁178-179。

依據中國傳統政治結構，領導位置常由文人出任，而中國文人往往
誇誇而談，不講實學，不做實事，以致國家積弱。相反，西方國家
的領導層講實學，做實事，所以富強，梁先生舉日本為例，指出日
本雖是小國，但因注重實學，最終竟能戰勝中國這大國。所謂實事、
實學，無非是指踏實、改進環境的人生態度，這種態度令西方發展
出科學與科技，梁濟十分重視這種態度，為了讓梁先生不沾染中國
文人之弊，梁濟沒有要求幼年的梁先生讀四書五經，而是讓他讀用
韻文講世界地理的教科書——《地球韻言》。

　　梁先生認為父親的安排是革命性的，這與梁濟的價值標準有
關：

　　　　先父之思想，實與西洋思想相近。他實在是一個功利主
　　義者。他時時持有一個標準，而依此標準評論一切。他所持
　　有之標準，即是「有用處」三字。他批評世間一切事，有用
　　處即是好，無用處乃是不好……所謂實用主義。他自己雖也
　　曾讀書考中舉人，但他最看不起讀書人，最看不起做文章的
　　人；因為讀書人不中用，因為文章亦不中用。……他時常嘆
　　息痛恨中國國事為文人所誤……[5]

梁濟是個功利主義者，他評定事物好壞的標準，就是看它是否「有
用處」。一件事物有用處便是好，無用處便不好，而讀書做文章又

5　梁漱溟：〈自述〉，頁5。

是最沒用處的，所以他最看不起讀書人。這種價值標準，自小就影響着梁先生：

> 約十四歲光景，我胸中已有了一價值標準，時時用以評判一切人和一切事。這就是凡事看它於人有沒有好處，和其好處的大小。假使於群於己都沒有好處，就是一件要不得的事了。掉轉來，若於群於己都有頂大的好處，便是天下第一等事。以此衡量一切並解釋一切，似乎無往不通。[6]

梁先生十四歲時，就與父親一樣，認為一件事對人對己有好處，就有價值；若對人對己都沒好處，就沒有價值。他更認為這標準「無往不通」。

正因梁先生少年時是個功利主義者，看重事功而輕視學問，所以對文學、哲學等科不屑一顧，認為都是騙人的把戲。他說：

> 我入中學時十四歲，國文教師教我的唐宋八大家的古文，我最不高興；國文講義，我向例不看，尤其不喜歡空洞的議論，如蘇東坡之萬言書。至若莊子上的文字，更叫我頭痛痛恨。因為莊子上的文字，富有哲學意味，玄妙極頂；類如『此一是非，是是非非，非非是是，』實在是故示玄妙，完全是騙人誤人的東西。[7]

6　梁漱溟：〈我的自學小史〉，收入《全集》（卷二），頁 679。
7　梁漱溟：〈自述〉，頁 6-7。

梁先生討厭古文，又以「空洞」來形容議論文。至於莊子的文字，因過於玄妙，梁先生只有「頭痛痛恨」。由此可見，年少時的梁先生，對中國文化毫無興趣，是個不折不扣的實用主義者。

二、第二期歸入佛家思想

梁先生入讀中學後，開始思考人生問題，並在郭人麟的啓迪下，接觸儒、釋、道的典籍，在二十歲時，更閉門苦讀佛經，直至廿四歲止。這四年讀佛經的心得，正是《究元決疑論》得以問世的原因。梁先生放棄實用主義，轉而篤信佛法，究其原因，無非是對人生感到厭倦，發現人生是苦，這與當時社會環境有密不可分的關係。梁先生在廿歲時當上了《民國報》記者，可出入臨時參議院，期間耳聞目睹不少政客的鄙俗與虛偽，如不少議員們都受不起金錢、美女的誘惑，結果紛紛向袁世凱靠攏。一九一三年，廿一歲的梁先生離開了報館的工作[8]，但低下層人物的生活，貧富懸殊的現實，也同樣令他對人生感到厭倦，如：一、窮家女孩爲了生活，寧可受人欺侮，也要去學戲，應酬闊人。二、老人家爲了生活，得勉強自己去拉車，結果摔倒在地上，流出血來。三、一個瘦弱男子爲了生存，只得當小偷，結果被警察逮捕。[9]梁先生目睹這些事件，感到人生充滿痛苦，甚至當眾哭起來：

8　一九一二年，同盟會改組爲國民黨後，《民國報》變成國民黨的機關報，國民黨總部也派議員湯漪爲報紙負責人。湯漪到任後，把許多員工換掉，梁先生後來也退出了《民國報》。

9　梁先生對有關事件的講述，可參本書第一章。

有一天吃完晚飯，出在門外閑立，看見那麼矮矮的三四
歲小孩，和白髮的老頭，正在拿着黑紅色的粗糧食在那裡
吃，我心裡就一陣難過；我剛才吃的那白麵饃饃，好飯食，
怎麼不給這小孩和老頭吃？這麼小的小孩，是社會上人人應
當保愛他，好好養他的；這麼老的老頭，是社會上人人應當
尊敬憐惜的；他老了，須要滋養的東西養他的，然而現在那
小孩老頭即沒得吃，而我一個壯年人偏偏有得吃，這是什麼
道理？（記者按：先生講至此，泫然淚下；聽者寂然無聲，
垂首掩泣！）真是不合理的！ *10*

小孩是最需要保護的，老人是最需要憐惜的，但偏偏他們沒好東西
吃，而梁先生身為一個壯健的成年人，卻吃的甚好，這令梁先生難
過不已。後來，他明白人民生活之所以痛苦，乃因不公平的經濟制
度所致，故大力提倡共產主義，只是這時期甚短。他說：

是故社會主義既行，大同不難立致，而人之受苦為惡，
則絕無以異於疇昔。所謂一切有為之為有漏法者此也。然後
諸家乃憬然悟，翻然悔，而別求所謂無漏者，思之思之，……
則其入於佛也，駟馬迫而弗及，千牛挽而莫回矣。故觀於今
日社會主義潮流之盛，而知佛理之彰不遠矣。 *11*

---

10 梁漱溟：〈槐壇講演之一段〉，收入《全集》（卷四），頁737。
11 梁漱溟：〈談佛〉，收入《全集》（卷四），頁495。

社會主義屬有為法，故它雖可帶來大同社會，但人的痛苦依舊沒有減少，這時，人類才會醒悟，尋求有為法以外的方法，以解決人生痛苦，屬無漏性質的佛法便會因此興起。

　　梁先生放棄社會主義，歸心佛法，與他厭世的心態有莫大關係，他對自己之所以厭世，有如下解釋：

> 　　關於我的所以發生厭世思想種種，話來話長，……原其所以然，蓋由三層原故：一、感情真摯易多感傷感觸，佛家所謂煩惱重。二、事功派的誇大心理易反動而趨消極。三、用思太過，不知自休，以致神經衰弱而神經過敏。……因為發生厭世思想，則根本否認人生，更不再講實利。[12]

梁先生感情豐富，對世事感觸尤多，又經常不停地思考世事，結果導致自己神經衰弱。而他思考的結果，往往是對當前情況持反對態度，這令他變得消極厭世，否定人生。

　　理性上認為人生是苦，感情上消極厭世，都是梁先生服膺佛家的原因：

> 　　大約十六七歲時，從利害之分析追問，而轉入何謂苦何謂樂之研索，歸結到人生唯是苦之認識，於是遽爾傾向印度出世思想了。十七歲曾拒絕母親為我議婚，二十歲開始茹素，

尋求佛典閱讀，懷抱出家為僧之念[13]

梁先生表明自己年輕時認同佛教出世思想，一心出家為僧，因此拒絕了母親安排的婚事，並開始過吃素、讀佛經的生活。

對於梁先生歸入佛家的過程，其兒子有扼要的說明：

> 人生有意義嗎？人生有興味嗎？而那思索的結論：人生是苦的，和佛家的思想相合。於是，買佛書來看。不知道佛家有不同宗派，碰見什麼買什麼，看不看得懂都看，尤其「唯識」和「因明」各典籍最難懂，「暗中摸索，費力甚苦」。[14]

梁先生既以人生為苦，遂看佛教典籍尋求解脫之道，只是先生當時對佛教並不理解，既不知有何派別，對唯識、因明的義理也了解不多，卻碰見什麼就買什麼，結果只得努力苦讀，這正好解釋為何梁先生要閉門苦讀佛書四年之久。

三、第三期轉入儒家思想

梁先生苦讀佛典的成果，就是在一九一六時發表了《究元決疑論》，他亦因此書而受到當時北京大學校長蔡元培的賞識，獲邀至

13　梁漱溟：〈我的自學小史〉，頁 691-692。

14　梁培恕：《梁漱溟傳——我生有涯願無盡》（香港：明報出版社，2001），頁 36。

北京大學任教印度哲學與佛學。可是，梁先生第一天進校，便問蔡元培對孔子持什麼態度：

> 我暗下決心，一定要對釋迦、孔子兩家的學術，至少在課堂上負一個講明白的責任。記得我第一天到北大教課，便至校長室見蔡校長，劈頭就問他對孔子持甚麼態度。為甚麼不問釋迦，而問孔子？那是因為當時已是「五四」運動前夕，北大校園內，孔子的學術已成為爭論的熱點。蔡先生可能感到突然，猶豫了一下，沉吟地答道：我們也並不反對孔子，儒家的學說作為一門學問，是必須認真研討的；至於儒家的學說對歷朝歷代以及當今政治、思想、文化的影響，可以有爭論。我說：我不僅僅是不反對而已，我這次進北大，除替釋迦、孔子發揮外，不再作旁的事。[15]

梁先生一心在北京大學內把孔子和釋迦的道理講明白，可是，梁先生對儒家學說的認識不深，卻要求校長表明對孔子的態度，箇中有何原因？原來，當時正值五四前夕，孔子學說成為了不少學者批評的對象，梁先生見學者們否定傳統文化，不禁有所醒悟，認為不可人云亦云，決意要闡明代表中國傳統文化的儒家學說。

事實上，梁先生進北京大學之時，也是中國傳統思想面臨破產之際。一方面，不少學者在《新青年》發表文章，大力抨擊中國文化；另一方面，西方的無政府主義、科學主義、進步主義、易卜生

15　汪東林：《梁漱溟問答錄》（香港：三聯書店，1998），頁42。

主義，以及不同哲學家，如尼采、羅素等思想，亦紛紛傳入中國，它們一致否定中國文化，以致「打倒孔家店」、「消滅舊禮教」、「全盤西化」成爲當時最具號召力的口號。

正因西方思潮的進迫，梁先生感到不可單單講授佛學和印度哲學，他說：

> 於是我頭一年講授印度哲學課程，第二年《印度哲學概論》由商務印書館出版。同時，又陸續開授儒家哲學、孔學繹旨等課。但我的心思和精力遠不止是開設這些學校規定的課程，而把注意力集中於東西文化及其哲學的研究工作。*16*

爲了抗衡西方思潮，梁先生在北大第二年，便積極開辦與儒學有關的課程，並且開始對中、西、印哲學作出比較，《東西文化及其哲學》就是在這背景下產生。

梁先生年少時沒有讀過四書五經，對儒家思想所知有限，當他認眞地看儒家經典時，前所未有的感受油然而生：

> 特使我思想上有新感受者是在《論語》。全部《論語》通體不見一苦字。相反地，闢頭就出現悅樂字樣。其後，樂之一字隨在而見，語氣自然，神情和易，僂指難計其數，不能不引起我的思尋研味。卒之，糾正了過去對於人生某些錯

---

16 同上，頁43。

誤看法，而逐漸有其正確認識。[17]

梁先生年少時醉心佛學，因他相信人生是苦，但《論語》卻「不見一苦字」，並且注意人生之樂，這引起梁先生的反省，更令他發現自己過去的思想有誤。他說：

> 語云「飲食男女人之大欲存焉」；此非即本於身體構造而來者乎？此代表着個體存活和種族蕃衍兩大欲求，固為一切生物之通性，莫能有外。但在生物進化途程上，人類遠高於一切，其所欲望乃大不簡單，幾於千變萬化不可方物。然直接間接，若近若遠，何莫非自此身衍出者？唯獨置此身欲望於反省批判否定之中的出世思想卻明白地超越此身了。此非以我有自覺能反省而不為身所掩蓋之心乎？唯人有人生觀，而牛馬卻不能有牛生觀馬生觀；彼諸動物豈曰無心哉，顧惜其心錮於其身，心只為身用耳。此一分別不同，則緣於脊椎動物頭腦逐漸發達，至於人類而大腦乃特殊發達，實為其物質基礎。儒書云「形色，天性也；唯聖人然後可以踐形」。又云「人之所以異於禽獸者幾希；庶民去之，君子存之」。這些說話證以今日科學家言，便見其字字都有着落。儒家之學原不外是人類踐形盡性之學也。[18]

17　梁漱溟：〈自述早年思想之再轉再變〉，頁 182。

18　同上，頁 183。

年青的梁先生受男女之欲困擾，他認為這欲望源自身體，無人能倖免，若要超脫它，只可服膺否定身體的出世思想，梁先生因此歸心佛家，然而，儒家思想卻令他發現過往的選擇並不正確。按儒家理解，人與禽獸之所以不同，乃因人心具反省能力，它不為身體所控制，而且具備理智與理性，能使人實踐向上奮進的本性（踐形盡性）。*19*

梁先生接着說：

> 人非定糾纏於欲望，則亦非恆在苦中而已耳；儒家之樂又何自來乎？……苦樂真際視乎生命之流暢與否。一言以盡之：生命流暢自如則樂，反之，頓滯一處則苦。*20*

梁先生發現人生不一定是苦，也不一定要與欲望糾纏。儒家就表明，只要生命流暢，人生就是快樂的。而所謂流暢者，無非是指心無罣礙，事事樂觀。*21*

---

19 梁先生在該引文中，加入注釋，表明人與禽獸的分別不在於形體構造，而在於無形可見的心理性能。這個心理性能不受身體主宰，指的就是理智與理性。梁先生又說：「說心，指人類生命從機體本能解放而透露出來那一面，即所謂理智理性者」（見氏著：《人心與人生》，收入《全集》〔卷三〕，頁539。）此外，梁先生亦曾以向上奮進解釋踐形盡性：「孔門之學無他，只是踐形盡性而已。如我所了解，一切事物時時在發展變化中，人的心性形體舉莫能外也，所不移不易者則向上奮進是已。」（見氏著，〈重讀馬一浮先生《濠上雜著》〉收入《全集》〔卷七〕，頁847-848。）

20 梁漱溟：〈自述早年思想之再轉再變〉，頁183-184。

21 梁先生引用明儒王心齋的《樂學歌》：「人心本無事，有事心不樂」，指

　　梁先生被儒家學說所懾服，發現人生不單可從西方文化和佛學角度觀察，也可從儒家角度觀察：

> 前後綜合起來，人生蓋有三條路向：
> 一、肯定欲望，肯定人生；欲望就是人生的一切。
> 二、欲望出在眾生的迷妄；否定欲望，否定一切眾生生活，從而人生同在否定之中。
> 三、人類不同於其他動物，有卓然不落於欲望窠臼之可能；於是乃肯定人生而排斥欲望。[22]

西方文化肯定欲望與人生，是觀察人生的第一條路向；佛家否定欲望，進而否定人生，是觀察人生的第二路向。梁先生過去只知人生是苦，選擇出世間的生活，以逃避痛苦與欲望，但細讀儒家經典後，才發現人可不受欲望限制，進而肯定人生，這正是觀察人生的第三路向。這三路向，正是《東西文化及其哲學》的要旨所在，而是書亦是梁先生由佛入儒的代表作。

　　當梁先生思考儒家學說之際，少年中國學會邀請他就宗教問題演講，寫講稿時，竟怎也下不了筆，「寫不數行，塗改滿紙，思路

出「有事」即心有罣礙，生命因此失去流暢，以致「心不樂」。此外，梁先生又以「飯疏食飲水，曲肱而枕之，樂在其中」，「發憤忘食，樂以忘憂，不知老之將至」等句，指出《論語》貫串着一種和樂的人生觀，這種人生觀，明顯就是一種樂觀的精神。

22　梁漱溟：〈自述早年思想之再轉再變〉，頁184。

窘澀，頭腦紊亂，自己不禁詫訝，擲筆嘆息。」[23]他發現自己正處於王東崖所說的「百慮交錮，血氣靡寧」的情況。這情況之所以出現，一方面固然是因為梁先生被欲望所纏，另一方面，也因自己入北大後，與知識份子互相較量，引發了爭名好勝之心。欲望與爭名好勝，皆為佛教所不容，但梁先生又不能抽離，因此內心常在矛盾與痛苦之中。王東崖的話好比當頭棒喝，梁先生在慚愧和吃驚之下，決定走肯定人生一途，由佛轉儒。

此外，當時社會動亂，民不聊生，再加上父親以自殺的方式，來喚醒世人對國家的關心，都令梁先生震撼不已，也促使他放棄出世間的佛家懷抱，轉投入世的儒家情懷。有關情況，已在第五章交待，故不累贅。

四、梁漱溟後半生與第四期思想

梁先生在北大任教七年，後因儒家入世精神的推動，決意離開北大，進入社會，推動鄉村建設。他亦明言，鄉建背後，亦帶有佛家悲憫眾生的情懷。後因日寇侵華，國共內戰等事，令他不得不放棄鄉建事業。一九四一年，梁先生成立「中國民主政團同盟」，致力推動中國的和平，促使國共合作。可是，梁先生許多建議和努力都徒勞無功，遂在一九四五年放棄政治生涯，轉到重慶北碚勉仁國學專科學校，專心著書和講學。

梁先生對自己的學思分期到第三期為止，但他在一九四六年後

23　梁漱溟：〈我的自學小史〉，頁699。

（即五十四歲後），仍有許多特別經歷，也完成了數本重要的作品，因此，對梁先生學思歷程的檢視，不應就此停住，而應就他中年以後的重要經歷，再作進一步的分析。

一九四九年，內戰結束，共產黨統一中國，梁先生又再次涉足政治，並成爲毛澤東的至交。但好景不常，自一九五三年起，梁先生便不斷受到批判，期間唯從佛學中得到安慰，在著作中更往往儒佛並舉，故其學思歷程宜多加一期，是爲第四期，特點爲儒佛交融。

一九四七年，梁先生離開政壇後不久，便再次投入佛教的懷抱，開始積極修行。他在同年 3 月 29 日的日記中寫道：「同東明訪謁能海法師於嘉陵新村 13 號。愚求教言……師曰：一日間當有一時間習靜」。[24]梁先生拜訪了當時極負盛名的能海法師（1886-1967），並學習靜修。一九四九年 8 月，梁先生又親往北碚的縉雲山頂閉關修習，他在 8 月 6 日的日記中寫道：「兩日來以大印難入門，在午後恆再修四加行一遍，大印無可用力，只有在加行上用力。」[25]梁先生修習密教的大手印和四加行，可惜大手印的學習未如理想。[26]此外，他又在這年的日記中，多次提及自己讀佛

24　梁漱溟：《日記》，收入《全集》（卷八），頁 419。

25　同上，頁 420。

26　加行是指修習密教者在接受灌頂、授戒等儀式前的修行，這修行共有四種，即十八道之行法，金剛界之行法，胎藏界之行法，護摩之行法，合稱「四度加行」。「大手印」同樣是密教的修行方法，主要指密教無上瑜伽部的修行法，又稱光明大手印，可分漸悟與頓證二途，前者指修習者被灌頂後，再接受導引的修行。後者指利根人接受上師以心灌頂，再於定中加被後，便可立時證悟之修行。而最上乘的大手印，乃指無須接受灌頂，只需接受上師教化，並由無上恭敬順信之心力，便可立時證悟的修行。

經的心得，可見他又與佛教結緣。然而，梁先生修習佛法的同時，仍念念不忘儒家濟世的襟懷。他於一九四九年8月19日的日記中說：

> 自皈依上師之日即先曾自己審查一番：一切法中佛法最勝，我豈有疑，然從人類文化發展說，當前需要則在中國文化，而非佛法之時機。同時我於當前中國建國問題及世界文化轉變問題，自覺有其責任，更無第二人代得……因對世事放不下，修持自難得力。[27]

梁先生皈依能海後，肯認佛法為最殊勝教法。然而，按當時社會實況，中國最需要的乃是儒家思想。此外，梁先生自覺對建國和文化問題有不能替代的責任，而這責任心，又令他的修持進度變得緩慢。由此可見，梁先生此時既想專心修行，又想關心國家，其思想徘徊於儒佛之間。

一九五零年，毛澤東邀請梁先生參政，梁先生極力拒絕，但毛澤東對梁先生仍然十分器重，不時邀梁先生談話，分享對政局的看法。可是，梁先生始終沒有對共產黨表示支持，又認為大家一起說歌功頌德的話，實在沒有意思，對中國出兵到朝鮮助戰一事，亦不表態，結果引來了毛澤東的不滿。

一九五三年9月，六十一歲的梁先生出席全國政協第十九次常委擴大會，並在會中指斥共產黨把建設重點放在工業上，漠視農民的生活，以致工人像活在九天之上，農民像活在九地之下，結果引

---

27 梁漱溟：《日記》，頁422。

來毛澤東嚴厲的批評，與會者亦對梁先生作出抨擊。梁先生因此展開了閉門思過，不問政事的生活。

然而，遠離政事的日子，正好讓梁先生專心寫作，《人心與人生》一至七章，就是在這期間完成。至一九六六年時，文革發生，紅衛兵闖進梁先生的家，大肆搜查，把馬列主義以外的書籍撕毀或焚燒，手稿又遭「查抄運走」。紅衛兵又毆打當時已七十四歲的梁先生，甚至拉他去遊街、批鬥。梁先生卻在這樣惡劣的情況下，憑記憶寫成《儒佛異同論》。

文革期間，梁先生被無情的批鬥，他又眼睜睜地看着妻子被打至重傷而愛莫能助，可以說，梁先生當時正面對人生最大的痛苦，而《儒佛異同論》中說「苦莫苦於深深感受厄制而不得越」，「缺乏是絕對的，缺乏之得滿足是相對的。缺乏不安即苦（苦即缺乏不安）……」，很可能就是他置身痛苦中的真切體會。這時能夠慰藉他的，就是佛家澄心、忍辱的精神。在一九六六年 9 月 14 日的日記中，梁先生寫道：

> 早四時醒來，忽悟口稱佛號在喚醒自心，克化一切昏昧渣滓……六般若波羅密：布施、精進、忍辱、戒、定、慧，當時念之。[28]

梁先生在當天稱頌佛號，發現這方法能喚醒昏昧的心靈，又能去除心中穢惡。除了佛號外，他又念頌六波羅密。9 月 16 日，梁先生

---

28 梁漱溟：《日記》，頁 728。

作了以下偈語：

> 一聲佛號觀世音／聲聲喚醒自家心／即心是佛佛即
> 心……此心好莫昏昧去／留得當前做主人……心淨如虛空
> ／永離一切有／嗔心不起能忍辱／亦無所忍與能忍／此是忍
> 辱波羅密。*29*

梁先生藉念頌觀世音的名號，令本心不再昏昧，並成為身體的主人。他又表明，這空明澄清的心體，能令嗔恨之心不再生起，也可讓他修習忍辱波羅密。這種波羅密，很可能就是梁先生得以忍受批鬥的力量泉源。

此外，梁先生又在同年 12 月的日記中，表示自己正在閱讀《楞嚴經》，以及日本人所寫的《佛教史》及《原始佛教》，可見他晚年又再重視起佛教來。

後來，梁先生寫信給毛澤東，要求發還手稿，而《人心與人生》的稿子也真的發還下來。然而，好景不常，一九六八年 4 月，梁先生被劃成右派，每天要掃街、勞動。一九七三年，江青（1914-1991）策動「批林批孔」運動，指出林彪叛國，是受了孔子的影響，當時不少人紛紛表態，認為孔孟在鼓吹復闢，八十一歲的梁先生卻認為孔子是中國文化的中心，沒有孔子就不會有中國文化，所以他「不批孔，但批林」，又認為毛澤東也不反對孔子，結果令自己被批判了一年多。後來上級停止了對他的批判，梁先生才得以繼續寫作《人

---

29 同上，頁 728。

心與人生》和《東方學術概觀》。

　　梁先生在《東方學術概觀》中，把儒、佛、道三家並列，可見在東方學術中，三家皆同樣重要。事實上，在是書第四章的開始，梁先生便對自己過去單單重視儒家不無感慨：

> 　　遲鈍的我，早年經歷幼稚狹隘階段蓋不止一度二度。但有一點突出者，則我先有人生煩惱苦悶之感，傾慕出世之佛家；佛家而外，舉不謂然。如早年所為《究元決疑論》，一意崇佛而菲薄儒家是其例。迨後有悟儒家之高明，講演《東西文化及其哲學》，極稱揚孔孟（實未得其當），對於道家則譏笑之。其時年近三十，猶存意氣，識見殊不通達。**30**

梁先生早年因感到人生煩惱苦悶，所以認同佛家，他在廿四歲時完成的《究元決疑論》，就是一部崇佛貶儒的作品。梁先生在廿九歲時，悟到儒家的高明處，並以「東西文化及其哲學」為題，四處演講，大力讚揚孔孟之學，又譏笑道家。晚年回望，梁先生認為過去重視儒家、輕視道家為「未得其當」，「猶存意氣，識見殊不通達」，是幼稚狹隘思想之表現，可見梁先生思想在晚年又有所轉變。

　　事實上，梁先生晚年接受艾凱訪問時，便說明了自己的心聲。梁先生的兒子如此憶述是次訪問：

> 　　艾凱問，是否「五四」時代放棄了佛學轉入儒學，又在老年恢復對佛家的興趣？

30　梁漱溟：《東方學術概觀》，收入《全集》（卷七），頁 348-349。

回答是：「說放棄，也沒有放棄，不過是原來想出家做和尚，把這個出家做和尚放棄了，在思想上還是那樣」。他說，搞鄉村建設運動、介入現實政治是出於救世，「與出世一點也不違背」。大乘佛法就是不捨眾生。

艾凱又問，是否老來還保持着出家心情，回答是：「還是那樣，現在不過是不必出家了，其實還是想出家。假如說讓我去住在山上的廟裡，那我很高興。」[31]

梁先生接受訪問時，已是八十八歲高齡。他申明自己一直沒有放棄佛家思想，他轉向儒家後，放棄的祇是出家作和尚的念頭，在思想上還是傾向佛家。至於他從事鄉建、參與政事，乃出於佛教不捨眾生的救世精神。他還指出，自己一直想出家，若能在遠離世間的廟裡生活，必然十分高興。

梁先生九十二歲時，又接受了王宗昱（1954～）的訪問，並解釋了當日轉向儒家的原因：

> 我轉向儒家，是因為佛家是出世的宗教，與人世間的需要不相合。其實我內心仍然是持佛家精神，並沒有變。變的是我的生活，我於這一年年底結了婚，不再堅持終生不娶了。……當時，社會上流行一股念佛的風氣。我感到這對社會沒有好處。而孔家是入世的，孔孟的態度即是很鄭重地看眼前的事，致力於當前。……孔子的態度是最平正實在的。

---

31 梁培恕：《梁漱溟傳——我生有涯願無盡》，頁504。

> 這種態度在當時動亂的中國是需要的，佛家的態度則於國家
> 社會無補。因此，雖然我自己內心傾向佛家，卻不願意社會
> 上流行這種念佛的風氣。佛家喜歡講無明，它看人生就是起
> 惑造業、受苦，因此對人生持否定持度。它這種基本思想我
> 一直是以為正確的。[32]

　　梁先生憶述當年思想轉向儒家，是因佛家以出世為鵠的，不能滿足
當時中國人的需要，也未能推動社會建設；相反，儒家入世的精神
卻最能回應當時動亂中國的需求，其態度也較踏實，故轉向儒家。
但他強調這轉向祇是生活的改變，例如他不再堅持出家，並決定結
婚等。在思想上，他仍然傾向佛家，並堅持佛家否定人生的立場是
正確的。

　　一九八七年，梁先生以九十五歲高齡，出席中國佛教文化研究所
成立大會時，更聲言自己是位佛教徒。淨慧法師憶述當時情況如下：

> 　　當時，九十多歲的梁漱溟老先生第一個舉起手來要求發
> 言，他說：「我今天要講兩件事：第一、我要正式宣布我是
> 一個虔誠的佛教徒。我以前從來沒有向人說過，怕人家笑
> 話。第二件事，我要向大家慎重地提出來，人有今生，也有
> 前生，有來生。我前生就是一個和尚，是一個禪宗和尚。[33]

32　王宗昱：〈是儒家，還是佛家？——訪梁漱溟先生〉，收入《中國文化與
　　中國哲學》（北京：東方出版社，1986），頁 562-563。

33　淨慧法師：《何處青山不道場》（石家莊：虛雲印經功德藏，2005），頁
　　34-35。

梁先生表示自己一直都是個佛教徒，之前沒說出來，祇是怕別人笑他立場搖擺不定。不單如此，他更相信自己前身是一個禪宗和尚。

對梁先生表示沒有放棄信佛一事，他的兒子梁培恕（1928～）有很好的觀察與補充：

> ……個性不會變，佛家的人生觀也沒有動，他是把佛家人生觀裝在心裡，只有他自己知道它仍在那裏。一個穿着袈裟的人，大家會拿他當和尚待，即便其人不守佛戒也是和尚。可是他呢，穿了便裝，結了婚，誰還拿他當和尚呢？不用說別人，連我也是很晚才知道，雖終生未嘗作佛事，每當進入廟宇，他的心境最為寧貼，這才是他真正想呆的地方。
>
> 所以在此後的社會生活中，他時時被別人當普通人待，其實他的心境大異於常人。此中況味，唯有他自己知道。[34]

梁先生把信佛的心收藏起來，單憑外表，梁先生是個普通人，但其實他的心一直傾向佛教，只有進廟宇時，他的心才能真正安靜下來。這種心境與一般人不同，卻祇有梁先生自己知道。可見梁先生真正安身立命之處，不是儒家，而是佛家。

梁先生對佛學的認同，一直沒有宣之於口，直至他晚年經歷過種種風雨後，才願意透露出來。本文因此把梁先生在一九四七年後，在政治上屢遭貶斥，因而重投佛家懷抱的心路歷程，視為他思想的第四期發展。此時期梁先生在政治上轉向沉默，他關注的已不

34　梁培恕：《梁漱溟傳——我生有涯願無盡》，頁 86-87。

是社會問題，而是人生問題。這期間梁先生不單重投佛教懷抱，更明言自己一直是持佛家的精神。

若再對梁先生的思想分期作出深思，不難發現，第二至第四期思想中，梁先生皆有代表性作品面世，唯獨第一期欠缺代表作，而且只有短短五年，期間郭人麟亦誘導梁先生接觸佛學，故第一、二期思想不妨合併為第一階段思想，是為佛教思想的啟蒙與開展，前後歷時十五年，代表作為《究元決疑論》。梁先生的思想隨後由佛轉儒，是為第三期的發展，前後歷時廿六年，代表作為《東西文化及其哲學》。此外，他致力抗日和推動國共和談的工作，多少亦帶着儒家入世的精神，故不妨視此時期為梁先生思想的第二階段，特點為儒家思想的肯認與實踐。一九四七年以後，梁先生重投佛學懷抱，著作中往往儒佛並舉，故不妨稱之為「儒佛交融期」，此期長達三十五年，可視為其思想的第三階段發展，代表作為《人心與人生》、《儒佛異同論》、《東方學術概觀》。

學者慣常把梁先生思想分為三期，本文在前人基礎上，重新檢視梁先生生平，認為其思想還有第四期，即「儒佛交融期」的發展，又把這四期約化三階段。縱觀梁先生一生，只有第二階段推崇儒家思想，其早年和晚年都離不開對佛家的崇敬與依賴，可見梁先生雖曾推崇儒學，但骨子裡卻以佛家為真正安身立命之所。換言之，梁先生只在學術上為當代新儒家人物，在心靈上卻是佛家人物，其一生歸宗所在，也應是佛家，不是儒家。

總　結

　　梁漱溟一生著作甚豐，對儒學和佛學尤有獨到見解，本書要探討的，就是他對佛教義理的理解與應用，以及對佛教的定位，旁及梁先生究竟歸宗儒家還是佛家。簡單地說，本書全面地闡析了梁先生對佛學的詮釋及與佛教的關係。

　　梁先生早年篤信佛教，於一九一六年廿四歲時，發表第一部佛學專著《究元決疑論》，因而受當時北大校長蔡元培賞識，獲邀到北大任教印度及唯識宗哲學。在北大教書期間，他把講義彙編成《印度哲學概論》及《唯識述義》，分別於一九一八年及一九二零年出版。然而，面對着中國的外憂內患，以及第一次世界大戰後西方的凋零狀況，梁先生在一九二一年廿九歲時，毅然宣告歸心儒家，並發表《東西文化及其哲學》一書，目的是要把孔子的人生態度介紹給中國人和西洋人。[1]雖然是書乃站於儒家立場說話，但其中有不

1　梁先生在《東西文化及其哲學》的〈自序〉中說：「我又看着西洋人可憐，他們當此物質的疲敝，要想得精神的恢復，而他們所謂精神又不過是希伯來那點東西，左衝右突，不出此圈，真是所謂未聞大道，我不應當導他們於孔子這一條路來嗎！我又看見中國人蹈襲西方的淺薄，或亂七八糟，弄那不對的佛學，粗惡的同善社，以及到處流行種種怪秘的東西，東覓西求，都可見其人生的無着落，我不應當導他們於至好至美的孔子路上來嗎！」

少談及佛教的地方。之後，梁先生致力鄉村建設及政治活動，其間著作大多談及與鄉建有關的課題，以及自己的政治見解等，似與佛教無關，實則梁先生乃是懷着佛家悲憫衆生的情懷而作。日寇侵華後，梁先生爲和平而奔走，涉足政治，只是後來在種種政治運動下，慘被批鬥，最後淡出政壇後。淡出政壇後，梁先生專心著書，先在一九八四年出版了《人心與人生》，之後又在一九八六年出版了《儒佛異同論》及《東方學術概觀》，並在這三部作品中述及自己對佛教的見解，是認識梁先生晚年評價佛教不可或缺的材料。

　　本書主要根據上述梁先生著作，按它們完成的時序，逐一分析它們對佛教的理解與闡釋，以透視梁先生早期、中期及晚期對佛教的看法。

　　梁先生在他第一部佛學專著《究元決疑論》中，以法國學者魯滂所說的以太來類比佛教性宗所講的如來藏心和相宗所講的眞實性，認爲它們都是宇宙終極本體的指稱，這就是「究元」部分的要旨。至於「決疑」部分，主要處理人對痛苦的疑惑。梁先生在這部分批評西方種種哲學都不能解決人生痛苦，又表明眞正解脫之道，唯在佛教的「出世間義」。然而，人類往往依戀世間，不願出離，佛陀因此宣說種種方便法門，讓有情隨着這些世間法來修行，最終證成出世間義。梁先生稱這些方便教法，以及一切世間學問爲「隨順世間義」，以突顯俗世種種文明與智慧在根治痛苦問題上，都不

_____

（見氏著：《東西文化及其哲學・自序》，收入《全集》〔卷一〕〔濟南：山東人民出版社，2005〕，頁 543-544。）

及佛教有效。梁先生早年崇佛的思想，在《究元決疑論》中表露無遺。

梁先生寫《印度哲學概論》時，正是五四前夕，當時西學大量湧入，對中國傳統學問帶來不少衝擊，梁先生在書內刻意以西方哲學觀念（如本體論、唯心論、唯物論等）來與佛學比較，力言佛教非西方學術觀念所能規限，表明了佛學要比西學高明的觀點。

在《唯識述義》中，梁先生標舉唯識宗爲佛教全體教學的代表，在佛教內部有不可替代的地位。在闡述唯識教學的特點時，梁先生運用現代語言，把唯識詮釋爲唯有感覺，又認爲祇有修習唯識者才能把握現量，觀見見相同體、物我無分。此外，他又借用唯識學的觀念，檢討西方哲學的得失，力證古老的印度文化在現代社會中仍有價值。

梁先生早期的三本著作，都對佛教極力推崇，一方面，這固然與他傾心佛教有關；另一方面，這也因當時西學大量湧入中國，令國人大開眼界，甚至摒棄傳統學問。梁先生卻認爲古老的印度哲學仍有價值，遂在不同著作中，把佛學與西學互相比較，突顯佛學比西學高妙之處。

後來，梁先生發現孔子的人生態度才能給人活氣與力量，是那個時代最需要的，於是發表《東西文化及其哲學》，表明中國儒家文化會繼西方文化復興，而此書亦因此被視爲站在儒家立場說話。然而，梁先生在書中經常引用佛家觀念與名相，如他大量運用唯識宗的詞彙，來說明生活的特質；又如他改造唯識的三量說，以闡明自己對知識構成的看法等，皆爲明顯例子。梁先生又指出，佛陀對衆生都是相殘，都是無常的問題有特別深刻的感受，認爲要解決這

兩個問題，就得出世間，梁先生因此視出世間義源自眞情實感，是
宗教眞超脫之關鍵。此外，梁先生認爲佛教具有「外乎理知而又不
外乎理知」的特點，故比任何宗教都要高明。梁先生又在書中發表
了人生三路向的見解，指出西方文化、中國文化、印度文化各走不
同路向，分別回應人類不同的問題，最後歸結到印度文化會繼中國
文化後得到復興，是人類文化的最終歸宿，而最能代表印度文化
的，就是佛教。觀乎梁先生在《東西文化及其哲學》中對佛家的論
述，可見他對佛教仍然持肯定的態度。

　　梁先生在他晚年的《人心與人生》中，極力推崇大乘佛教，視
之爲最高級宗教，又對它「出而不出，不出而出」的出世間精神大
加讚揚，認爲這是切實可行之事。在書中，梁先生引用唯識宗教說，
力言不生不滅的出世間本體就是眞如，可見他對宇宙本體的理解與
寫《究元決疑論》時還是一樣。此外，他又重申了佛教在未來復興
的觀點，斷言佛教「將大行其道於共產主義社會末期」，顯示了他
晚年時仍然肯定佛教的地位。

　　梁先生在另一本晚年完成的作品《儒佛異同論》中，着力申明
儒佛之同與不同。二家相同的地方有：注重人內在生命的修養與提
升，皆具「出世間」及「世間」二面。至於二家不相同的地方有：
佛家關注人生之苦，儒家關注人生之樂；佛家重視破除俱生我執的
功夫，儒家祇求超越俱生我執，而不破除它；佛家走宗教之路，其
目標是成佛；儒家走道德之路，其目標是「作人」等。

　　在《東方學術概觀》中，梁先生用了不少篇幅來講述佛教的特
色，並對之作出稱許，如大乘出世間而又回到世間來的精神，又如
大乘不執言說，但又不捨言說，並設立「安俗順序」之法門的做法，

以至肯定相宗義理可與現代科學互相印證等，都可見一斑。此外，梁先生又在書中重申人生三大問題和三期學術之關係，並藉此帶出佛家要比道家高明，祇有佛教才能眞正回應第三問題的看法，可見梁先生一生都對佛教推崇備致。

縱觀梁先生的一生重要著作，皆有肯定佛教的言論，可見他對佛教十分欣賞。然而，學者大多認爲梁先生是一位儒家信徒，原因有二。第一，梁先生在《東西文化及其哲學》內，宣佈自己要過孔家的生活，並反對佛家的生活。第二，梁先生把自己學思歷程分爲三期，分別爲實用主義期、歸入佛家期、由佛轉儒期。由於梁先生以歸入儒家爲自己思想最後一期，故不少學者皆視他爲儒家的信奉者，也因此視先生後來投身鄉村建設，參預政事等，爲其儒家入世精神的體現。*2*

2　不少學者認爲梁先生廿九歲後的行事爲人深受儒家思想影響，如張汝倫寫道：「……梁漱溟特地將孔子的『剛』的概念提出來，甚至說『剛之一義也可以統括了孔子全部哲學。』剛就是奮發向前。後來，他又逐漸把中國的人生態度改述爲『人生向上』。顯然，他是希望這個重新表述了的人生態度可以完全滿足建設現代中國的要求……梁漱溟自己則隨着《東西文化及其哲學》的出版，徹底放棄了出世之想，回到苦難的世間，面對棘手困難的中國問題，開始他更爲深入而有創見的探索。」（見氏著：《現代中國思想研究》〔上海：人民出版社，2001〕，頁 425。）又如經觀榮說：「梁漱溟所以被視爲新儒家，不僅是因爲他講孔子的學說，更因爲他是一個行動儒者，企圖以中國固有的倫理爲本位，以補充改造的鄉約爲基礎，來創造新文化、重建社會組織，來救濟破產的農村……以完成中國民族的最後自救運動。」（見氏著：《梁漱溟的人生思想與鄉村建設運動》〔台北：洪葉文化，2006〕，頁 207-208。）而孫德利則說：「1921 年以後，梁漱溟開始新的救國活動，從研究儒家文化到參與教育實驗，再進入鄉村

　　可是，梁先生在晚年著作中，常常儒佛並舉，對佛教的出世間義亦多有稱許。他又重提學術三期發展論，指出佛教將在未來復興，並能回應人對自身的問題，可見晚年的梁先生再次對佛教的特色和地位作出了肯認。此外，梁先生晚年面對種種患難時，往往從佛教處找到安慰，其思想明顯又有變化，故其學思歷程宜多加一期，是爲「儒佛交融期」。

　　就梁先生一生思想究竟是歸儒還是歸佛，學術界常有不同意見。本書縱觀梁先生一生經歷，發現在一九四七年，五十五歲的梁先生已有重投佛家懷抱的舉動，包括拜訪能海法師，修習大手印和四加行等。文革期間，梁先生在苦難中常常念佛，看佛經，由這些行爲來看，梁先生晚年明顯再次重視佛家。就梁先生一生歸佛還是歸儒，前中國佛教協會會長趙樸初居士（1907～2000）有如下的回憶：

　　　　80 年代中期，中國佛教會準備成立佛教文化研究所，在廣濟寺素宴若干位佛學專家，由我出面。與會者數梁老年齡最高，治佛學歷史最早，大家就懇請他指點。他一開頭就說，許多人知道我治儒學，曾爲儒學的復興鼓與呼，但他們不知道，在我本身自度，我實際上是一名虔誠的佛教徒，研讀佛學遠在研讀儒學之前，並從青年時代開始，就是一名佛

　　改造，都是要實現他對儒家文化的設想……。」（見氏著：〈梁漱溟佛學思想與生活〉，收入《五台山研究》〔2010 年 1 月〕，頁 30。）

教徒，直至年過九旬的今天。³

梁先生表明，由青年時代開始，已是一名虔誠的佛教徒，這身份一直至年過九十，也沒有改變。而梁先生結婚，從事鄉建，都只是生活上的改變而已。梁先生九十二歲，接受訪問時說：

> 我自己也是個做社會運動的人，鄉村建設就是社會改造運動，我不是個書生，是個行動的人。轉向儒家，是因為佛家是出世的宗教，與人世間的需要不相合。其實我內心仍然是持佛家精神，並沒有變。變的是我的生活，我於這一年年底結了婚，不再堅持終生不娶了。我以為我持的是大乘菩薩的救世精神。⁴

梁先生指出，結婚只是生活方式的改變，自己內心仍然持佛家精神，並沒有變。此外，他從事鄉建工作，表面上是轉向儒家的表現，實際上，他內心秉持的，乃是大乘菩薩的救世精神。

　　若從梁先生一生重要著作來分析，可見從《究元決疑論》到《東方學術概觀》，梁先生始終認為佛教「出世間義」為最究極的法門，如在《究元決疑論》中，梁先生認為祇有佛教宣揚的出世間教學才能解除人生種種疑惑，才是最有效對治痛苦的方法。在《東西文化

3　汪東林：《1949年後的梁漱溟（最新版）》（香港：中和出版，2012），頁230。

4　王宗昱：〈是儒家，還是佛家？——訪梁漱溟先生〉，收入《中國文化與中國哲學》（北京：東方出版社，1986），頁562。

及其哲學》中，梁先生指出，佛陀因對「眾生生活都是相殘」、「眾生生活都是無常」有深刻感受，故不願在世間生活下去，要求出世間。佛陀的感受，也是印度人的感受，而隨着人類文明日益進步，人類情感必然會愈加敏銳，最終必會生起印度人的感受，贊成佛教的出世間取向。梁先生就此指出，出世間是有情眾生最終必然會認同的教法。在《人心與人生》中，梁先生特別稱揚大乘菩薩「不捨眾生，不住涅槃」，出世間仍回到世間的精神，認爲這種精神可利濟群生，是最圓滿圓融的教法。

此外，自《東西文化及其哲學》始，梁先生便強調以佛教爲代表的印度文化才能解決人對自身的問題，而它又會繼中國文化後得到復興，是人類文化的最終歸宿。梁先生一直沒有改變這看法，在《人心與人生》及《東方學術概觀》中，又再度重申這觀點，可見在他心目中，皈依佛教才是人生最高境界。

梁先生晚年在《儒佛異同論》及《東方學術概觀》中，先後以儒道二家來與佛家比較，指出儒家未能像佛家般破除俱生我執，道家則未能像佛家般回應人對自身的問題，可見在梁先生心目中，佛家要比儒道二家高明及超脫。

特別值得一提的是，學者嘗借助《究元決疑論》所說的「出世間義」和「隨順世間義」，解釋梁先生歸向儒家，乃隨順世間義的表現，也是一種行動上的「方便」，至於其思想根基，始終是高揚出世間義的佛教。[5]此外，梁先在《東方學術概觀》中，引用了自

5　有關學者們的論點，如：「從思想的根底處說，梁漱溟確如他自己所稱，是『持佛家的思想』，但他在一生中所行的『方便』卻多是儒家的事；所

己早期作品《印度哲學概論》的一段話，力言佛教的言教只是方便
法門，目的旨在化度衆生，並表明佛教對「凡本土固有之思想、學
術、傳說、風俗、習慣皆一意容留而不相犯」，明顯把儒家思想視
爲方便法門的一種。梁先生在晚年著作中，引用自己早年的文字，
正好表明了他一生皆肯認佛學。根據這種理解，梁先生轉向儒家，
推動鄉建、參與政事，站在儒家立場上著書立說，在行動上肩負着
儒學的復興，只因他視儒家爲隨順世間的方便法門，能回應時代需
要，以致成爲當代新儒家的代表人物。[6]但說穿了，他的心靈始終
以佛家爲皈依，他對佛家出世間義的肯認，以致對印度文化復興的
確信，其實從沒改變。

謂『歸宗儒家』，不過是說他在求『方便』的意義上，從一度更多地傾向
『出世間』轉歸到『隨順世間』。」（見熊呂茂、丁小紅：〈是佛家還是
儒家──梁漱溟的思想歸宿辯析〉，收入《湘潭師範學院學報》20 卷第 4
期〔1999 年 8 月〕，頁 77。）

6　有關學者們的論點，如：「皈依佛界是梁氏精神的至高向度，『從印度出
世思想卒又轉歸到中國儒家思想』，在他那裡，不過是佛光燭臨下更大程
度地從『出世間』態度轉向『隨順世間』態度罷了。從『究元』處說，梁
漱溟確如他自己所稱，是『佛家』的人，但他在一生中『決行止之疑』的
『方便』，卻多在儒門義理上。他是肩着復興儒學的重任『隨順世間』的，
因此，他是孔門的聖徒，卻又首先是釋教的『大士』。」（見黃克劍、周
勤：〈佛格中的儒者：梁漱溟文化思想論略（上）〉，收入《中國文化月
刊》第 156 期〔1992 年 10 月〕，頁 40。）

參考書目

依作者筆劃排列，同一作者依標題筆劃排列

一、書籍

王汝華：《現代儒家三聖（上）：梁漱溟、熊十力、馬一浮的交誼紀實》（台北：新銳文創，2012）。

王汝華：《現代儒家三聖（下）：梁漱溟、熊十力、馬一浮論宋明理學》（台北：新銳文創，2012）。

王宗昱：《梁漱溟》（台北：東大圖書公司，1992）。

中國文化書院學術委員會編：《梁漱溟全集》（一至八冊）（濟南：山東人民出版社，2005）。

白吉庵：《物來順應——梁漱溟傳及訪談錄》（太原：山西人民出版社，1997）。

艾愷採訪，梁漱溟口述，一耽學堂整理：《這個世界會好嗎：梁漱溟晚年口述》（上海：東方出版中心，2006）。

艾愷著，王宗昱、冀建中等譯：《最後的儒家——梁漱溟與中國現代化的兩難》（南京：江蘇人民出版社，2004）。

艾愷著，鄭大華等譯：《梁漱溟傳》（長沙：湖南出版社，1992）。

佟自光：《飛揚與落寞——梁漱溟的孤獨思考》（北京：東方出版社，2006）。

何建明：《佛法觀念的近代調適》（廣州：廣東人民出版社，1998）。

吳光主編：《當代儒學的發展方向：當代儒學國際學術研討會論文集》（上海：漢語大詞典出版社，2005）。

李山、張重崗、王來寧：《現代新儒家傳》（濟南：山東人民出版社，2002）。

吳汝鈞：《當代新儒學的深層反思與對話詮釋》（台北：台灣學生書局，2009）。

李淵庭、閻秉華：《梁漱溟先生年譜》（桂林：廣西師範大學出版社，2003）。

李淵庭、閻秉華編著，梁漱溟親修：《梁漱溟年譜》（北京：群言出版社，2009）。

李翔海：《現代新儒學論要》（天津：南開大學出版社，2010）。

李遠杰：《近現代以佛攝儒研究》，收入佛光山文教基金會編：《中國佛教學術論典（卷37）》（高雄：佛光山文教基金會，2001）。

李澤厚：《論語今讀》（香港：天地圖書，1998）。

李璐、段淑雲：《梁漱溟說佛》（武漢：湖北人民出版社，2006）。

汪東林：《1949年後的梁漱溟》（北京：當代中國出版社，2007）。

汪東林：《1949年後的梁漱溟（最新版）》（香港：中和出版，2012）。

汪東林：《梁漱溟問答錄》（香港：三聯書店，1988）。

沈昌暖：《論梁漱溟先生的儒佛思想》，收入佛光山文教基金會編：《中國佛教學術論典（卷37）》（高雄：佛光山文教基金會，2001）。

宛小平選編：《印象梁漱溟》（合肥：安徽文藝出版社，2010）。

林國良：《成唯識論直解》（上海：復旦大學出版社，2000）。

季蒙、程漢：《民國思想史稿》（台北：秀威資訊科技公司，2009）。

柳友榮：《梁漱溟心理學思想研究》（合肥：安徽人民出版社，2004）。

祝薇：《論早期現代新儒家的宗教觀》（華東師範大學博士論文，2006）。

姚賽清：《仁者心懷，悲愴獨白：梁漱溟的文化思想研究》（香港：香港教師協會當代文藝出版社，2008）。

柴文華：《現代新儒家文化觀研究》（北京：三聯書店，2004）。

唐君毅：《哲學概論》（台北：台灣學生書局，1980）。

馬東玉：《梁漱溟傳》（北京：東方出版社，2008）。

馬勇：《思想奇人梁漱溟》（北京：北京大學出版社，2008）。

馬勇：《梁漱溟評傳》（合肥：安徽人民出版社，1992）。

高振農：《近現代中國佛教論》（北京：新華書店，2002）。

高振農：《佛教文化與近代中國》（上海：上海社會科學院出版社，1992）。

莫詒謀：《柏格森的理智與直覺》（台北：水牛出版社，2003）。

徐嘉：《現代新儒家與佛學》，（北京：中國文化出版社，2007）。

麻天祥：《20世紀中國佛學問題》（長沙：湖南教育出版社，2001）。

麻天祥：《晚清佛學與近代社會思潮》（開封：河南大學出版社，2005）。

張文儒、郭建寧編：《中國現代哲學》（北京：北京大學出版社，2001）。

張玉法、麻天祥、胡平生、鄭大華：《中國歷代思想家（二十一）：章炳麟、
　　歐陽竟無、梁啓超、馬一浮》（台北：台灣商務印書館，1999）。

張汝倫：《現代中國思想研究》（上海：人民出版社，2001）。

梁培恕：《梁漱溟傳——我生有涯願無盡》（香港：明窗出版社，2001）。

淨慧法師：《何處青山不道場》（石家莊：虛雲印經功德藏，2005）。

梁濟著，黃曙輝編校：《梁巨川遺書》（上海：華東師範大學出版社，2008）。

曹躍明：《梁漱溟思想研究》（天津：天津人民出版社，1995）。

陳來：《現代中國哲學的追尋》（北京：人民出版社，2001）。

陳來：《傳統與現代——人文主義的視界》（北京：新華書店，2009）。

陳芷燁：《現代新儒家對傳統佛學的詮釋與借鑒》，（湘潭大學博士論文，2008）。

郭湛波：《近五十年中國思想史》（上海：上海古籍出版社，2005）。

陳鼓應：《莊子今注今譯》（香港：中華書局，2007）。

郭齊勇、龔建平：《梁漱溟哲學思想》（武漢：湖北人民出版社，1996）。

陸鏗、梁欽東主編：《中國的脊樑——梁漱溟先生紀念文集》（香港：百姓文
　　化事業，1990）。

陳鵬：《現代新儒學研究》（福州：福建人民出版社，2006）。

馮友蘭：《中國現代哲學史》（香港：中華書局，2006）。

黃克劍：《百年新儒林——當代新儒學八大家論略》（北京：青年出版社，2000）。

黃克劍、周勤：《寂寞中的復興——論當代新儒家》（南昌：江西人民出版社，1993）。

黃志強、王光榮、曹春梅：《近現代居士佛學》（成都：巴蜀書社，2005）。

勞政武：《現代佛學別裁》（台北：老古文化事業，2007）。

程恭讓：《歐陽竟無佛學思想研究》（台北：新文豐出版社，2000）。

景海峯、黎業明：《梁漱溟評傳》（北京：人民出版社，1999）。

景海峰：《新儒學與二十世紀中國思想》（鄭州：中州古籍出版社，2006）。

傅樂詩等：《保守主義》（台北：時報文化出版事業，1985）。

葛兆光：《西潮又東風：晚清民初思想、宗教與學術十講》（上海：上海古籍出版社，2006）。

楊明：《現代儒學重構研究》（南京：南京大學出版社，2002）。

鄔昆如：《西洋百位哲學家》（台北：三民書局，2006）。

鄔昆如：《西洋哲學史話》（台北：三民書局，2004）。

楊承彬、鄭大華、戴景賢：《胡適‧梁漱溟‧錢穆》（台北：台灣商務印書館，1999）。

楊惠南：《佛教思想發展史論》（台北：東大圖書公司，2003）。

楊菲蓉：《梁漱溟合作理論與鄒平合作運動》（重慶：重慶出版社，2001）。

經觀榮：《梁漱溟的人生思想與鄉村建設運動》（台北：洪葉出版社，2006）。

翟志成：《當代新儒學史論》（台北：允晨叢刊，1993）。

熊呂茂：《梁漱溟的文化思想與中國現代化》（長沙：湖南教育出版社，2000）。

廖明活：《中國佛教思想述要》（台北：台灣商務印書館，2006）。

趙德志：《現代新儒家與西方哲學》（瀋陽：遼寧大學出版社，1994）。

鄭大華：《民國思想史論》（北京：社會科學文獻出版社，2006）。

鄭大華：《民國思想家論》（北京：中華書局，2006）。

鄭大華：《梁漱溟傳》（北京：人民出版社，2001）。

鄭大華：《梁漱溟與現代新儒學》（台北：文津出版社，1993）。

鄭大華：《梁漱溟學術思想評傳》（北京：北京圖書館出版社，1999）。

鄭家棟、葉海煙主編：《新儒家評傳》（北京：中國廣播電視出版社，1995）。

談錫永編、李潤生導讀：《唯識三十頌》（台北：全佛文化，1999）。

劉貴傑：《佛教哲學》（台北：五南圖書出版股份有限公司，2006）。

盧升法：《佛學與現代新儒家》（瀋陽：遼寧大學出版社，1994）。

鮑秀峰：《梁漱溟佛學思想探析》（安徽大學碩士學位論文，2010）。

霍姆斯·維慈著，王雷泉、包勝勇、林倩等譯：《中國佛教的復興》（上海：上海古籍出版社，2006）。

顏炳罡：《當代新儒學引論》（北京：北京圖書館出版社，1998）。

魏思齊：《梁漱溟的文化觀》（上海：人民出版社，1991）。

譚宇權：《梁漱溟學說評論》（台北：文津出版社，1999）。

Alitto, Guy S., *The Last Confucian: Liang Shuming and the Chinese Dilemma of Modernity*（Berkeley: University of California Press, 1986）.

Cheng, Chung-ying, & Bunnin, Nicholas, ed., *Contemporary Chinese Philosophy*（Malden, Mass; Oxford: Blackwell Publisher, 2002）.

Liu, Shu-hsien, *Essentials of Contemporary Neo-Confucian Philosophy*（Westport, Conn: Praeger, 2003）.

Meynard, Thierry, *The Religious Philosophy of Liang Shuming: The Hidden Buddhist*（Leiden: Brill, 2011）.

二、論文

方克立：〈關於新儒家研究的幾個問題〉，收入方克立，李錦全編：《現代新儒學研究論集（一）》（北京：中國社會科學出版社，1989）。

王宗昱：〈是儒家，還是佛家──訪梁漱溟先生〉，深圳大學國學研究所編：《中國文化與中國哲學》（北京：東方出版社，1986）。

王宗昱：〈梁漱溟的佛教修行〉，《鵝湖》第 29 卷第 6 期（2003 年 12 月）。

朱伯崑：〈中國當代人學的開拓者——評梁漱溟先生著《人心與人性》〉，《博覽群書》，1998 年第 2 期。

牟宗三講，保淳整理：〈我所認識的梁漱溟先生〉，《鵝湖》第 14 卷第 1 期（1988 年 7 月）。

向海英：〈梁漱溟由佛轉儒原因試探〉，《廣州大學學報（社科版）》第 2 卷第 6 期（2003 年 6 月）。

艾愷著，林鎮國譯：〈梁漱溟——以聖賢自許的儒學殿軍〉，收入傅樂詩等：《保守主義》（台北：時報文化出版事業公司，1985）。

肖良武：〈從「出世」到「入世」——梁漱溟由佛轉儒思想的嬗變〉，《貴州社會科學》第 168 期（2000 年 11 月）。

李道湘：〈文化大師的心思歷程——梁漱溟思想形成的發生學探討〉，《中央社會主義學院學報》，1998 年第 11 期。

何磊：〈唯識宗在中國近代興起原因探究〉，《雲南師範大學學報》第 31 卷第 3 期（1999 年 6 月）。

沈鵬年：〈心佛眾生本一如，念念唯期顯自性——佛學大師梁漱溟先生二三事〉，《內明》第 206 期（1989 年 5 月）。

林安梧：〈梁漱溟及其文化三期重現說〉，收入氏著：《現代儒學論衡》（台北：業強出版社，1987）。

邱敏捷：〈梁漱溟對佛學的理解與批判〉，《諦觀》第 74 期（1993 年 7 月）。

邵體忠：〈梁漱溟的早年佛學著作及其新儒學思想綜述〉，《宿州學院學報》第 19 卷第 5 期（2004 年 12 月）。

姜允明：〈論梁漱溟的「心學」〉，收入氏著：《當代心性之學面面觀》（台北：明文書局，1994）。

韋政通：〈梁漱溟：一個為行動而思考的儒者〉，收入氏著：《儒家與現代中國》（台北：東大圖書公司，1984）。

韋政通、方克立、曹耀明等：〈悼念梁漱溟〉，《中國論壇》第 26 卷第 7 期（1988 年 7 月）。

胡勝華：〈梁漱溟與毛澤東〉，《傳記文學》第 78 卷第 1 期（2005 年 7 月）。

胡適：〈讀梁漱溟先生的《東西文化及其哲學》〉，收入羅榮渠編：《從「西化」到現代化：五四以來有關中國的文化趨向和發展道路論爭文選》（北京：北京大學出版社，1990）。

祝薇：〈現代新儒學與馬克思主義哲學的一個交滙點──從《人心與人生》看梁漱溟晚年思想的變化〉，《學術探索》2004 年第 5 期。

翁有為：〈新儒家的「守身」與「舍身」──梁漱溟在「文化大革命」中的學術心路分析〉，《史學月刊》1998 年第 6 期。

馬東玉：〈論梁漱溟的佛學文化觀〉，《遼寧師範大學學報（社科版）》第 101 期（1995 年 5 月）。

徐福來：〈孔子人生哲學與鄉村建設──梁漱溟對儒學未來發展方向的思考〉，《南昌大學學報（人社版）》第 34 卷第 3 期（2003 年 5 月）。

孫德利：〈梁漱溟的佛學思想和生活〉，《五臺山研究》2010 年第 1 期。

曹天忠：〈民國時期鄉村建設的派分與聯合〉，《社會科學戰線》2008 年第 2 期。

張文儒：〈梁漱溟與佛學〉，《湘潭師範學院學報（社科報）》第 23 卷第 2 期（2001 年 3 月）。

陸信禮、周德豐：〈論梁漱溟釋孔闡儒的內容及方法〉，《南開學報》2001 年第 3 期（2001 年 5 月）。

梁培恕：〈熊十力與梁漱溟──各走一路的至交〉，《當代》（台北）第 106 期（1995 年 2 月）。

郭齊勇：〈試論文化保守主義思潮〉，《學習與探索》1990 年第 1 期。

黃克劍、周勤：〈佛格中的儒者：梁漱溟文化思想論略（上）〉，《中國文化月刊》第 156 期（1992 年 10 月）。

黃克劍、周勤：〈佛格中的儒者：梁漱溟文化思想論略（下）〉，《中國文化月刊》第 157 期（1992 年 11 月）。

景海峰：〈和而不同兩大師——熊、梁辯難所引發的問題與思考〉，收入陳德
　　和主編，王邦雄等著：《當代新儒學的關懷與超越》（台北：文津出版社，
　　1997）。

程恭讓：〈梁漱溟的佛教思想述評〉，《孔子研究》總第 50 期（1998 年 6 月）。

曾議漢：〈梁漱溟思想辨析——從唯識學的角度看梁漱溟的學術性格〉，《東
　　吳哲學學報》第 7 期（2002 年 12 月）。

賈孝敏：〈論柏格森直覺主義對梁漱溟哲學的影響〉，《湖北廣播電視大學學
　　報》第 31 卷第 1 期（2011 年 1 月）。

楊孝容：〈梁漱溟人生哲學的佛教特色〉，《社會科學研究》2004 年 4 月號。

董雪梅、張麗曇、程玲娟：〈五四時期東方文化思潮及其啓示〉，《中國石油
　　大學學報（社會科學版）》第 25 卷第 3 期（2009 年 6 月）。

楊雪鵬：〈宗教與生命的糾結——梁漱溟早期宗教觀探析〉，《南昌大學學報
　　（人社版）》第 32 卷第 4 期（2001 年 10 月）。

熊呂茂：〈近十年來梁漱溟研究綜述〉，《湖南師範大學社會科學學報》1997
　　年第 5 期。

熊呂茂：〈梁漱溟文化思想的演變〉，《湖湘論壇》1999 年第 4 期。

熊呂茂：〈梁漱溟的佛學文化思想探略〉，《郴州師範高等專科學校學報》第
　　21 卷第 1 期（2000 年 2 月）。

熊呂茂：〈梁漱溟的儒佛文化觀之比較〉，《湖湘論壇》2000 年第 4 期。

熊呂茂：〈梁漱溟與「五四」新文化運動〉，《長沙電力學院學報（社會科學
　　版）》第 17 卷第 2 期（2002 年 5 月）。

熊呂茂：〈梁漱溟與柏格森的生命哲學〉，《常德師範學院學報（社會科學版）》
　　第 25 卷第 2 期（2000 年 3 月）。

熊呂茂、丁小紅：〈是佛家還是儒家——梁漱溟的思想歸宿辯析〉，《湘潭師
　　範學院學報》第 20 卷第 4 期（1999 年 8 月）。

趙行良：〈梁漱溟論儒佛異同與會通〉，《湖南科技大學學報（社會科學版）》
　　第 10 卷第 4 期（2007 年 7 月）。

熏風：〈梁漱溟——「最後的儒家」〉，《北京社會科學》1987 年第 3 期。

齊衛平：〈梁巨川之死〉，《人物》1998 年第 4 期。

鄭大華：〈中國文化保守主義思潮的歷史考察〉，《求索》2005 年第 1 期。

鄭大華：〈梁漱溟與西化思潮〉，《求索》2004 年第 4 期。

鄭大華：〈梁漱溟與現代新儒學〉，《求索》2003 年第 2 期。

劉紹楨：〈文化守成主義與新儒家關係之分析——以熊十力及梁漱溟為例〉，
《鵝湖》第 19 卷第 12 期（1994 年 6 月）。

劉華衛：〈解讀梁漱溟世界文化三期重現說〉，《重慶交通大學學報（社科版）》
第 11 卷第 1 期（2011 年 2 月）。

劉曙東：〈梁漱溟早期儒學思想評價〉，《常德師範學院學報（社會科學版）》
第 28 卷第 2 期（2003 年 3 月）。

韓三州：〈一篇讀罷頭飛雪——從《梁漱溟先生年譜》看《人心與人生》的寫
作歷程〉，《博覽群書》2004 年第 1 期。

韓煥忠：〈此翁長懷出世心——佛家思想對梁漱溟先生的影響〉，《柳洲師專
學報》第 20 卷第 3 期（2005 年 9 月）。

龔建平：〈略論梁漱溟人生哲學中的儒佛雙重性〉，《陝西師範大學學報（哲
社版）》第 25 卷第 3 期（1996 年 9 月）。

Meynard, Thierry, "Is Liang Shuming Ultimately a Confucian or Buddhist?" *A
Journal of Comparative Philosophy,* Vol. 6. 2 （Jun 2007）, pp. 131-147.

Webb, Adam K., "The Countermodern Moment: A World-Historical Perspective
on the Thought of Rabindranath Tagore, Muhammad Iqbal, and Liang
Shuming", *Journal of World History*, Vol. 19. 2（2008）, pp.189-211.

國家圖書館出版品預行編目資料

在出世與入世之間：
梁漱溟先生對佛學的理解與定位

李慶餘著. – 初版. – 臺北市：臺灣學生，2015.07
面；公分：

ISBN 978-957-15-1645-5 (平裝)

1. 梁漱溟 2. 學術思想 3. 佛教哲學 4. 文集

220.9208   104004500

在出世與入世之間：
梁漱溟先生對佛學的理解與定位

著　作　者：李　　　慶　　　餘
出　版　者：臺 灣 學 生 書 局 有 限 公 司
發　行　人：楊　　　雲　　　龍
發　行　所：臺 灣 學 生 書 局 有 限 公 司
　　　　　　臺北市和平東路一段七十五巷十一號
　　　　　　郵 政 劃 撥 帳 號：0 0 0 2 4 6 6 8
　　　　　　電　話　：(0 2) 2 3 9 2 8 1 8 5
　　　　　　傳　眞　：(0 2) 2 3 9 2 8 1 0 5
　　　　　　E-mail：student.book@msa.hinet.net
　　　　　　http：//www.studentbook.com.tw
本 書 局 登
記 證 字 號：行政院新聞局局版北市業字第玖捌壹號
印　刷　所：長　欣　印　刷　企　業　社
　　　　　　新北市中和區中正路九八八巷十七號
　　　　　　電　話　：(0 2) 2 2 2 6 8 8 5 3

定價：新臺幣五○○元

二 ○ 一 五 年 七 月 初 版